워런 버핏 익스프레스

워런 버핏 익스프레스

가치투자 워너비를 위한 단기 속성 마스터클래스

이건규 지음

에프엔미디어

그레이엄과 버핏의 세계로 인도하는
신뢰할 만한 안내서

2020년 '동학개미운동'이라는 신조어가 나올 정도로 많은 개인 투자자의 주식 투자 열풍이 불었고 엄청난 상승장이 이어졌습니다. 하지만 2021년 중순부터 2022년 내내 고된 하락장이 이어지며 주식시장은 결코 만만한 곳이 아니라는 사실이 드러났습니다.

힘든 시기가 닥치면 사람들은 전문가의 조언을 갈구합니다. 시장이 얼마나 더 하락할지, 언제쯤 주식을 사는 게 좋을지, 보유하고 있는 종목을 지금이라도 팔아야 할지 아니면 반대로 비중을 늘려야 할지 전문가로부터 명쾌한 '정답'을 듣고 싶어 합니다.

골프 실력을 늘리고 싶을 때나 세무상담이 필요할 때 우리는 전문가의 도움을 받습니다. 골프 전문가는 당신의 스윙을 지켜보며 잘못된 자세를 교정해주고 여러 팁을 줄 것입니다. 이렇게 전문가의 도움을 받으면 실제로 스윙이 개선되고 실력이 좋아집니다. 세무 문제도 마찬가지입니다. 세무 전문가의 도움을 받으면 실제로 세금이 절약됩니다.

이런 세계가 바로 선형적인 세상입니다. 인풋과 비례해서 곧바로 아웃풋이 나오는 세상에서 전문가의 조언은 바로 성과로 이어집니다. 그러나 안타깝게도 주식 투자의 세계는 이런 선형적인 세상이 아닙니다.

주식 투자에서 전문가의 역할은 다른 세계와는 많이 다릅니다. 주식 투자 세상에서 전문가는 치명적인 실패를 예방하고 리스크를 줄이며 성공 확률이 높은 투자 방식을 조언해줄 수 있을 뿐입니다. 올바른 과정을 조언할 수 있을 뿐이지 결과를 보장할 수는 없습니다. 전문가의 조언이 수익을 보장해줄 수도 없고, 조언을 듣는다고 곧바로 투자 성과가 향상되는 것도 아닙니다. 사람들이 원하는 '정답을 알려주는' 주식 전문가는 실제로는 존재하지 않습니다.

주식시장은 합리적인 투자도 실패할 수 있고 '묻지마' 투기도 큰 수익이 날 수 있는 곳입니다. 임상 2상에 실패한 신약 후보 물질로 임상 3상을 도전하는 황당한 회사의 주가도 10배 넘게 오를 수 있는 곳입니다. 이런 세계에서는 훌륭한 전문가의 합당한 조언이 종종 쓸모없어 보이기도 합니다.

하지만 이는 단기적으로만 그러합니다. 단기간에 운 좋게 이룬 성공은 복제할 수 없고 지속될 수 없습니다. 시간의 힘 앞에서 결국 무너지게 됩니다. 10년, 20년 장기로 보면 전문가의 현명한 조언에 따라 리스크 관리를 하고 가치를 따져보고 올바른 과정을 차근차근 밟아간 사람들이 결국은 승리자로 남습니다. 주식시장에서 이런 장기적 승리를 가져오는 것으로 증명된 가장 합리적이고 현명한 투자 방법이 바로 가치투자입니다.

저도 투자를 처음 시작하는 분들에게 멘토로서 조언해주는 경우가 가끔 있습니다. 다행히도 20년 넘게 잃지 않고 수익을 내며 살아남은 경험을 바탕으로 몇 마디 조언해드리곤 하지만, 조언 말미에 항상 "저의 조언은 모두 벤저민 그레이엄과 워런 버핏을 비롯한 여러 투자 대가의 얘기를 반복하는 것에 불과합니다"라는 말을 덧붙이곤 합니다. 실제로 저는 지금까지의 성과가 모두 그레이엄과 버핏의 현명한 가르침을 일찍 받아들인 덕분이라고 믿고 있습니다.

세스 클라만은 "투자의 진정한 비밀은 투자에 비밀이 없다는 사실"이라고 말했습니다. 1934년 그레이엄의 《증권분석》이 출간되면서 가치투자의 모든 주요 요소가 대중에게 공개되었기 때문입니다. 이후 그레이엄의 뛰어난 제자인 버핏은 1965년 버크셔 해서웨이를 인수해 지금까지 55년이 넘는 기간 동안 연복리 수익률 20%라는 경이로운 실적을 달성했고 세계 최고의 부자가 되었습니다.

버핏은 1977년부터 지금까지 매년 버크셔 해서웨이 주주들을 대상으로 주주서한을 써오고 있습니다. 버핏의 동료인 빌 루안은 "그레이엄과 버핏이 투자의 큰 그림을 완성했는데, 그레이엄이 구약을 썼다면 버핏은 신약을 썼다"라고 표현했습니다.

가치투자라는 현명한 조언을 받아들일 준비가 된 투자자에게 그레이엄과 버핏의 글들은 반드시 읽어야 할 바이블과 같습니다. 하지만 처음 그레이엄의 책을 접하는 일반 독자에게는 내용이 다소 딱딱하고 어렵게 느껴질 수 있습니다. 버핏은 주주서한이라는 형식을 빌려 자신의 투자철학을 드문드문 이야기했고 이런 내용을 편집한 책들이 나오긴 했지만 이런 책들 역시 초보 투자자가 처음부터 모두 소화하기에는 다소 무리가 있습니다.

이건규 대표의 두 번째 책 《워런 버핏 익스프레스》는 그런 면에서 가치투자에 입문하고자 하는 일반인을 그레이엄과 버핏의 세계로 인도하는, 친절하고 신뢰할 수 있는 안내서입니다. 저자는 일찌감치 그레이엄과 버핏의 가치투자 철학을 받아들여 오랜 기간 이를 실천해왔습니다. 2008년 금융위기와 2020년 코로나19 대폭락을 포함한 수많은 위기를 극복했고, 주식시장의 변동성을 이겨내며 가치투자로 꾸준하고 훌륭한 성과를 입증해왔습니다. 저자는 그레이엄과 버핏의 세계로 투자자를 안내할 최고의 적임자라고 생각합니다.

《워런 버핏 익스프레스》에는 주식시장과 투자의 본질, 기업분석과 포트폴리오 운용, 성공적이고 행복한 인생을 위한 조언까지 풍부하고 현명한 내용이 가득합니다. 주식시장에서 조언을 구하는 많은 분이 이 책을 통해 그레이엄과 버핏의 멋진 세계로 들어오시기를, 그래서 장기적으로 성공적인 투자에 이르는 길을 찾으시길 바라며 기쁜 마음으로 이 책을 추천합니다.

박성진

이언투자자문 대표

차례

들어가는 글

올바른 투자관 형성과
가치투자의 빠른 습득에 도움이 되는 책

투자 세계에서 워런 버핏은 살아 있는 신화 같은 존재다. 투자자라면 워런 버핏의 이야기를 직간접적으로 한 번쯤은 접해보았을 것이다. 버핏의 이야기는 언론사 인터뷰, 주주서한, 주주총회 Q&A 등을 통해 다양하게 접할 수 있다. 버핏의 어록 중에서 마음에 드는 문구를 정리하다 보니 그는 투자와 관련된 전반적인 내용을 이미 다 언급했음을 깨달았다. 주식 투자자들을 위해 그런 내용을 쉽게 풀어서 설명해보려는 생각으로 이 책을 쓰게 되었다.

단편적으로 언급한 내용도 있어서 워런 버핏의 속내를 완전히 이해할 수는 없지만, 20년 이상 펀드매니저 생활을 하면서 느꼈던 것들을 바탕으로 가치투자자를 위해 버핏의 이야기를 풀어보고 싶었다. 가치투자의 개념에 대해서 헷갈리고 혼용되어 사용되는 것들도 많아 다시 한번 정리하고 싶은 생각도 있었다.

가치투자는 매우 광범위한 영역이다. 가치투자에 사용되는 각각의 용어나 방법론만 해도 책 한 권 분량이 나올 수 있다. 이 책은 가치투자자들이 실전 투자에서 알면 도움이 될 개념과 방법론만을 추렸고 빠르게 습득해 투자에 바로 적용할 수 있도록 정리했다. 가치투자를 빠르게 이해해 실전에 적용하고자 하는 입문자들에게 특히 유용한 책이 될 것으로 기대한다.

워런 버핏이 직접 설명한 내용은 아니기 때문에 워런 버핏이라는 타이틀을 내세우는 것에 대한 부담이 있었지만 충실하게 의미를 전달하기 위해 노력했고, 다른 대가들의 명언을 추가해 내용에 대한 이해의 폭을 넓히고자 했다. 또한 실무적으로 투자하면서 조언해주고 싶었던 내용은 '고수의 투자 노트'라는 항목으로 따로 떼어내어 설명했다.

1부에서는 가치투자에 대한 기본 개념과 주식시장의 원리를 설명한 뒤 구체적인 투자 전략들을 제시했다. 해외 투자, GARP 주식, 스팩 투자 등에서 실제 투자에 활용할 때 써먹기 좋은 방법론을 정리했다. 순이익 지표, 현금흐름할인모델, 차트 활용법, 기업 가치평가 방법 등을 소개했고 집중투자, 분산 투자, 공매도 등 포트폴리오 운용 전략도 넣었다.

2부에서는 성공적인 투자를 위한 마인드를 정리했다. 돈에 대한 사고, 재테크와 노후 대비 등의 주제를 투자 대가들의 말과 내 경험을 조합해 풀어내고자 했다.

버핏은 투자뿐 아니라 인생을 지혜롭게 사는 데 활용할 조언도 준다. 3부에서는 그런 내용을 실었는데, 투자와 직접적인 관련이 없다고 생각할 수도 있지만 '완성형의 현명한 투자자'가 되기 위해서는 지식뿐 아니라 삶을 대하는 태도도 중요하다고 생각해서 정리했다.

이 책은 초보자에게는 올바른 투자관을 형성하고 가치투자를 속성으로 마스터해 실전에 적용하는 데 도움을 줄 수 있을 것이고, 숙련된 투자자들에게는 버핏을 비롯한 여러 대가의 이야기를 되새겨 보면서 투자의 의미에 대해 다시 한번 생각해보는 계기가 될 수 있을 것으로 기대한다.

2023년 3월

이건규

1부

가치투자로
들어서는 첫걸음

"성공은 사업을 정확하게 판단하는 동시에
무섭게 널뛰는 시장 심리에 휩쓸리지 않을 때 찾아올 것이다."
- 워런 버핏

1장

버핏에게서 배우는
가치투자의 기본

버핏이 부자 되는 데 기여한 '복리'의 마법

"복리는 언덕에서 눈덩이를 굴리는 것과 비슷하다. 작은 눈덩이로 시작해서 오랫동안 언덕을 굴러 내려가다 보면, 그 눈덩이에 점성이 생기면서 끝에 가서는 정말 큰 눈덩이가 된다." – 워런 버핏

스노볼 효과(snowball effect)라는 것이 있다. 주먹만 한 눈덩이를 계속 굴리다 보면 어느새 산더미처럼 커지는 현상을 일컫는 말이다. "수익을 내라. 훌륭한 사업체를 인수하라. 그리고 그것을 반복하고 영원히 지속하라." 워런 버핏이 한 이 말에서 "영원히 지속하라"라는 표현이 인상적이다. '한 번 크게 벌고 자리를 뜬다'라는 생각을 가진 투자자가 많기 때문이다.

복리의 개념은 이 책에서 자세하게 이야기하지 않아도 될 정도

로 많이 알려져 있다. 만약 40세에 10억 원을 넣고 연단리 15%의 이익을 얻는다면 60세에 40억 원(비과세)을 가지게 되고 수익률은 300%다. 그런데 연복리 15%의 이익을 얻는다면 60세에 164억 원(비과세)을 가지게 되고 수익률은 1,537%다. 단리로 투자했을 때보다 4.1배 정도 많다.

버핏이 투자를 통해 세계 최고의 주식 부자가 된 비결은 높은 수익률뿐 아니라 장기 투자에서도 찾을 수 있다. 그는 11세 때 주식 투자를 시작했다. 30세가 되었을 때 그의 자산은 100만 달러로 늘었는데, 물가 상승을 감안한 현재의 가치로 환산하면 100억 원이 넘는 금액이다. 〈블룸버그〉가 발표한 2022년 1월 기준 버핏의 자산은 1,110억 달러로 원달러 환율 1,300원으로 환산할 경우 144조 원이다. 이 자산의 95% 이상이 그의 60세 생일 이후에 창출되었다.

재미있는 것은 버핏의 수익률이 세계 최고가 아니라는 사실이다.

[표 1-1] 10억 원을 투자해 15% 이익을 얻을 경우 투자금액의 변화

(단위: 억 원)

나이(세)		40	45	48	50	53	55	58	60
단리	일반과세	10	16	20	23	27	29	33	35
	비과세	10	18	22	25	30	33	37	40
복리	일반과세	10	19	27	36	54	70	106	140
	비과세	10	20	31	40	62	81	124	164

[그림 1-1] 워런 버핏의 자산

K: 일천 달러　　M: 백만 달러　　B: 십억 달러

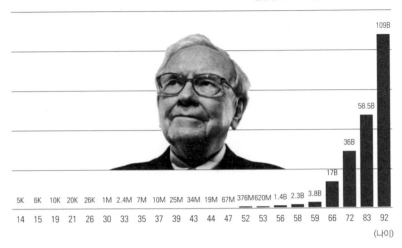

| 5K | 6K | 10K | 20K | 26K | 1M | 2.4M | 7M | 10M | 25M | 34M | 19M | 67M | 376M | 620M | 1.4B | 2.3B | 3.8B | 17B | 36B | 58.5B | 109B |
| 14 | 15 | 19 | 21 | 26 | 30 | 33 | 35 | 37 | 39 | 43 | 44 | 47 | 52 | 53 | 56 | 58 | 59 | 66 | 72 | 83 | 92 |

(나이)

*자료: finmasters.com/warren-buffett-net-worth/#gref

미국의 1위 헤지펀드 회사인 르네상스테크놀로지의 제임스 사이먼스 회장은 1998년부터 2018년까지 연평균 66%의 놀라운 수익률을 기록해 버핏의 3배가 넘는 수익을 거두었다. 하지만 사이먼스의 자산은 252억 달러(30조 원)로 버핏의 4분의 1에도 못 미친다.

그 이유는 버핏의 나이에서 찾을 수 있다. 어린 나이에 투자를 시작해 90세가 넘은 지금까지 투자를 지속하고 있기 때문에 복리의 마법이 극대화한 것이다. 만약 버핏이 30세에 투자를 시작해서 60세에 은퇴했다면 그의 자산은 현재 보유한 자산의 1% 수준밖에 안 되었을 것이다.

상당수의 투자자는 주식시장에서 돈을 빨리 벌고 싶어 하고, 돈을 벌면 시장을 떠나겠다고 생각하는 경우가 많다. 하지만 우리가 흔히 알고 있는 슈퍼개미들은 단기간에 부를 축적한 것이 아니라 수십 년 동안 투자를 지속했으며 주식시장을 한 번도 떠난 적이 없는 사람들이다.

배당 재투자로 누리는 복리의 마법

2010년 초에 고배당 주식인 맥쿼리인프라 주식을 1억 원어치 사고 배당금을 받을 때마다 다시 그 주식을 사면서 2021년까지 투자를 계속해왔다고 가정해보자. 예를 들어 2010년에는 680만 원 정도의 배당금이 들어왔는데, 세율을 15%로 가정하면 연말 종가 4,850원 기준 1,207주를 추가 매입할 수 있다. 2021년 말까지 배당금을 고스란히 해당 주식 매입에 사용했다면 보유 주식은 2010년 초 20,020주에서 2021년 말에는 37,829주로 89% 증가하게 된다. 2010년 초 주가는 4,990원이었고 2021년 말 주가는 14,050원이었다. 결국 1억 원의 투자금은 5.3억 원으로 불어난다.

반면에 배당 재투자 없이 주식을 그대로 가지고 있고 배당금을 모두 소비했다면 보유 주식의 가치는 2.8억 원이고 누적 세후 배당금 1.1억 원으로 총 3.9억 원의 가치를 누렸을 것이다. 배당 재투자 여부에 1.4억 원의 차이가 발생하는 것이다.

다만 이 계산에는 계산상의 편의를 위해 몇 가지 변수를 무시했는데, 실제 맥쿼리인프라의 배당 기준일은 매년 6월 30일과 12월 31일 이고 실제 분배금은 배당 기준일에서 2개월 뒤인 2월 말과 8월 말에 들어오게 된다. 또한 중간에 유상증자 이벤트가 있었는데 이는 계산에 포함하지 않았다. 유상증자는 현재가에 비해 할인해서 발행한다는 점에서 만약 유상증자에 참여했다면 수익금은 추가로 상향될 수 있었다.

배당금을 주식에 재투자하면 추가된 주식 수만큼 배당금이 늘어나고, 주가가 상승하면 보유 주식 수 증가로 인한 레버리지 효과도 얻게 된다. 그 기간이 20년, 30년으로 늘어난다면 두 자산의 금액 차이는 비교할 수 없을 정도로 커진다. 따라서 배당금이 높은 주식에 투자한다면 배당금을 주식에 재투자하는 것이 장기 수익률을 높이는 중요한 열쇠가 될 수 있다.

예측이 틀릴 때를 대비하는 '안전마진'

"회사를 완벽하게 이해하고 장래까지 내다볼 수 있다면 안전마진이 무슨 필요가 있을까. 회사가 취약할수록 더 많은 안전마진이 필요하다." - 워런 버핏

"투자는 철저한 분석에 기초해 원금의 안정성을 보장하면서 만족할 만한 수익을 얻는 것이다. 이 조건을 충족하지 못하는 행위는 투기다." - 벤저민 그레이엄

가치투자는 현재 기업이 가진 내재가치보다 할인된 가격으로 주

[그림 1-2] 안전마진 개념도

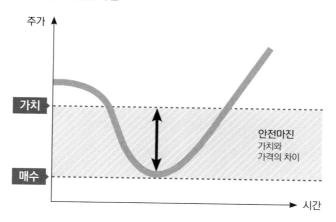

식을 매수해 그 가치가 실현될 때까지 보유하는 투자 원칙을 일컫는다. 여기서 '할인'이라는 단어를 가치투자자의 언어로 바꾸면 '안전마진'이 된다. 1만 원의 가치를 가진 주식을 8,000원에 매수한다면 2,000원의 안전마진을 확보하게 되는 것이다.

안전마진이란 가치투자 이론을 처음 정립한 벤저민 그레이엄이 제시한 개념으로, 사람의 예측은 틀릴 위험이 있기 때문에 안전판이 있어야 한다는 것을 뜻한다. 안전마진을 형성하는 가장 큰 요소는 가격으로, 내가 사려고 하는 회사의 본질적인 가치보다 싸게 사는 것이 중요하다.

예를 들어 기업의 이익을 추정하는 데 필요한 핵심 변수가 5개 있다고 하자. 이 5개를 전부 정확하게 예측할 확률은 얼마일까? 회사가 제품 가격을 올릴 가능성, 원재료 단가가 올라갈 가능성, 고객이 단가 인상을 받아들일 가능성, 경쟁사가 시장 점유율 확대 전략을 펼칠 가능성, 신제품 매출이 확대될 가능성을 맞혀야 한다고 가정해보자. 대략적으로 추정할 수는 있어도 정확히 맞히는 것은 거의 불가능할 것이다. 회사의 이익에 영향을 미치는 변수가 다양하고 까다로울수록 예측이 빗나갈 확률은 더 높아진다.

주요 변수가 부정적으로 바뀌어 내재가치가 9,000원으로 하락했다고 가정해보자. 9,000원에 매수한 투자자와 다르게 7,000~8,000원에 매수한 투자자는 내재가치 산정에 오류가 있다 하더라도 손실을 보지 않을 수 있다. 주요 변수에 대한 확신이 적을수록 안전마진을 더 크게 확보하고 싼 가격에 매수해야 손실 발생 가능성이 줄어든다. 안전마진이 클수록 투자자가 판단 실수로 인해 치명상을 입을 확률은 낮아진다.

그레이엄은 순현금자산이 많으면서 주가가 싼 기업의 안전마진이 크다고 보았다. 예를 들어 순현금 1,000억 원을 보유한 A기업의 시가총액이 1,000억 원 수준으로 떨어졌을 경우, 주가가 더 떨어지면 청산가치에 미치지 못하기 때문에 추가 하락 가능성은 제한적이라고 판단하는 것이다. '이런 일이 발생할까?' 생각할 수도 있지만 실제로 주식시장에서는 자주 발생하는 일이다. 현금성 자산 외에 자회사나 투자자산의 가치가 주가에 충분히 반영되지 않는 경우도 존재한다. 왜 이런 일이 발생하는 것일까?

답은 자기자본이익률(Return On Equity, ROE)에서 찾을 수 있다. ROE는 버핏이 가장 중요하게 여기는 기업 수익성 지표로, 투자된 자본으로 이익을 어느 정도 올리고 있는지를 나타낸다. 'ROE = 순이익 ÷ 자본 총계'의 식으로 나타낼 수 있다.

예를 들어 순이익이 100억 원인데 자본 총계가 1조 원이라면 이 기업의 ROE는 1%다. 연간 100억 원을 번다면 크게 느껴질 수 있지만, 자본이 1조 원이라는 것을 고려하면 투자 효율성이 매우 떨어진다고 평가된다. 이 기업이 은행 예금이나 채권 투자를 통해 2~3%의 이자를 받을 수 있다면 1조 원을 들여 기업 활동을 유지할 이유가 전혀 없는 것이다.

보유 현금이 1,000억 원인 기업의 시가총액이 1,000억 원일 수 있는 이유는 낮은 ROE에 있다. 은행 이자만큼도 못 버는데 주식시장에 상장된 탓에 변동성을 보인다면 주주에게는 반가울 리가 없다. 게다가 기존 사업이 적자를 내고 있거나 사업을 청산할 경우 막대한 보상 비용과 세금이 들어간다면, 보유 현금 1,000억 원의 회수 가능성은 더욱 불투명해진다.

그레이엄의 안전마진 개념을 현재 주식시장에 그대로 적용하기에는 무리가 따른다. 이 개념은 1920년대 대공황을 겪으면서 태어난 것이기 때문이다. 현대의 투자자는 자산가치보다 수익 가치에서 안전마진을 찾는다. 예를 들어 순이익이 100억 원인데 시가총액이 200억 원인 기업이 있다면 투자하지 않는 것이 오히려 이상한 일이다. 200억 원을 투자해 2년 후 투자대금을 모두 회수할 수 있으니 말이다.

버핏의 안전마진 개념은 한 단계 진화했다. 싼 기업만 사려고 해서는 안 되며, 조금 비싸더라도 좋은 기업을 사야 한다는 것이 그의 주장이다. 그는 양적 개념인 안전마진을 질적 개념으로 발전시켜, 강력한 경제적 해자를 지닌 기업을 장기 보유하는 방식으로 투자해오고 있다.

다음은 버핏이 2008년 5월, 4일간 열린 버크셔 해서웨이 유럽 홍보 투어 행사에서 인터뷰한 내용 중 안전마진에 관해 직접 설명한 것이다.

주식시장에서는 실수라 생각되면 내일 당장 마음을 바꿔 주식을 팔 수 있습니다. 우리는 보유하고 싶은 사업을 삽니다. 그래서 우리의 안전마진은 주가에 있지 않습니다. 안전마진은 우리가 좋은 경제성과 지속 가능한 경쟁 우위를 가진 기업을 인수한다는 것에 대한 확신입니다. 우리는 이 사업에 열정을 가진 사람까지 인수합니다. 그들은 회사 인수 다음 해에도 같은 방식으로 회사를 운영할 것입니다. 그래서 우리의 안전마진은 그레이엄의 기준인 양적 측면이 아니라 질적 특성에 있습니다. 그레이엄은 10달러 가치가 있는 주식에 9.9달러가 아닌 8달러를 지불하라고 이야기할 테지만, 사업을 인수할 때는 다른 기준을 적용해야 합니다. 10~20년 후에도 마음에 들 사업과 경영진을 모두 사들이는 것이 좋습니다.

그레이엄이 말하는 투자의 기본 원칙

"극적으로 저평가된 주식보다 극적으로 고평가된 주식이 훨씬 많다. 작전 세력에 의해 주가가 내재가치의 5~10배로 상승하는 사례는 흔하지만, 주가가 내재가치의 10~20%로 하락하는 사례는 드물기 때문이다." - 워런 버핏

"싸게 사서 비싸게 파는 것이 투자의 기본이다. 그들은 이 작업을 오랜 시간에 걸쳐 담담히 처리한다. 들떠 있는 모습은 전혀 찾아볼 수 없다." - 사와카미 아쓰토

그레이엄이 말하는 합리적인 투자의 기본 원칙은 다음과 같다. 첫째, 주식을 기업의 일부로 간주해야 한다. 둘째, 주가 등락을 적군이 아니라 아군으로 보아야 한다. 셋째, 투자에서 가장 중요한 용어는 '안전마진'이다. 버핏의 표현처럼 이 세 가지 기본 원칙은 100년이 흐른 뒤에도 유효할 것이고, 건전한 투자의 정석으로 대접해야 마땅하다. 이들 원칙을 구체적으로 살펴보자.

첫째, 주식을 기업의 일부로 간주해야 한다. 투자하다 보면 주식이 기업에 대한 소유권이 아니라 가상의 사이버머니 같은 것으로 여겨지기도 한다. 가장 극단적인 케이스가 기업의 펀더멘털 분석 없이 차트만 보고 투자 의사결정을 내리는 경우다. 어떤 사업을 하는 회사인지, 그 사업이 어떻게 되고 있는지 기본적인 사항도 모른 채 투자하는 것은 도박과 크게 다르지 않다. 홀짝 게임에서 운 좋게 수차례 이겨 돈을 벌 수도 있겠지만, 현실적으로 도박을 통해 장기

적으로 돈을 버는 것은 매우 어려운 일이다.

둘째, 주가 등락을 적군이 아니라 아군으로 보아야 한다. 수십 년 간 투자를 지속했어도 주가 변동을 지켜보면 큰 스트레스를 받게 된다. 하지만 충분한 주가 상승을 보기 위해서는 인고의 시간이 필요하며 주가 변동은 필연적으로 견뎌내야 한다. 주가 변동을 하나의 과정으로 이해하고 주가 하락을 지분 확대의 기회로 활용한다면 높은 수익을 거둘 수 있다. 하지만 불안감에 매매를 지속한다면 기대 수익률은 현저하게 떨어질 수밖에 없다.

셋째, 투자에서 가장 중요한 용어는 '안전마진'이다. 투자의 기본은 쌀 때 사서 비쌀 때 파는 것이다. 가격이 급등해 임대 수익률이 1%에 미치지 못하는 부동산이 있다면, 아무리 입지가 좋아도 투자 매력이 높다고 할 수 없다. 주식도 마찬가지다. 아무리 훌륭한 기업이라 하더라도 주식이 고평가 상태라면 투자 매력이 떨어진다.

버핏은 자신이 이해할 수 있는 사업을 본다고 한다. 5년에서 최대 20년 후의 모습을 예측할 수 있는 사업만 본다는 것이다. 그는 다음과 같이 이야기한다.

저는 제가 이해할 수 있는 사업을 봅니다. 제가 말하는 이해의 기준은 회사가 5, 10, 20년 후에 어떤 모습일지 예측할 수 있다고 확신하는 것입니다. 마이크로소프트의 일반적인 소프트웨어 제품은 제가 이해하지 못하는 것입니다. 그 산업이 10~20년에 걸쳐 어떻게 발전할지 알지 못합니다.

구글이 어떻게 검색을 발전시킬지 알지 못했습니다. 그런 산업은 빠르게 발전하며 많은 변화가 내재해 있습니다. 제 기준으로는 이해하지 못한다고 볼 수 있습니다. 사회에 놀라운 일을 할 수 있고 굉장히 밝은 미래를 가지고 있을 수도 있지만, 다른 사람만큼도 알지 못하는 영역에서 미래를 예측하며 발을 내딛고 싶지는 않습니다.

기업 가치평가의 기초 도구, PER

가치평가 방법에는 PER, DCF, PBR, PSR 등 여러 가지가 있다. 이 중 산정 방식이 제일 쉽고 널리 사용되는 PER 방식을 소개한다.

주가수익배수(Price Earning Ratio, PER)는 간단하면서도 굉장히 강력한 가치평가 도구다. 시가총액을 순이익으로 나눈 값인데, 투자한 금액을 회수하는 데 걸리는 기간이라고 이해하면 쉽다.

PER = 시가총액 ÷ 순이익 = 주가 ÷ EPS(주당순이익)

예를 들어 매년 100억 원의 이익이 발생하는 회사를 1,000억 원에 샀다면 PER 10배에 회사를 매수한 것이고, 10년 후 내가 투자한 1,000억 원을 회수할 수 있다는 의미다. PER의 역수는 기대 수익률이다. 예를 들어 PER 10배라면 역수는 10분의 1이어서 기대 수익률은 10%가 된다. 한국의 주식은 PER 8~15배에 형성되는 경우가 많은데, PER이 평균에 비해 낮은 기업은 저평가된 것으로 여겨진다.

[그림 1-3] 저PER 주식과 고PER 주식의 수익률 비교(2010~2021)

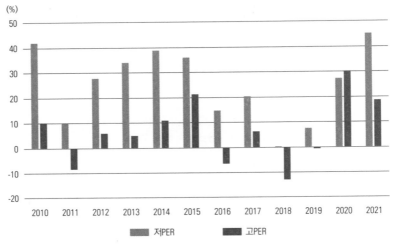

*자료: 르네상스자산운용, Wisefn

PER은 매우 간단한 수치지만 기업의 저평가 여부를 판단하는 데 매우 강력한 도구로 활용되며, 저PER 투자 전략은 가치투자자가 전통적으로 선호해온 투자 방법이다. PER이 낮은 기업이 무조건 높은 수익을 보장하는 것은 아니지만 국내외 기업 다수를 조사한 결과 일반적으로 PER이 낮은 기업의 주가 상승률이 더 높았다.

실제로 2010부터 2021년까지 거래소 시장에 등록된 저PER 주식과 고PER 주식의 수익률을 비교하면 저PER 주식의 성과가 탁월하게 좋았다.

잃지 않는 투자를 위한 원칙

"'세상에 확실한 것은 존재하지 않는다'라는 사실이야말로 세상에서 가장 확실한 사실이다." - 로버트 루빈

"제1원칙: 절대로 돈을 잃지 말라. 제2원칙: 제1원칙을 절대 잊지 말라."

이 원칙은 워런 버핏이 스승인 벤저민 그레이엄에게 배운 투자 원칙 중 제일 중요한 것이다. '벌 생각을 해야지, 잃지 않을 생각에 머물면 충분히 벌지 못하는 것 아닌가' 생각할 수 있다. 하지만 오랜 경험을 가진 투자자라면 생각하지 못했던 변수로 계좌에 손실이 발생해 복구하기까지 많은 시간과 노력이 필요했던 경험이 있을 것이다.

[표 1-2]를 보면 알 수 있듯이 일단 손실이 발생하면 이를 복구하기 위해 더 큰 수익이 필요하다. 이 때문에 손실을 한 번에 복구하기 위해 위험이 큰 투자 대상을 찾으면서 평정심을 잃게 될 확률이

[표 1-2] 손실 복구에 필요한 수익(%)

손실률	-10	-25	-50	-75	-90
회복에 필요한 수익률	11	33	100	300	900

높다. 테마주, 선물, 옵션 등에 기웃거리다가 회복 불능 상태에 빠지기도 한다.

또 한 가지 생각해볼 점이 있다. 돈을 잃지 않는다는 것과 돈을 번다는 것은 언뜻 달라 보이지만 사실은 크게 다르지 않다는 사실이다. 돈을 잃지 않으면 적어도 자산을 지키거나 돈을 번다는 이야기가 되기 때문이다.

그렇다면 돈을 잃지 않기 위해서는 어떻게 해야 할까? 숏 포지션, 손절매, 차트 변곡점 트레이딩 같은 것을 하면 될까? 가장 효과적인 리스크 관리 방법은 '문제가 될 만한 주식을 애초에 사지 않는 것'이다.

대외 변수에 취약해 갑작스럽게 업황이 악화할 수 있는 기업, 갑작스러운 경쟁 심화에 노출될 가능성이 있는 기업, 엉뚱한 신규 사업에 진출해 주주를 혼란에 빠뜨릴 수 있는 기업, 전환사채 등을 통해 주주 이익을 훼손할 만한 기업 등은 애초에 거를 필요가 있다. 특히 기업의 영업가치를 훼손할 만한 것이 있는지 면밀하게 살펴보는 것이 중요하다.

기본적으로 해당 기업의 제품이 잘 팔리고 있는지를 꾸준히 지켜보면 되는데, 이 기업 제품의 경쟁력을 훼손할 만한 이슈가 발생하는지, 원가 상승 요인이 발생하는지, 국내 및 해외 경쟁사에서 설비를 크게 늘리고 있는 것은 아닌지 등을 꾸준히 모니터링해야 한다. 이렇듯 돈을 잃지 않기 위해 선행해야 할 가장 중요한 리스크 관리는 기업을 공부해 발생할 수 있는 리스크를 미리 확인하고 변화를 체크하는 것이다.

안전마진이 높은 수익을 보장해줄까?

안전마진이 높은 기업은 변동성과 주가 하락 위험성이 낮다는 특성을 보인다. 다만 상당히 오랜 기간 저평가 상태에 머무는 경우도 있기 때문에 이들 기업의 주식을 장기 보유하면서 버티는 것은 쉽지 않은 일이다.

주가가 오르기 위해서는 촉매가 필요하다. 가장 좋은 촉매는 실적 개선이다. 자산이 많지만 ROE가 낮은 기업은 자산 버블이 발생하지 않는 이상 주가가 크게 움직이기 어려운데, 이들 기업도 실적이 개선될 경우 자산가치까지 인정받으면서 주가가 강하게 반등하는 경우가 있다.

실적이 드라마틱하게 개선되는 경우는 몇 가지가 있다. 첫 번째는 경쟁사의 구조조정이다. 경쟁사가 사업에서 다 철수하고 소수 기업이 과점을 하는 상황에서 갑작스럽게 공급 차질이 발생하거나 수요가 증가하면 실적이 급격하게 좋아진다. 이런 현상은 시멘트, 골판지 같은 전통 산업에서 나타난다.

두 번째는 신규 사업 진출이다. 기존에 가지고 있던 기술에 기초해 고부가가치 상품으로 영역을 확장한 경우 실적이 두드러지게 개선될 수 있다. 예를 들어 반도체 소재 기업이 2차전지 소재로 영역을 확장하는 경우, 플라스틱 제조사가 진단키트 케이스나 로봇 케이스 영역으로 확장하는 경우 등이다.

세 번째는 M&A(인수합병)를 통한 성장이다. M&A는 성장에 필요한 시간을 크게 줄이는 효과가 있다. 국내에는 SK그룹, LG생활건강 등의 기업이 성공적인 M&A를 통해 성장을 지속해왔다. 최근 스타트업 기업이 많아지면서 M&A 사례가 크게 늘고 있으며 플랫폼 기업의 밸류에이션 확장으로 M&A 자금 마련이 훨씬 수월해졌다. 또한 2~3세 경영인의 인식이 변화하면서 M&A 사례가 지속적으로 증가하는 모습을 보이고 있다.

실적 개선을 제외하고도 주가 상승의 촉매로 작용하는 경우가 몇 가지 있는데 배당, 자사주 매입 등의 주주 정책 확대와 분할(인적, 물적), 자산 매각(구조조정) 등 경영 효율성 강화가 그것이다.

가치투자자가 알아야 할 '현금흐름할인모델'

현금흐름할인모델(Discounted Cash Flow, DCF)이란 미래에 창출할 현금흐름을 현재의 가치로 계산해 모두 더해 기업의 가치를 계산하는 방법이다. 보통 5~10년간의 이익을 추정하게 되는데, 전문적으로 사용할 것이 아니라면 5년 추정치만으로도 충분하다. 이때 중요한 두 가지 개념이 나오는데, 잉여현금흐름과 할인율이 그것이다.

잉여현금흐름이란 영업을 통해 벌어들인 현금에서 사업을 영위하는 데 필요한 재투자 비용을 제외하고 남은 현금을 의미한다. 세후 영업이익에 현금 유출 없이 비용으로 인식된 감가상각비를 더한 후, 재고자산 매출채권 등 운전자산증가분과 건물·기계 장치 등 고정자산증가분을 빼주면 잉여현금흐름이 나온다. 잉여현금흐름을 주주에게 환원 가능한 자원으로 생각할 수 있는데, 버핏이 자본적 지출(Capital expenditures, CAPEX)이 적은 기업을 선호하는 이유도 기업의 현금흐름을 중시하기 때문으로 이해할 수 있다.

할인율은 가중평균 자본비용(Weighted Average Cost of Capital, WACC)이 사용되는데, 타인 자본(부채)에서 발생한 비용과 자기자본에서 발생하는 비용을 가중평균한 수치다. 예를 들어 부채를 통해 40%의 자금을 사용했는데 채권 금리가 8%고, 자본을 통해 60%의 자금을 사용했는데 투자자의 기대 수익률이 12%라고 하면 가중평균 자본비용은 (0.4 × 8%) + (0.6 × 12%) 계산식에 의해 10.4%가 산출된다.

엄밀하게 따지면 타인 자본비용은 부채 이자율 × (1 - 법인세율)

[그림 1-4] 현금흐름할인모델의 기본 개념

$$\text{기업 가치} = \frac{\text{잉여현금흐름(1기)}}{(1+r)} + \frac{\text{잉여현금흐름(2기)}}{(1+r)^2} + \frac{\text{잉여현금흐름(3기)}}{(1+r)^3} + \frac{\text{잉여현금흐름(4기)}}{(1+r)^4} + \cdots$$

• 잉여현금흐름 = 영업활동에서 창출한 현금에서 투자금액을 뺀 수치 = 세후영업이익(NOPLAT) + 감가상각비 − 운전자산 증가분 − 고정자산증가분(CAPEX)
• r = 할인율 = 가중평균 자본비용

로 이자비용 절세 효과가 감안되어야 하고, 자기자본비용은 자본자산가격결정모형(Capital Asset Pricing Model, CAPM)을 통해 $R_e = R_f + Beta \times (R_m-R_f)$ 방식으로 산출한다. 자기자본비용은 보통 회계법인을 통해 산출되는데, 약식으로 계산하면 안정적인 현금흐름이 발생하는 기업에는 8%, 현금흐름의 안정성이 낮은 기업에는 12% 정도를 적용하면 무방하다.

영구 (잔존) 가치는 미래 현금흐름이 영원히 지속된다고 가정해 산출한다. 추정된 마지막 해의 현금흐름을 기준으로 현금흐름 × (1+g) ÷ (WACC - g)의 계산식을 통한다. 이때 g는 영구 성장률로, 10~20년 후에도 유지될 것으로 보는 기업의 성장률이다. 영구 성장률을 어떻게 적용하느냐에 따라 기업 가치가 크게 바뀌는데, 2~3%의 성장률을 가정하는 경우가 많지만 보수적으로 적용하기 위해서는 0으로 가정하는 것도 좋다.

기업 가치 = 추정 기간(5~10년) 현금흐름의 현재 가치 + 영구 가치

A기업의 미래 이익을 추정하니 [표 1-3] 과 같은 숫자가 나왔다고 가정해보자. 가중평균 자본비용은 10%로 가정하고 영구 성장률 0%를 적용해 A기업의 가치를 계산하면 $100 ÷ (1 + 0.1) + 110 ÷ (1 + 0.1)^2 + 120 ÷ (1 + 0.1)^3 + 130 ÷ (1 + 0.1)^4 + 120 ÷ (1 + 0.1)^5 + 120 ÷ 0.1 ÷ (1 + 0.1)^5$ = 1,180이 산출된다.

[표 1-3] A기업의 미래 이익과 기업 가치 추정치(WACC 10%, 영구 성장률 0%)

구분	1기	2기	3기	4기	5기	영구 가치	기업 가치
잉여현금흐름	100	110	120	130	120	120	
할인율	1.10	1.21	1.33	1.46	1.61	0.16	**합계**
현재 가치	90.9	90.9	90.2	88.8	74.5	745	**1,180**

참고로 5년 후의 영구가치는 120 ÷ 0.1 = 1,200이 나오는데, 이를 다시 현재 가치로 환산한[$(1 + 0.1)^5$로 할인] 영구가치는 745로 평가할 수 있다.

'수익률'을 보는 올바른 관점

"잭팟을 터뜨렸다고 말하는 사람을 부러워해서는 안 된다. 이것이 성공 투자의 핵심이다." – 워런 버핏

개인 투자자들의 상당수는 주변 사람이 주식 투자로 돈을 벌었다는 이야기를 들었을 때 투자를 시작하는 경향이 있다. 그 사람과 자신이 처한 환경이 다른 것은 무시하고 자신도 당연히 성공할 수 있다고 생각하는 경향이 있다. 욕망은 남과 비교하는 순간 활활 타오르는데, 비교 대상이 먼 곳에 있으면 침착하게 바라볼 수 있지만 가

까운 곳에서 마주하면 종종 이성적인 판단을 잃어버린다.

주식 투자에서 제일 위험한 순간은 주변에서 특정 주식으로 큰돈을 벌었다는 이야기를 듣고 뒤늦게 그 주식을 매수할 때다. 무용담을 늘어놓을 정도면 이미 주가가 상당히 올랐다는 의미다. 이미 많은 사람이 아는 주식을 뒤늦게 따라서 매수하면 돈을 잃을 확률이 높다. 사업과 마찬가지로 여러 사람이 몰리는 곳에는 먹을 것이 남아 있지 않다. 남이 보지 않는 곳, 아직 발견하지 못한 곳에 자리를 잡아야 수익을 얻을 수 있다.

일반적으로 투자자는 손실 본 이야기는 잘 하지 않고 이익 본 이야기만 자랑하는 경향이 있다. 누군가가 투자의 신이라도 된 것처럼 무용담을 늘어놓는다면, 과거의 이야기는 귀담아들을 필요가 없다. 그가 현재 어떤 종목에 투자했고 향후 그 종목의 수익률이 어떻게 되는지를 살펴보면서 그의 실력을 가늠해야 한다.

모든 시장 상황에서 높은 수익을 거두는 투자 방법은 없다. 선호하는 업종과 투자 스타일이 다 다르기 때문에 내가 돈을 잘 버는 구간과 남이 돈을 잘 버는 구간이 나뉘기 마련이다. 시장에서는 한쪽으로 쏠림 현상이 발생하면 반드시 그 반대의 움직임이 발생하기 때문에 조금만 참으면 나의 투자 스타일로 돈을 버는 구간이 돌아온다. 하지만 여기저기 기웃거리다 보면 나의 스타일이 맞는 구간에서 충분한 수익을 거두지 못하고, 결론적으로 가만있는 것보다 못한 경우가 발생한다.

누군가 많은 돈을 벌었다고 자랑하면 박수해주고 밥이나 얻어먹으면서 그의 투자 의사결정 과정에 대한 이야기에 귀를 기울이자. 나의 투자 스타일에 적용 가능한 부분이 있다면 적극적으로 받아들이고, 적용이 불가능하다면 깨끗이 잊어야 한다.

구간 수익률이 아닌 누적 수익률을 보라

"질투는 미친 짓이다. 100% 파멸을 부른다. 일찌감치 질투에서 벗어나면 인생이 훨씬 나아진다." - 찰리 멍거

"누군가가 나보다 빨리 돈을 벌어서 신경이 쓰인다면 그것은 7대 죄악 가운데 하나를 범하는 것이다. 질투는 진정으로 어리석은 죄악이다. 재미조차 없기 때문이다." - 스탠리 드러켄밀러

투자자의 멘털이 흔들리기 쉬운 시기는 단기 수익률이 남에 비해 크게 뒤처진다고 생각될 때다. 이때가 가장 위험하다. 투자 스타일을 바꾸고 남을 따라 하고 싶은 유혹을 받게 된다. 단기적인 성과에 집착하다 보면 무리한 투자를 하게 되면서 사고 위험도 높아진다.

한번 손실이 발생하면 복구하는 데 시간과 노력이 엄청나게 소요되므로 수익률은 장기적인 관점에서 바라보는 것이 좋다.

예를 들어 3년 수익률 목표를 50%로 잡았는데 첫해에 5% 수익률밖에 올리지 못했다면 2년 차, 3년 차에 추가 수익을 내면 될 일

[표 1-4] 코스피 수익률 상위 25% 수익(2010~2022)

(단위: %)

연도	코스피 상위 25%	코스피지수	연도	코스피 상위 25%	코스피지수
2010	40.7	21.9	2017	19.0	21.8
2011	9.3	-11.0	2018	2.7	-17.3
2012	25.0	9.4	2019	9.9	7.7
2013	25.0	0.7	2020	37.1	30.8
2014	33.1	-4.8	2021	31.7	3.6
2015	46.0	2.4	2022	-6.4	-24.9
2016	13.9	3.3			

주: 코스피 수익률 상위 25%란 코스피 상장 종목들을 연수익률이 높은 순으로 정렬했을 때 상위 25%에 해당하는 종목을 뜻함.

*자료: 르네상스자산운용, Wisefn

이다. 1년 만에 40%를 달성했다면 2년 차, 3년 차에도 40%씩 달성하려 하지 말고 욕심을 버려야 한다. 시장이 단기적으로 과열되었을 가능성도 배제할 수 없기 때문에 무리할 필요가 없다.

펀드를 운용하다 보면 "40% 수익이 났는데 해지해야 할까요?" "80% 수익이 났는데 해지해야 할까요?" 같은 질문을 종종 받는다. 주식을 모두 던져야 하는 경우는 딱 하나다. 눈을 씻고 찾아봐도 살 만한 주식이 없는 경우다. 그런데 20년 이상 주식 투자를 해오면서 그런 생각을 한 적은 한 번도 없다. 대세 하락기에도 주식시장은 항상 투자자에게 기회를 제공했다.

실제로 2010년부터 2022년의 기간을 보면 코스피 수익률 상위 25% 개별 종목의 수익률은 지수가 하락한 시기에도 플러스 혹은 낮은 수준의 마이너스를 유지했다는 것을 알 수 있다. 지수가 횡보했던 시기에도 개별 종목은 높은 수익 달성이 가능했다. 개별 주식을 잘 고를 수 있다면 시장을 떠날 이유가 없는 것이다.

어떤 시장 상황이든 항상 투자 기회는 존재해왔고 앞으로도 그럴 것이라고 믿는다. '나는 40% 수익이 나면 주식시장을 영원히 떠날 것이다' 같은 생각을 하는 것이 아니라면 단기 수익률에 너무 연연하지 않았으면 한다. '20년 후 100배 수익'이 목표라면 단기적으로 40% 올랐다고 해서 시장을 떠날 필요는 없는 것 아닐까? 당장은 성공적으로 떠났다고 하더라도 기가 막힌 시점에 다시 돌아올 확률은 매우 낮다.

주식시장에서 좋은 성과를 거두고 싶다면 장기적인 관점으로 접근해야 한다. 단기적으로 보면 주식시장의 변동성은 매우 괴로운 일이지만, 장기적으로 보면 이 변동성은 오히려 좋은 투자 기회일 수 있다.

이론적 리스크와 가치투자 리스크의 차이

"주식의 위험 척도로 변동성을 사용하는 투자자는 제정신이 아닐 것이다. 우리에게 위험이란 (1) 영구적인 원금 손실이나 (2) 불충분한 수익률이다. 수익률 변동성이 매우 큰 기업 중에도 훌륭한 기업이 있다." – 워런 버핏

기업이 얼마나 위험한지는 그들이 어떤 상품을 생산하는지, 경쟁사는 어떤 사업을 하는지, 해당 기업이 빚을 얼마나 지고 있는지에 달려 있다. 만약 A 자산의 가격이 연간 ±10% 폭으로 움직이면서 지난 10년간 +6%의 수익을 냈고, B 자산의 가격이 연간 ±5% 폭으로 움직이면서 지난 10년간 +2%의 수익을 냈다고 가정해보자. 변동 폭이 작았던 B 자산에 투자해야 할까, 아니면 변동 폭이 컸던 A 자산에 투자해야 할까?

당연히 A 자산에 투자해야 한다.

재무 이론에서는 변동성을 리스크로 여기는 것이 일반적이다. 자산 가격의 변동 폭이 클수록 위험은 높게 측정된다. 하지만 투자자가 겪는 진짜 리스크는 원금을 잃는 것이지, 변동의 폭을 지켜보는 것이 아니다. 가치투자자는 투자 기간이 길어질수록 변동성이 줄어든다는 것을 알기 때문에 단기적인 변동성을 감내한다.

상당수의 가치투자자가 시장보다 개별 기업에 투자한다. 따라서 가치투자자의 투자 리스크는 두 가지 측면에서 관리가 필요하다. 첫 번째는 '투자한 기업의 사업이 잘되고 있는가'다. 시장의 움직임과 별개로 사업이 잘되고 있으면 주가가 견조할 가능성이 크지만, 사업에 문제가 생기는 경우 시장의 움직임과 별개로 주가가 하락할 수 있다.

두 번째는 '주가가 고평가되었는가'다. 사업이 잘되는 것과 별개로 주가가 고평가되어 있다면 변동성이 커지면서 주가가 급락할 가능성도 커진다. '사업에 문제가 생겼을 때나 주식이 고평가되었을 때가 정말 위험한 순간'이라는 것을 인지하고 투자한다면 원금 손실 위험을 상당 부분 줄일 수 있을 것이다. 사업이 잘되고 있고 주가가 저평가된 기업을 보유한다면 주가 변동에 일희일비할 필요가 없다.

나만의 가치투자 스타일 만들기

"주식시장은 아무것도 모르면서 덤벼드는 자를 용서하지 않는다. 아무리 탁월한 주식이더라도 지나치게 비싼 가격에 사면, 이후 10년 동안 이 회사의 실적이 좋아도 손실을 볼 수 있다." - 워런 버핏

가치투자 대가들의 세부 투자 스타일은 조금씩 다르다. 하지만 한목소리로 이야기하는 것이 있다. "좋은 기업을 싸게 산다"라는 것이다.

투자 스타일에는 절대적으로 옳고 그름이 없다. 대가의 스타일을 그대로 수용해도 좋고, 이를 조합해 나만의 투자 스타일을 만드는 것도 좋다.

대가의 투자 스타일은 크게 봤을 때 싸게 사는 것을 강조하는 경우와 비즈니스모델을 강조하는 경우로 나뉜다. 대가들의 성공을 보면 한 가지 스타일만 깊게 연구하더라도 시장에서 큰돈을 버는 데 문제가 없음을 알 수 있다.

그레이엄 방식으로 갈수록 밸류에이션 민감도는 높고 주가 변동성은 낮을 확률이 높다. 성장주 투자에 가장 가까운 필립 피셔의 방식으로 갈수록 밸류에이션 민감도는 낮고 주가 변동성은 높게 나타날 가능

[표 1-5] 가치투자 대가들의 투자 스타일

대가 이름	벤저민 그레이엄	데이비드 드레먼	존 네프	조엘 그린블랫
투자 대상	자산가치 대비 저평가	시장의 과잉 반응 이용	비인기 성장주	우량한 기업을 싸게
투자 키워드	안전마진	역발상 (소외주) 투자	흙 속의 진주	마법공식 (퀀트) 투자
스크리닝 툴	저PBR	저PER	이익 성장, 배당, PER	고ROA, 저PER
대가 이름	워런 버핏	피터 린치	필립 피셔	존 템플턴
투자 대상	현금흐름 대비 저평가	적절한 가격의 성장	풍부한 성장 잠재력	비관론 극에 달할 때 투자
투자 키워드	프랜차이즈 (독점력) 밸류	생활 속 발견	위대한 기업 투자	역발상(최악의 상황) 투자
스크리닝 툴	DCF	PEG	이익 성장	신저가 주식

고 ↑ 밸류에이션 민감도 ↓ 저

저 ◄——— 변동성 ———► 고

성이 크다. 나는 버핏의 투자 방식과 생각을 존중하지만 투자 스타일은 데이비드 드레먼과 피셔의 방식을 혼합하는 것을 선호한다. 물론 상황에 따라 버핏이나 피터 린치의 스타일을 취할 때도 있다.

주식시장에서 돈을 버는 방법은 다양하다. 가치투자를 추구한다고 하더라도 투자자마다 개인적인 경험과 지식이 다르기 때문에 방식은 모두 다르게 나타난다. 중요한 것은 자신에게 맞는 투자 스타일을 선택하고 발전시키는 것이다.

2장

주식시장
수익 창출의 원리

'성장 ≠ 수익'을 반드시 기억하라

"가장 나쁜 기업은 빠르게 성장하지만 성장을 유지하기 위해 자본이 많이 들어가며 수익을 거의 또는 아예 내지 못하는 기업이다." - 워런 버핏

"물리적 성장에 대한 낙관적 전망이 반드시 투자 수익으로 이어지는 것은 아니다." - 벤저민 그레이엄

　투자 경험이 없는 사람이 범하기 쉬운 오류 중 하나는 '좋은 회사 = 좋은 주식'으로 인식하는 것이다. 주식 투자를 하다 보면 비즈니스가 썩 훌륭하지 않아도 투자할 필요가 있기도 하고, 반대로 비즈니스는 훌륭하지만 투자 매력이 떨어지기도 한다. 투자 여부는 회사의 현재 실적과 미래 성장성, 비즈니스의 매력도 등을 통해 판단하지만 실제로 지금 이 순간 투자해야 하는지를 판단할 때는 현재의 주가 수

[그림 2-1] 좋은 회사라고 다 좋은 주식이 아니다

준, 시장의 인기, 밸류에이션 매력 등을 종합적으로 보아야 한다.

아무리 좋은 회사라 하더라도 주가가 지나치게 고평가되어 있다면 매력적인 주식이 될 수 없다. 회사의 이익 성장이 지속적으로 유지된다 하더라도 시장의 인기가 떨어지면서 주가 상승이 제한되거나 심지어 하락하는 경우도 발생하기 때문이다.

예를 들어 대표적인 성장주라 할 수 있는 '카카오'는 사업 영역 확장과 자회사 상장 기대감으로 주가가 2021년 6월 17만 3,000원까지 상승했지만, 자회사 상장 이벤트가 마무리 국면에 들어가고 플랫폼 규제 우려가 제기되면서 1년 4개월 만에 47,300원까지 하락(-73%)하기도 했다.

LG생활건강도 비슷했다. 중국 시장에서 '후' 브랜드가 성공할 것이라는 기대감으로 주가가 2021년 7월 178만 4,000원까지 상승했지만 중국 시장에 대한 기대감이 줄어들면서 1년 3개월 만에 504,000원까지 하락(-72%)했다.

2021년 중순부터 2022년 3분기까지 시장의 여러 가지 악재로 인해 하락세가 나타났지만 이들 주식의 하락 폭이 유독 큰 것은 기대감의 축소 때문이었다. 실적이 반토막 나서 주가가 50% 이상 빠진 것이 아니었다. 이런 사례는 수없이 많은데, 최근 바이오 기업의 잇따른 신약 개발 실패로 이 사업 분야에 대한 평가가 전반적으로 낮아진 것도 그중 하나다.

잘 사기만 한다면 절반은 판 것이나 다름없다. 즉 보유 자산을 얼마에, 언제, 누구에게, 어떤 방법으로 팔지에 대해 고심하느라 많은 시간을 보내지 않아도 된다는 의미다. 자산을 저가에 매수했다면 위의 문제는 저절로 해결될 것이다. - 하워드 막스

하워드 막스는 2019년 5월 24일 스페인 방카 마르치(Banca March) 강연 중 주식 투자의 핵심에 대해 다음과 같이 이야기했다.

45년 전 누군가 고맙게도 설명해준 게 있습니다. 아주 값진 선물을 받았죠. 바로 "강세장의 3단계"인데요. 여러분이 이걸 이해한다면 여러분은 프로가 될 준비가 거의 된 거나 다름없습니다. 1단계는 시장이 좋아질 것을 아주 소수의 명석한 사람들만이 이해하는 시기입니다. 2단계는 시장이 실제 좋아지고 있음을 대부분 사람들이 이해하는 시기입니다. 3단계는 모두가 시장이 영원히 좋을 것으로 믿게 되는 시기입니다.

여러분이 1단계에서 매수한다면, 즉 대부분의 사람이 미래가 더 나아질 것으로 보지 않을 때, 자산 가격에 낙관론이 거의 반영되어 있지 않을 때 여러분은 싸게 살 수 있고 돈도 많이 벌 수 있게 됩니다. 2단계에서 매수한다면, 즉 시장이 좋아지고 있음을 모두가 인지하고 있을 때는 할인을 받지 못합니다. 나쁘진 않을 거예요. 여러분은 사이클을 따라가면서 적정 수준에 매수하게 됩니다. 하지만 3단계에서 매수한다면, 즉 모두가 시장이 영원히 좋을 것으로 생각하고 자산 가격에 낙관론이 팽배할 시기엔 여러분은 높은 가격을 지불하게 되고 그로 인해 상당한 손실에 빠지게 됩니다.

막스에 따르면 투자의 핵심은 '좋은 것'을 사는 게 아니라 '잘' 사는 것이다. 그는 50년 전 시티은행에서 일을 시작했을 때 흔히 '니프티피프티'라고 불린 주식들을 매수했다. 미국에서 가장 우량하고 빠르게 성장하는 50개의 기업이었고 굉장한 기업들이다 보니 얼마에 사든 신경 쓰지 않았다. 워낙 원더풀한 기업들이다 보니 아주 높은 가격에 팔리고 있기도 했다.

그러나 만약 우리가 그때 매수해서 5년간 보유했다면 돈을 거의 다 잃었을 것이라고 막스는 이야기한다. 미국 최고의 기업들에 투자하는 것인데도 말이다. 따라서 아주 우량하다고 매수하는 것은 방법이 아니다. 왜냐하면 3단계에 사는 것이기에 그렇다. 그는 계속해서 다음과 같이 말을 이었다.

'역발상'이라 불리는 태도를 훈련하고 다른 사람들이 모두 최극단으로 몰려갈 때 그와 반대로 하는 것이 중요합니다. 왜냐하면 대다수가 가는 방향은 주로 잘못된 방향이기 때문입니다. 장이 좋으면 안전하다는 믿음이 있는데 실제론 그게 리스크가 가장 큽니다. 세상에서 가장 큰 리스크는 리스크가 없다는 믿음입니다. 이런 믿음이 바로 가격을 아주 높게 올려버리고 나쁜 경험을 주는 환경을 만들어버립니다.

"다른 사람이 가장 공격적으로 매수할 때 우리는 매도해야 하고, 다른 사람이 가장 공격적으로 매도할 때 우리는 매수해야 한다. 다른 사람이 두려움 없이 가격을 높이 밀어 올리면 우리는 조심해야 하고, 다른 사람이 공포 매도로 가격을 떨어뜨리면 우리는 공격적으로 변해야 한다." 이것이 핵심이다.

시장은 '효율'과 '비효율'을 반복한다

"주식시장은 대개 효율적이지만 언제나 효율적이지는 않다. 따라서 시장을 이길 가능성은 있다." - 워런 버핏

"내게는 아직도 풀리지 않는 수수께끼가 있다. 기업의 가치가 항상 완벽하게 평가된다면 수업 둘째 날 교수는 무슨 이야기를 해야 할까? 수업 첫째 날에 시장이 효율적이어서 모든 평가가 완벽하다고 말했으니." - 워런 버핏

"시장이 비효율적인 것은 인간의 본성 때문이다. 선천적이고 뿌리 깊으며 영속적인 본성 말이다. 투자할 때 사람들이 심리에 휘둘리는 것은 도저히 어쩔 수가 없기 때문이다." – 세스 클라만

"투자자는 제정신이 아닐 정도의 근성과 인내심을 결합할 필요가 있다. 그리고 기회가 눈앞에 나타나면 덥석 낚아챌 준비가 되어야 한다. 기회라는 것은 이 세상에 그리 오래 머물지 않기 때문이다." – 찰리 멍거

버핏은 시장이 항상 틀린다고 주장하지 않으며 종종 정확하다고도 이야기한다. 중요한 것은 시장이 엉뚱한 방향으로 갈 때 이를 정확히 파악할 수 있느냐는 것이다. 가치투자자가 장기적인 시장의 효율성까지 부정하는 것은 아니다. 장기적으로 효율적이어야 가치투자 자체가 성립 가능하기 때문이다.

투자자 대부분은 어떤 기업의 이익이 증가하는 모습을 보이면 앞으로도 계속 증가할 것으로 추정하고, 어떤 기업의 이익이 감소하는 모습을 보이면 앞으로 이익 회복이 어려울 것으로 추정하는 경향이 강하다. 현재 이익증가율이 높으면 앞으로도 크게 성장할 것으로, 이익감소율이 높으면 미래의 이익도 부정적일 것으로 평가하는 것이다. 이런 편향적 이익 가정 때문에 시장의 고평가와 저평가가 반복적으로 나타난다.

가치투자자는 장기적으로 주가가 기업 가치에 수렴한다고 믿는다. 하지만 단기적으로는 앞에서 언급한 것과 같은 이유로 비효율

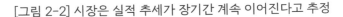

[그림 2-2] 시장은 실적 추세가 장기간 계속 이어진다고 추정

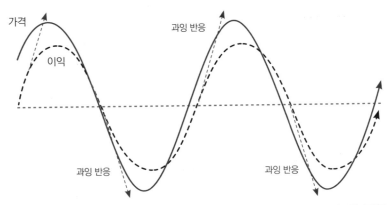

*자료: 《주식시장을 더 이기는 마법의 멀티플》(146쪽, 토비아스 칼라일 저, 에프엔미디어)

성이 발생하고 이때 시장의 과잉 반응을 이용하면 돈을 벌 수 있다고 생각한다. 대중은 신성장 산업에 열광하며 미래의 이익을 과대평가해 버블을 만들고 전통 산업군의 이익은 과소평가해 저평가 상태로 만드는 경향이 있다.

사람은 군중에 속해 있을 때 편안함을 느낀다. 투자에서도 마찬가지다. 하지만 어느 정도 경험이 있는 투자자라면 그렇게 해서는 돈을 벌 수 없다는 사실을 잘 알고 있을 것이다. 군중 심리에서 벗어나 객관적으로 기업을 바라보고 기꺼이 다른 편에 설 수 있을 때 현명한 투자자로 진화가 가능할 것이다.

합리성은 어디서 나오는가? '중도'의 미덕

"나는 합리적이다. 나보다 IQ가 높은 사람도, 더 오래 일하는 사람도 많지만, 나는 일 처리에서 합리적이다. 나 자신을 통제할 줄 알고 감성이 지성을 흐트러뜨리지 않게 한다." - 워런 버핏

합리성은 너무나 당연한 가치로 느껴진다. 그런데 주위를 둘러보면 '저 사람은 정말 합리적인 판단 능력을 갖추고 있어'라고 생각되는 사람은 많지 않다. 스스로는 합리적이라고 생각하겠지만 다른 사람의 눈에는 그렇게 보이지 않는 경우가 많다.

다른 사람과 투자 관련 토론을 하다 보면 말이 잘 통하지 않는다는 느낌을 받을 수 있는데 이는 자연스러운 현상이다. 사람은 각자 다른 경험, 지식, 성향을 지니고 있기 때문에 투자에서도 모두 다른 생각을 가질 수밖에 없다.

투자가 재미있는 것은 누가 절대적으로 맞고 틀리지 않기 때문이다. 투자 결과 역시 시간이 지나야 알 수 있다. 그런데도 자기가 절대적으로 옳은 것처럼 타인을 설득하려 한다면 투자자로서 자질이 부족한 것이다. 자기주장이 분명히 존재해야 하지만 내가 틀릴 수 있다는 가능성도 열어두어야 한다.

과도한 확신은 자신의 발전을 저해하기도 한다. 투자자는 투자를 그만두는 순간까지 지속적으로 배우고 성장해야 한다. 자기 확

신이 과도한 사람은 다른 사람에게 배우려 하지 않고 가르치려 드는 경우가 많고, 자신의 의견이 틀렸는데도 이를 잘 받아들이지 않는 경향이 있다. 실패에서 배우고 성장할 기회를 날려버리게 되는 것이다.

'투자 이야기를 하는데 왜 중도가 나오지?'라고 생각할 수 있다. 하지만 투자에서 중도는 중요한 의미를 지니고 있다. '중도'란 어느 한쪽으로 치우치지 않는 바른길을 의미한다. 투자를 오래 잘하기 위해서는 감정에 치우쳐 의사결정을 하지 않고 끝까지 객관성과 합리성을 잃지 않아야 한다. 투자자는 지나치지도 모자라지도 않아야 한다. 확신이 없어도 안 되고 너무 강해도 안 된다.

남이 거들떠보지 않는 곳에서 '숨은 보석' 찾기

"웨인 그레츠키가 말했듯이 퍽이 갈 곳으로 가야지, 퍽이 지금 있는 곳으로 가면 안 된다." - 워런 버핏

"중요한 것은 인내심과 유연성을 겸비한 기질이다. 기질은 대부분 타고나지만 어느 정도는 학습되기도 한다." - 찰리 멍거

"소문난 잔치에 먹을 것이 없다"라는 말이 있다. 사람들이 환호하는 곳은 이미 많은 돈이 투자되어 있고, 더 큰돈이 들어오지 않는 이상 주가 상승 탄력은 낮아질 수밖에 없다. 그러나 사람이 몰리는

데는 그만한 이유가 있기에 유혹을 뿌리치기가 쉽지 않다. 어려운 일이지만 시류에 민감하면서도 휩쓸리지 않고 한 발짝 벗어나 판단할 수 있어야 한다.

이는 주식시장뿐 아니라 비즈니스 세계에도 동일하게 적용된다. 특정 사업이 잘된다는 소문이 돌아 이곳저곳에서 그 사업에 진출하다 보면 초과 이익은 금방 사라지고 경쟁만 남는 경우가 많다. 특히 진입장벽이 낮은 경우 더 심하게 나타난다.

기억하겠지만 2020년 초 코로나19가 급격히 확산되자 마스크 대란이 일어났다. 마스크 가격이 천정부지로 상승했고 마스크 제조사는 단기간에 큰돈을 벌었다. 마스크 제조 관련 회사의 주가도 엄청난 상승을 보였다. 상황이 이렇다 보니 여기저기서 마스크 관련 장비를 들여놓기 위해 창고를 찾았고, 2~3억 원만 투자하면 사업을 시작하는 데 문제가 없었다. 그러나 마스크 관련 회사의 실적과 주가가 하락 반전하는 데는 그리 오랜 시간이 걸리지 않았다. 투자가 크게 증가하면서 불과 2분기 만에 호황이 끝나버린 것이다. 뒤늦게 뛰어든 투자자는 큰 손실을 볼 수밖에 없었다.

기다림의 시간은 생각보다 고될 때가 많다. '내가 잘못 생각한 것은 아닐까?' '현실화 후에도 주가가 오르지 않으면 어떻게 하지?' 등의 의문이 끊이지 않을 수도 있다. 하지만 투자자가 가장 큰 희열을 느낄 때는 고르고 골라 선택한 종목에서 예상보다 좋은 수익률을 달성할 때, 기다림의 보상을 받을 때다. 그 짜릿함을 안다면

남이 좋다고 하는 곳에 머물지 않고 나만의 길을 걸을 줄 알아야
한다.

다 좋다고 하는데 주가는 왜 안 오를까?

"그레이엄이 말했다. '다른 사람의 생각과 일치해야 내 판단이 옳은 것은 아니
다. 내 데이터와 추론이 옳다면 내 판단이 옳은 것이다.' 데이터를 입수하면 그
데이터가 무슨 의미인지 스스로 생각해야 한다. 다른 사람의 견해에 의지해서
는 안 된다." - 워런 버핏

"대중과 뭔가 다르게 하지 않고 뛰어난 성과를 얻는 것은 불가능하다."
                                                            - 존 템플턴

"대다수 군중의 의견을 꿰뚫어보고 현재의 진실이 무엇인지 찾아낼 능력이 있
다면 엄청난 성과를 거둘 수 있을 것이다." - 필립 피셔

주식 투자를 하다 보면 사상 최대 실적 뉴스와 함께 주가가 급락
하는 경우를 빈번하게 본다. 실적이 좋은데 주가는 왜 하락하는 것
일까? 그 이유는 크게 네 가지로 생각할 수 있다.

첫째, 실적이 잘 나올 것이라고 모두 기대하고 있었고 딱 기대했
던 수준의 실적이 나오는 것이다. 대다수가 실적 개선을 인지하고
있었다면 주식을 사줄 사람보다는 수익을 실현할 사람이 더 많을
확률이 높다.

둘째, 피크아웃(peak out) 우려가 있다. 현재 실적이 아무리 좋다 하더라도 주가는 미래의 가치를 반영하기 때문에 향후 실적 악화 우려가 있다면 주식을 팔 수밖에 없다. 예측이 어려운 경기순환 업종은 좋은 실적 발표 이후 주가가 하락하는 경우가 많다.

셋째, 기저 효과에 대한 우려다. 올해 이례적으로 영업이익이 +80% 증가했다면 내년에 과연 몇 %의 성장률을 보여야 주가가 추가로 상승할 수 있을까? +10% +20%의 이익 성장을 이어갈 수 있어도 훌륭한 구조를 지닌 것이지만, 주식시장은 더 큰 자극을 원하기 때문에 성장률 둔화 우려로 주가가 하락할 수 있다.

넷째, 기대에 미치지 못한 경우다. 예를 들어 +40% 성장이 나올 것으로 기대했는데 +30%에 그친 경우다. +30%도 매우 훌륭한 성장이지만 시장 참여자가 +40%를 기대하고 있었다면 +30% 증가는 어닝 쇼크로 작용할 수밖에 없다.

주식시장이 어려운 것은 절대 수치보다 군중의 기대치 충족이 중요하게 작용하기 때문이다. 이런 시장의 생리를 이해하지 못한 투자자는 실적 발표 때마다 어리둥절할 수밖에 없을 것이다.

폭락과 회복 사이클에 큰돈의 기회가 있다

"지금 이 강당에 화재가 발생해 혼란이 일어나면 사람들 대부분은 이상하게 행동할 것이다. 이때 지혜롭게 행동하면 큰돈을 벌게 된다." – 찰리 멍거

"주식 투자에 뛰어들려면 기꺼이 위험을 감수하겠다는 정신적 준비가 필요하다. 확실한 수익을 보장해주는 주식시장은 세상 어느 곳에도 없다."

– 앙드레 코스톨라니

"주식은 언제나 비관론이 지배하는 하락장의 저점에서 가장 나빠 보이고 모든 사람이 낙관하는 상승장의 고점에서 가장 좋아 보인다는 사실을 명심하라."

– 클라우드 N. 로젠버그 주니어

세계 경제는 끊임없이 진화해왔다. 사람은 기본적으로 더 나은 삶을 향한 욕구가 있기 때문에 위기를 극복하고 계속해서 성장해온 것이다. 경제가 무너지지 않은 이유도 마찬가지다. 그럼에도 불구하고 약세 구간은 항상 존재하며 약세론 역시 언제나 투자자를 현혹한다. 주식을 내던지기 위한 그럴듯한 이유는 언제든지 찾아낼 수 있으며 약세론은 대개 이성적으로 느껴진다. 하지만 시장에서 결국 돈을 버는 사람은 약세장을 버티고 긍정론을 유지한 사람이다.

주식시장이 약세를 보이기 전에 팔고 바닥에서 다시 사겠다는 환상은 버리는 것이 좋다. 주식시장의 진짜 바닥은 아무것도 보이지 않는 칠흑 같은 어둠에서 형성되기 때문에 누구도 그 시기를 장담하기가 어렵다. 또한 주식을 약세 전에 팔았다 하더라도 주식시장을 떠난 상황에서는 부정적인 의견이 더 크게 들리기 때문에, 주가가 바닥을 찍고 반등하기 직전에 매수하는 것은 불가능에 가깝다. 하락을 온전히 맞고 회복하는 것과, 하락 중간에 매도한 후 바닥을 찍고 회복한 시점에 다시 매수하는 것은 결과적으로 크게 다르지 않다.

단기간의 주가 폭락은 항상 시장 참여자가 예측하기 어려운 시점에 발생한다. 주식시장에 장기간 머물다 보면 40% 폭락을 마주하기도 하는데, 이런 일을 실제로 경험하면 말도 안 나오고 숨이 턱 막힌다. 지수가 급락하면 사람들은 마치 시장이 멸망할 것처럼 행동한다. 하지만 시장은 항상 위기를 극복해왔다.

주가가 안정적으로 12~15%씩 계단식 상승을 하면 좋겠지만 현실 세계에서 이런 시장을 마주할 가능성은 매우 작다. 생각지도 못했던 요철과 장애물이 지속적으로 나타난다. 중심을 잃지 않고 끝까지 완주하기 위해서는 '멘털'을 바로잡아야 한다. 시장은 언제나 비관론이 지배하는 하락장의 저점에서 가장 나빠 보인다. 조심해야 하는 시기는 이 하락장이 아니라 모든 사람이 낙관하는 상승장의 고점이다.

과거 주가 폭락 및 극복 과정

"시장 가격이 100년에 두세 차례 50% 이상 하락하는 데 침착하게 대응할 준비가 되어 있지 않다면 보통주 주주에 어울리는 투자자가 아니다." - 찰리 멍거

"지난 93년 동안 시장은 50번이나 10% 넘게 하락했다. 2년에 한 번씩 10% 넘게 하락한 것이다. 그 50번 중 열다섯 번은 25% 넘게 하락했다. 6년에 한 번꼴로 25% 급락을 겪은 것이다. 이것을 감당할 자신이 없는 사람은 주식 투자를 하면 안 된다." - 피터 린치

"시장의 패닉에 즉각적으로 행동하지 말라. 팔아야 할 시점은 추락 이전이지, 추락 다음이 아니다. 오히려 숨을 깊게 들이쉬고 조용히 자신의 포트폴리오를 분석해보라." - 존 템플턴

"현자들은 인간의 역사를 마침내 한 문장으로 요약했다. '이 또한 지나가리라'." - 벤저민 그레이엄

지난 22년 동안 국내 주식시장이 40% 이상 하락한 시기는 총 4회, 100% 이상 상승한 시기도 총 4회다. 22년간 급등·급락을 8회 겪은 참 다이내믹한 시장이었다.

과거의 급등락은 금융 시스템에 문제가 발생하거나 자산 가격의 버블이 해소되는 과정에서 발생했다. 다만 2022년의 조정은 이렇게 복잡하고 다양한 변수가 한 번에 등장한 적이 있었나 싶을 정도로 특이하다. 이들 변수를 좁히면 크게 두 가지로 종합할 수 있다.

첫 번째 변수는 코로나19 이후 자산 가격의 버블이 해소되는 과정에서 보인다. 코로나19 팬데믹 이후 각국 정부는 경기 부양을 위해 엄청난 돈을 풀었고 이는 자산 가격 버블과 인플레이션을 유발했다. 그 결과 각국 정부의 정책 금리 인상으로 이어지면서 경기 둔화 우려가 심화되었다.

다른 변수는 지정학적 리스크 증가로 글로벌 공급망이 붕괴되면서 원자재 가격의 구조적인 강세와 제조업의 비효율성이 크게 증가한 것이다. 러시아-우크라이나 전쟁, 중동 지역 긴장, 자국 우선

[표 2-1] 과거 코스피지수 등락률

날짜	코스피지수	수익률
2000/01/04	1,059.04	
2001/09/17	468.76	−55.7%
2002/04/18	937.61	100.0%
2003/03/17	515.24	−45.0%
2004/04/23	936.06	81.7%
2004/05/17	728.98	−22.1%
2006/05/11	1,464.70	100.9%
2006/06/13	1,203.86	−17.8%
2007/10/31	2,064.85	71.5%
2008/10/24	938.75	−54.5%
2011/05/02	2,228.96	137.4%
2011/09/26	1,652.71	−25.9%
2012/04/03	2,049.28	24.0%
2012/05/18	1,782.46	−13.0%
2013/01/02	2,031.10	13.9%
2013/06/25	1,780.63	−12.3%
2015/04/23	2,173.41	22.1%
2015/08/24	1,829.81	−15.8%
2018/01/29	2,598.19	42.0%
2020/03/19	1,457.64	−43.9%
2021/07/06	3,305.21	126.8%
2022/09/30	2,155.49	−34.8%

*자료: 르네상스자산운용, WiseFn

정책으로 원자재 가격이 구조적인 상승세를 보였고, 각국의 이해관계가 첨예하게 대립하면서 자유 무역에 차질이 생겨 부품 조달과 제조에 문제가 생겼다.

아직 진행 중인 갈등이고 처음 겪는 문제라 언제 어떤 방식으로 해소될지 알 수 없는 상황이다. 한 가지 확실한 것은 세계 경제는 시간의 차이가 있을 뿐 항상 위기를 극복했고 본질 가치 대비 저평가되었던 자산의 가격은 반등했다는 것이다.

주식시장은 지나고 보면 명확하게 보인다. 하지만 실제 시장에서 비가 한창 내릴 때는 이것이 지나가는 소나기인지 장마인지 태풍인지 결론을 내리기가 어렵다. 대부분의 폭락은 그 어떤 전문가도 예측하지 못한 상황에서 발생했다. 정말 운이 좋아서 예측이 한두 번 맞을 수 있을지는 모르겠지만 지속적으로 맞는 경우는 거의 없다고 봐도 무방하다.

과거 국내 주식시장의 저점은 주로 주가순자산배수(Price to Book-Value Ratio, PBR) 0.6~0.9배 수준에서 형성되었다. 2020년 코로나19 확산 시기에는 PBR이 0.59배로 떨어지면서 낙폭이 상당히 심했고, 과거 극단적인 경우를 제외하면 일반적으로 PBR 0.8~1.0배 수준에서 저점이 형성되었는데, 2022년 저점 밸류에이션은 PBR 0.83배 수준을 나타냈다.

폭락을 여러 번 경험했다 하더라도 막상 같은 상황에 다시 놓이면 할 수 있는 것이 별로 없을 때가 많다. 고작해야 반등을 대비해 덜 떨

[그림 2-3] 과거 주요 하락 이슈와 PBR 수준

*자료: 르네상스자산운용, WiseFn

어진 종목을 팔아서 낙폭이 더 큰 종목으로 갈아타는 것 정도다. 현금을 모두 소진해 추가로 할 수 있는 일이 없다면 증권사 거래 시스템(HTS)을 끄고 바람을 쐬거나 영화를 보는 것이 좋다. 투자 대가들이 쓴 고전을 읽는 것도 좋다. 흔들리는 심리를 조금이나마 잡아줄 수 있기 때문이다.

주식시장은 지나고 보면 인과 관계가 명확한 것처럼 보이지만 등락 당시에는 항상 긍정적인 요인과 부정적인 요인이 공존하기 때문에 시장의 상황을 명확하게 알 수 없다. 어차피 저점에 사는 것은 불가능하기 때문에 주가가 충분히 싸졌다고 판단되면 단기적으로는 추가 하락이 발생할 수 있더라도 주식을 계속해서 모아가는 것이 좋다.

주식시장에서 부를 이룬 사람은 시장을 정확하게 예측했다기보다 혼란스러운 상황에서도 주식시장을 떠나지 않았다는 사실에 주목해야 한다. 기다림의 시간은 고되지만 적절한 가격에 주식을 샀다면 '이 또한 지나가리라' 생각하며 어려운 시간을 버텨내야 한다. 시장은 기다리는 사람에게 수익률로 보답해왔다.

큰 수익을 내는 구간은 짧게 지나간다

"물가상승률을 따라잡아 자산가치 하락을 막을 유일한 방법은 주식 투자뿐이다. 주식에 대한 투자 수익의 80~90%는 전체 보유 기간의 2~7% 기간에 발생한다." - 크리스토퍼 브라운

"폭락장이나 조정을 받는 시장에서 주식을 파는 것은 위험한 행동이다. 1980년대 5년 동안 주가는 1년에 26.3%씩 상승했다. 이 수익의 대부분은 증시가 개장한 1,276일 중 단 40일 동안 발생했다. 전체 보유 기간 중 불과 3.13%에서 발생한 것이다. 조정을 기다리며 수익이 집중적으로 발생한 40일 동안 주식시장에서 빠져나가 있었다면 연간 수익률은 4.3%에 그쳤을 것이다. 여윳돈을 투자해 비가 오나 눈이 오나 묻어두는 것이 최선의 방법이다." - 피터 린치

주가 폭락 구간에도 주식을 계속 보유해야 하는 것은 폭락뿐 아니라 폭등도 예측이 어렵기 때문이다. 2020년 코로나19가 한창 퍼지면서 지수가 급락했을 때, 1년 만에 사상 최고치를 경신하게 될 것이라고 누가 예측할 수 있었을까? 20년에 4번 발생하는 +100%

의 상승 기회였다고 누가 확신할 수 있었을까?

피터 린치는 투자 기간 중 큰 수익을 주는 기간은 매우 짧기 때문에 주식을 지속적으로 보유해야 한다고 이야기한다. 큰 수익을 주는 구간은 전체 보유 기간 중 3%에 불과하기 때문이다. 그 기간에 주식을 가지고 있지 않으면 기대 수익률은 크게 떨어진다.

상승 여력이 높은 주식을 가지고 있더라도 언제 어떤 이슈로 얼마나 상승할지 예측하기는 매우 어렵다. 예를 들어 A라는 회사의 1년 후 실적 개선이 분명하다고 했을 때, 이 주식을 언제 사야 하는 것일까? 11개월 동안 기다렸다가 한 달 전에 매수해야 할까? 마냥 기다리다 보면 내가 매수하기 전에 급등해버릴 수도 있고, 성급하게 매수에 나선다면 1년 동안 수익 없이 기다려야 할 수도 있는데 어떻게 하는 것이 좋을까?

주식시장에서 확실해 보이는 무언가를 찾는 것은 쉬운 일이 아니다. 시장이 불안정해 보이더라도 매력적인 개별 주식이 있다면 사는 것이 맞다. 그럼에도 불구하고 주가가 하락한다면 기쁜 마음으로 추가 매수를 하는 것이 좋다. 1년 후 실적 개선이 분명하다면 분할 매수에 나서는 것이 좋다. 때로는 기다림의 시간이 고되게 느껴지기도 하지만 3%에 불과한 높은 상승 기간을 누리기 위해서는 참고 기다려야 한다.

외국인의 '빈집털이' 현상이
주기적으로 나타나는 이유

시장 참여자 대부분이 특정 업종에 부정적인 시각을 가져 무차별적으로 매도했는데 더는 매도할 주체가 없어 조금의 매수세 유입으로도 주가가 급등 양상을 보이는 경우가 있다. 이를 '빈집털이'라고 부른다. 빈집털이 현상은 특히 수급 공백이 있는 업종에 외국인 투자자의 매수세가 들어올 때 자주 발생한다.

외국인이 저평가 주식을 기가 막히게 매수한 것으로 보일 수 있지만 실제 그들은 한국의 주식시장을 잘 모른다. 이 매수 자금 대부분은 개별 종목에 투자하는 액티브 자금이 아니라 시장 전체에 투자하는 패시브 자금으로, 지수 비중대로 주요 업종 및 종목을 채웠다 비웠다 반복하며 투자한다.

빈집털이가 발생하는 이유는 이와 같다. 국내 기관은 특정 업종에 부정적인 시각이 형성되면 해당 업종을 모두 비우고 가기 때문에 더 이상 매도할 주식이 없는데, 외국인 투자자는 업종에 대한 선호 없이 매매하기 때문에 국내 기관이 싫어하는 업종도 기계적으로 매수한다. 이때 해당 업종의 수급 불균형이 나타나면서 주가가 급등하는 모습을 보이는 것이다.

특별한 호재가 없는데도 주가가 급등 양상을 보이면 국내 기관 투자가는 매우 당황한다. 기관 투자가는 보통 코스피지수 대비 수익률로 평가받는데, 자신이 비운 업종의 주가가 급등하면 결과적으로 수익률이 코스피지수보다 낮아질 수 있기 때문에 허겁지겁 주식을 채우면서 주가를 추가로 상승시키게 된다.

이런 현상은 대형주에서만 발생하는 것이 아니라 중소형주에도 동일하게 나타난다. 특별히 호재가 있지 않더라도 과하게 매도된 주식의 주가는 가격이 낮다는 이유만으로도 언제든지 상승할 수 있다. 특히 시장에서 아무도 관심을 가지지 않는 기업의 실적이 돌아서는 경우에 주가가 급등하는 경우가 많다. 버려진 주식이라도 관심의 끈을 놓지 않는 것이 좋다.

반대 매매가 반대 매매를 부르는 과정

지수가 하락하면 어느 정도 버티는 듯 보이다가 순식간에 무너지는 순간이 온다. 반대 매매 때문에 그런데, 주식 투자자금에는 자신의 자금뿐 아니라 빌린 돈도 포함되는 경우가 있어서다.

개인 투자자는 최소 담보 유지 비율 140~160% 정도를 유지하면 증권회사를 통해 90일간 돈을 빌려서 신용 거래를 할 수 있다. 예를 들어 본인 자본 100만 원에 신용 거래를 통해 100만 원을 투자해 총 200만 원어치의 주식을 샀고 최소 담보 유지 비율이 150%라면, 주식 평가금액이 150만 원 밑으로 떨어질 경우 증권회사에서는 추가 증거금을 내라는 마진콜을 보내게 된다. 이때 추가 증거금을 납부하지 못하면 증권회사는 투자자의 의사와 별개로 반대 매매를 집행하게 된다.

반대 매매는 하락장에서 주가 하락에 기름을 붓는 역할을 한다. 보통 지수가 고점 대비 −20% 수준으로 하락하면 반대 매매가 많이 나온다. 지수가 20% 하락했다면 개별 주식은 30~40% 빠지는 경우가 빈번하게 발생하기 때문이다.

특정 지점에서 반대 매매가 나오기 시작했다는 소문이 돌기 시작하면 단기적으로는 시장에 위험 신호가 발생한 것이다. 반대 매매는 주로 오전 9시와 10시, 오후 2시로 나누어 진행되는 것으로 알려져 있는데, 반대 매매가 발생하면 2~3일 폭락이 계속되는 경우가 많다. 반대 매매로 개별 주식의 주가가 폭락하면 다시 다른 고객의 반대 매매를 유발하는 악순환이 나타나기 때문이다.

반대 매매 발생 시 개별 주식의 주가가 추가적으로 10~30% 하락하는 경우를 적지 않게 볼 수 있다. 이는 반대 매매가 가격과 무관하게 회수에 초점이 맞추어져 있기 때문인데, 특히 중소형주의 경우 매수세가 받쳐주지 못하면 주가가 어이없는 수준으로 빠질 때가 많다.

반대 매매가 발생하면 좋은 매수 기회가 발생했다고 생각해도 좋다. 반대 매매가 마무리된 후 주가가 빠르게 반등하는 경우가 많기 때문이다. 다만 앞서 이야기한 것처럼 2~3일 지속될 수 있기 때문에 분할 매수로 대응하는 것이 좋다. 전체 시장의 신용잔고 추세를 먼저 살펴보고 개별 주식의 잔고 추세를 살펴보는 것이 좋다.

이는 금융투자협회 자본통계 사이트(freesis.kofia.or.kr) '주식 > 신용공여 현황 > 신용공여 잔고 추이'를 통해서도 확인할 수 있지만, HTS를 통해 대부분 확인이 가능하다. HTS에서 '신용거래동향' '신용잔고비율' 등으로 검색해보면 된다.

3장

유형별 이기는 투자 전략, 선택과 집중

한국 주식 vs 미국 주식, 당신의 선택은?

"해외 투자에서 규모가 크지 않은 시장은 제외한다. 투명성도 중요하다. 그런데 세계 상장기업 시가총액의 53%를 미국 기업이 차지하고 있다. 미국 시장이 중요하다는 사실을 기억해야 한다." – 워런 버핏

버크셔 해서웨이의 해외 투자 비중은 매우 낮다. 실제로 이 기업의 투자 포트폴리오를 보면 대부분 미국 기업으로 이루어져 있다. 워런 버핏은 버크셔 해서웨이가 해외 기업 소유주에게 충분히 알려지지 않아서 좋은 인수 기회를 많이 찾지 못했다고 이야기한다. 하지만 투자 규모 충족이든 비즈니스모델이든 미국 시장 밖에서 버핏이 원하는 기업을 찾기가 만만치 않을 것이다.

이 외에 버핏이 해외 기업 투자에 적극적이지 않은 것은 상당수

미국 기업이 글로벌 기업이고 전체 이익 대부분을 해외에서 벌어들이기에 해외 직접 투자의 필요성이 크지 않기 때문이다. 실제로 코카콜라와 기네스는 80%, 질레트는 이익의 67%를 해외에서 벌어들이고 있고, 버크셔 해서웨이 전체 이익의 20% 이상이 해외에서 발생한다.

미국 주식시장을 보면 한국 주식시장이 한없이 작아 보인다. 지배구조 문제, 투명성, 주주환원 정책 모두 높은 점수를 주기가 힘든 것

[표 3-1] 버크셔 해서웨이 보유종목 TOP 10

순위	보유종목	포트폴리오 비중(%)	자산가치(달러)	전분기 대비 변화
1	애플	38.90	1,163억	+33만 주
2	뱅크오브아메리카	11.19	334억	
3	셰브론	9.78	292억	+238만 주
4	코카콜라	8.51	254억	
5	아메리칸익스프레스	7.49	224억	
6	크래프트 하인즈	4.43	132억	
7	옥시덴탈 페트롤리움	4.09	122억	
8	무디스	2.30	68억	
9	액티비전 블리자드	1.35	40억	−742만 주
10	휴렛 패커드	0.94	28억	

*자료: 미국증권거래위원회(SEC) 보고서(2022년 4분기)

이 사실이다. 미국은 일단 내수시장이 커서 미국 시장 점유율 1위가 곧 세계 시장 점유율 1위가 될 수 있으며, 장기적으로 독점력을 유지할 수 있는 플랫폼 기업이 많다. 또한 경영의 중심을 주주 가치 극대화에 두고 있어 주주환원 정책이 뛰어나며 투명한 공시 구조로 특정 집단의 정보 선점이 어렵다.

반면 한국은 내수시장이 작아 국내 시장 점유만으로는 규모를 키우기가 어렵고 업황 주기에 민감하며 중간재 수출이 많아 소비자의 재고 정책에 따라 매출액이 요동칠 수 있다. 다만 한국 시장의 가장 큰 장점은 노력하면 초과수익을 얻을 수 있다는 것이다. 만약 최첨단 금융 지식으로 무장한 미국인이 한국에 와서 투자한다면 한국 고유의 문화, 사회 현상, 소비 트렌드를 이해할 수 있을까? 대기업 말고 중소기업에 투자할 수 있을까?

대답은 당연히 '노(No)'다. 한국인으로서 한국에서 생활하고 한국 돈을 사용할 생각이라면 대부분의 자금을 한국 시장에 투자하는 것이 맞다. 한국 시장은 난도가 높은 시장이지만 기본적으로 다양한 산업이 존재하는 만큼 종목 선택만 잘한다면 초과수익의 기회가 많다.

상당수의 투자자가 미국 시장에 대해 환상을 가지고 있다. 장기적으로 시장이 우상향하는 모습을 보여왔기 때문이다. 하지만 세부적으로 들여다보면 결코 만만한 시장이 아니다. 가격 제한이 없기 때문에 개별 주식의 변동성은 엄청나다.

한국 기업에서 개별 이슈가 발생했을 때는 실시간으로 확인이 가능하지만 해외 시장의 경우는 후행적으로 알게 될 가능성이 크다. 한국 시장도 개인이 투자해서 초과수익을 얻기 어렵듯이 미국 시장도 개인이 초과수익을 얻는 것은 만만치 않은 일이다. 다만 미국 시장은 분산 투자, 헤지 차원에서 좋은 투자 기회를 제공해왔고 앞으로도 이 같은 전략은 여전히 유효할 것으로 판단된다.

버핏의 해외 투자 사례

버핏은 2020년 일본의 5대 종합상사(이토추상사, 마루베니상사, 미쓰비시상사, 스미토모상사, 미쓰이물산)의 지분 5% 이상을 사들였다. 7조 원

[그림 3-1] 이토추상사와 마루베니의 최근 3년 주가 현황(2021/02~2023/02)

*자료: 네이버증권

규모의 투자다. 이들 기업은 2000년 이후 전 세계 천연자원 개발에 주력했다.

미쓰비시상사와 미쓰이물산은 2011년 이후 칠레 구리광산 개발과 호주 액화천연가스(LNG) 개발 사업에 적극 참여했고, 스미토모상사도 마다가스카르의 암바토비광산에서 니켈 등 원자재와 희토자원 채광에 주력했다. 마루베니상사 역시 칠레 센티넬라에서 구리를 채광하며, 이토추상사는 호주 마운트뉴먼에서 철광석 사업을 벌이고 있다. 또한 이 두 상사는 모두 미국과 러시아에서 LNG 사업을 벌이고 있다.

2016년 이후 원자재 가격이 떨어지면서 관련 사업이 고전을 면치 못해온 터라 2020년 투자 당시만 해도 '너무 낡은 비즈니스모델에 투자하는 것'이라고 생각하는 사람이 많았다. 버핏은 인플레이션과 달러 약세에 대한 헤지 차원에서 투자했는데 결론적으로 매우 성공한 투자가 되었다. 어려운 시장 상황에도 주요 원자재 가격이 급등해 2023년 1월 기준 일본 주요 상사의 주가는 10년 내 최고치를 경신했고 여전히 고점 수준을 유지하고 있다.

한편 2022년 3분기에는 대만의 파운드리(반도체 위탁생산) 기업 TSMC를 대규모 매수했다. 과거 애플, 액티비전 블리자드 등 IT 기업 지분 확보에 나섰지만 반도체 종목을 선택한 적은 한 번도 없었다. 그럼에도 불구하고 TSMC를 선택한 이유는 독보적인 시장 지배력 때문이었던 것으로 보인다.

다만 이례적으로 한 분기 만에 TSMC 보유 지분을 대부분 처분한 것으로 나타났는데, 버크셔 포트폴리오 내 TSMC 비중은 1.39%에서 0.21%로 확 낮아졌다. 버크셔는 TSMC 매도와 관련해 별다른 언급을 내놓지 않고 있는데, 글로벌 반도체 수요 감소로 인한 실적 감소를 염두에 두었다는 분석이 지배적이다. 기존의 스타일과 다르게 TSMC 주식을 매수한 것도 놀라운 일이었지만 빠른 결단력으로 매도에 나선 것도 놀라운 일이다.

가치주 vs 성장주, 당신의 선택은?

"가치주와 성장주의 차이는 뚜렷하지 않다. 기업의 가치는 그 기업이 창출하는 현금의 현재 가치다. 그러므로 우리가 가치주와 성장주를 평가하는 방법은 다르지 않다. 관건은 '그 기업에서 나오는 가치를 얼마로 판단하느냐'다. 우리는 주식을 매수할 때 전체 기업의 일부를 인수한다고 생각한다. PER 6배 주식이 12배가 되는 것도 가치투자고, PER 12배 주식이 18배, 24배 되는 것도 가치투자다." - 워런 버핏

"성장은 방정식의 일부일 뿐이다. 성장주에 투자하라거나 가치주에 투자하라고 이야기하는 사람은 투자를 제대로 이해하지 못하는 것이다. 지능적인 투자는 모두 가치투자다. 지불하는 가격보다 얻는 가치가 더 많기에 그렇다. 몇몇 훌륭한 기업을 찾아내서 끈질기게 보유하는 투자 방식이 가치투자다."

– 찰리 멍거

"가치투자는 늙은 기업에 투자하는 것도 아니고 테크 이외의 기업에 투자하는 것도 아니다. 적정 가치를 찾는 투자는 언제나 옳다." - 애스워드 다모다란

일반적으로 투자자는 가치주와 성장주를 반대의 개념으로 생각하지만 이 둘은 구별이 모호한 경우가 많을 뿐 아니라 상황에 따라 변화하기도 한다. 예를 들어 삼성전자는 성장주일까, 가치주일까?

삼성전자는 과거 성장주로 여겨졌다. 하지만 현재 삼성전자를 살펴보자. 반도체 산업은 장기적으로 보았을 때 성장성이 있고 M&A를 통해 사업 영역 확장이 가능하다는 점에서도 성장주의 성격을 지닌다. 다른 한편 보유 현금과 밸류에이션을 보면 가치주의 성격도 지닌다. 사실 투자자라면 삼성전자가 가치주인지 성장주인지가 중요한 것이 아니라 삼성전자의 주가가 오를 것인지 아닌지가 더 중요하다.

같은 기업이라도 특정 구간에서는 성장주로, 특정 구간에서는 가치주로 분류되기도 한다. 예를 들어 음식료업종은 과거에 전통적인 가치주로 분류되었지만 2010~2015년 중국 수출 증가와 함께 성장주로 재평가되었고, 현재는 다시 가치주로 분류가 가능한 상황이다.

가치주와 성장주를 구별하는 명확한 기준이 있는 것은 아니지만 굳이 분류하자면 [표 3-2] 와 같다.

고성장주는 성장 가시성이 높아 시장에서 인기가 많고 밸류에이션이 높지만 강력한 해자를 가지고 있기에 투자 매력이 없는 고평가 주식과 차이가 있다. 이익이 성장하고 합리적인 가격에 거래되고 있다면 가격이 합리적인 성장주(Growth at Reasonable Price, GARP),

[표 3-2] 성장주 vs 가치주

구분	성장성	밸류에이션
고성장(고PER, 인기주)	높음	높음
GARP(적정 가격 성장)	중간 혹은 중간 이상	중간 혹은 중간 이상
저PER주(비인기 성장, 역발상)	중간 혹은 중간 이상	중간 혹은 중간 이하
절대저평가(딥 밸류, 담배꽁초)	낮음	낮음

성장주 (고성장, GARP, 저PER주)
가치주 (GARP, 저PER주, 절대저평가)

성장성이 있지만 저평가 상황이라면 저PER주, 성장성이 낮고 밸류에이션도 낮은 수준이라면 절대저평가 주식으로 평가할 수 있다.

성장주를 선호하는 투자자는 주로 고성장주, GARP 주식, 저PER주 카테고리에서 투자 대상을 선별할 확률이 높고, 가치주를 선호하는 투자자는 주로 GARP 주식, 저PER주, 절대저평가 주식에서 투자 대상을 찾을 확률이 높다. 각자 추구하는 스타일이 다를 뿐 절대적으로 누가 옳고 그른 것은 아니다. 한편 GARP 주식과 저PER주는 성장주와 가치주 모두로 분류가 가능하다.

필립 피셔는 고성장주, 워런 버핏은 GARP 주식, 데이비드 드레먼은 저PER주, 벤저민 그레이엄은 절대저평가 투자 방식을 대표한다. 가치주냐 성장주냐가 중요한 것이 아니라 각 투자 영역에서 자신의 장점을 발휘한다면 투자 대가가 될 수 있다는 것에 집중해야 한다.

사실 가치투자 대가들도 성장주에 투자해왔다. 가치투자는 본질 가치 대비 저평가된 주식에 투자하는 것이지, 가치주에만 투자하는 것이 아니다. 성장주에 투자했다고 해서 가치투자자가 아니라고 비난할 이유는 없다.

나는 가치투자의 반대말은 성장주 투자가 아니라 모멘텀 투자라고 생각한다. 성장주 투자자와 가치주 투자자는 모두 펀더멘털을 보고 투자하는데 밸류에이션에 대한 민감도가 다를 뿐이다. 하지만 모멘텀 투자자는 펀더멘털도 밸류에이션도 보지 않으며 현재 시장에서 가장 인기가 있는 주식을 찾아 쫓아다닐 뿐이다. 그것이 테마든 추세든 거래량이든 어떤 이슈든 실제 기업의 펀더멘털에 얼마나 큰 영향을 미칠 수 있는지에 대한 고민이 부족하다.

성장주와 가치주에 대한 논란은 소모적일 뿐 얻을 것이 없다. 투자자의 성향은 모두 다르기 때문에 각자의 성향에 맞는 투자 방식을 선택해서 발전시키면 된다. 가치투자자가 피해야 할 것은 성장주 투자가 아니라 모멘텀 투자다.

GARP 주식에 투자하기

"훌륭한 기업을 적당한 가격에 사는 것이 적당한 기업을 훌륭한 가격에 사는 것보다 낫다." - 워런 버핏

"내가 반복하는 실수 중에 가장 큰 것은 탁월한 기업에 대해 높은 가격을 지불하는 것을 여전히 좋아하지 않는다는 것이다." – 워런 버핏

"우리는 기업을 통째로 인수하는 것과 시장에서 일부 지분을 사는 것이 근본적으로 크게 다르지 않다고 생각한다. 우리의 목표는 탁월한 기업을 합리적인 가격에 사는 것이지, 그저 그런 기업을 싼 가격에 사는 것이 아니다. 우리는 유통주식을 살 때도 기업을 통째로 인수할 때와 똑같은 방식으로 평가한다."

– 워런 버핏

워런 버핏은 자신이 85%의 벤저민 그레이엄과 15%의 필립 피셔로 이루어져 있다고 이야기한 바 있다. 버핏의 초기 스타일은 그의 스승인 그레이엄의 영향을 많이 받았지만 현재는 싸게 사는 것을 넘어 경쟁력 있는 좋은 기업을 장기간 보유하는 방향으로 투자 스타일을 진화시켰다. GARP투자법은 중소형주 투자로 수익률 13,000% 신화를 기록한 랄프 웬저가 고안한 것으로 알려져 있는데, 버핏의 투자 스타일을 가장 잘 대변하는 방식이기도 하다. 이 종목군은 고평가되지 않았고 성장성이 있다. 급등을 주도했던 성장주가 고평가 상태이고 가치주가 저평가 매력만으로는 오르기 힘들다고 판단될 때, GARP가 대안이 될 수 있다.

기업 가치는 PER과 순이익의 함수로 이루어진다(PER × 순이익). 순이익 성장률이 높고 PER이 낮다면 가장 좋은 투자 대상이 될 수 있다. 순이익뿐 아니라 PER이 상승하면서 기업 가치가 높아지는 것을 기대할 수 있기 때문이다. 하지만 순이익 성장률이 높은 기업

은 PER이 한순간에 상승하면서 투자 기회가 빠르게 소멸하는 경우가 많아서 기회를 찾기가 수월하지 않다. 특히 투자 규모가 클수록 이런 방식을 현실적으로 적용하기가 어려울 수 있다.

버핏 투자 스타일의 진화는 투자 규모가 커지면서 불가피하게 이루어진 것으로 보인다. GARP 스타일의 기업은 PER이 적정 수준이며 기업 이익에 대한 신뢰도가 높다. PER 재평가를 크게 기대하기 어렵더라도 장기 투자할 경우 기업 이익이 상승하는 만큼 안정적인 주가 상승을 기대할 수 있다.

GARP 스타일 주식의 가장 큰 매력은 주가 변동성이 낮다는 것이다. 이들 주식의 비중이 높을수록 하방 경직성을 보이며 포트폴리오가 단단해진다. 다만 시장이 단기적으로 상승할 때 상대적으로 낮은 수익률을 감내해야 할 수도 있다. 투자자는 포트폴리오 내 GARP 주식 비중을 변화시켜 공격적인 투자와 보수적인 투자를 선택할 수 있다.

스팩 투자, 어떻게 해야 할까?

스팩(Special Purpose Acquisition Company, SPAC)이란 공모(IPO)를 통해 조달한 자금으로 비상장기업과 합병하는 것을 목적으로 만든 페이퍼컴퍼니를 뜻한다. 일반 투자자는 진입장벽이 높은 M&A 시장에 소액으로 참여할 수 있고, 비상장기업은 수요 예측의 불확실성을

[그림 3-2] 스팩의 기본 구조

*자료: 한국증권거래소(KRX)

제거하고 확정된 금액을 조달할 수 있다는 장점이 있다.

스팩은 2009년 말부터 설립이 허용돼 2010년부터 2022년 3월까지 총 226개가 상장되었다. 이 중 122개가 합병 상장에 성공했거나 진행 중이고 57개는 합병 실패로 상장 폐지, 47개는 코스닥 시장에서 거래 중이다. 특히 2015년 이후에는 매년 10~20개 전후의 합병

[표 3-3] 스팩의 특징

높은 투자 안정성	높은 환금과 유동성
• 공모자금의 90% 이상을 별도 예치하고 3년 내 합병에 실패할 경우 반환 • 예치금은 인출, 담보 제공 금지	• 상장 후 장내 매도 가능 • 합병 반대 시 주식매수청구권 행사 가능
• 일반 투자자에게 M&A 투자 기회 제공	• 우량기업에 대규모 자금 조달
• 개인도 스팩 주식 취득으로 M&A 투자 참여 가능 • 주주총회에서 일반 주주가 합병을 결정 (공모 전 주주는 의결권 행사 제한)	• 우량기업과의 합병을 통해 상장과 유상 증자를 동시에 하는 효과

*자료: 한국증권거래소(KRX)

상장이 이어지며 신규 상장 방법 중 하나로 자리 잡았다.

스팩은 상장 후 3년(합병 완료 기한) 내에 비상장기업이나 코넥스 기업을 합병해 주식시장에 상장해야 하는데, 기간 내에 합병에 성공하지 못할 경우 투자자에게 원금과 이자를 돌려주고 상장 폐지 절차를 밟게 된다. 스팩 설립 초기에 자본을 투자하는 투자사 및 증권사를 발기인이라고 하는데 이들은 스팩이 합병할 회사를 찾는데 주도적인 역할을 한다. 일반적으로 스팩 상장 후 합병까지 걸리는 기간은 2년 정도고 2년 6개월이 지날 경우 합병 상장 신청이 제한되면서 상장 폐지로 이어진다.

합병 기준 시가총액 대비 현재 시가총액으로 계산한 주가 상승률이 2022년 3월 기준 평균 +150%를 넘어서면서 스팩은 높은 투자 수익률을 기대하는 투자처로도 관심을 받았다. 스팩을 통해 콜마비앤에이치, 클래시스, 한국비엔씨 등 시가총액 1조 원이 넘는 기업이 발굴되기도 했다. 다만 2022년에만 45개 스팩이 상장되고 공모주 분위기가 가라앉으면서 스팩 투자의 분위기도 다소 위축된 상황이다.

스팩 투자에는 크게 4가지 전략이 있다. 우선 공모주 청약을 통해 배정받은 주식을 상장 후 매각하는 방법이다. 이론적으로 스팩은 중간에 합병 이슈가 없다면 일반적으로 2,000원의 공모가를 받아 상장 후 3년에 가까워질수록 청산 금액에 수렴할 수 있다(이자율 1.85% 가정 시 2,110원). M&A 시장이 활기를 띨수록, 공모주 시장의 분위기가 좋을수록 스팩의 수익률이 높게 나타나는데, 분위기가 가

[표 3-4] 코스닥 스팩 합병 상장 대표 기업

	스팩+ 기준 시총	피합병법인 기준 시총(억 원)	합병법인 기준 시총	합병신주 상장일	주가 상승률(합병 기준가 대비, %)				현재가 (억 원)
					상장일	+1M	+6M	현재	
이트레이드1호스팩	197+	하이비젼시스템 367	= 563	'12/02/14	+90.9	+116.8	+64.4	+406.5	2,854
케이비게임앤앱스스팩	229+	알서포트 1,151	= 1,380	'14/01/07	+33.1	+30.3	+73.5	+127.7	3,143
미래에셋제2호스팩	189+	콜마비앤에이치 1,763	= 1,952	'15/02/03	+426.5	+419.1	+485.8	+409.4	9,941
케이티비스팩3	135+	맘스터치 1,621	= 1,756	'16/10/06	+38.6	+0.5	-5.5	+291.9	6,883
대신밸런스제1호스팩	103+	넵튠 1,674	= 1,777	'16/12/14	-6.5	+0.2	-11.8	+245.5	6,140
대신밸런스제2호스팩	213+	와이아이케이 1,005	= 1,218	'17/04/05	+55.7	+77.6	+50.2	+250.2	4,266
엔에이치스팩9호	181+	넷게임즈 1,935	= 2,116	'17/06/12	+1.5	-12.7	+36.6	+188.5	6,103
엔에이치스팩8호	137+	RFHIC 2,052	= 2,188	'17/09/01	-8.8	-20.7	+94.4	+238.1	7,398
하이제2호스팩	110+	휴마시스 3	= 113	'17/01/25	+0.5	+2.0	+30.5	+5548.4	6,383
하나머스트4호스팩	62+	로보로보 300	= 362	'17/12/19	+13.0	+65.0	+71.9	+461.8	2,033
케이티비스팩2호	110+	클래시스 1,099	= 1,209	'17/12/28	+108.2	+234.0	+119.5	+928.3	12,437
하나금융7호SPAC	163+	에치에프알 1,039	= 1,202	'18/11/15	+0.5	-7.4	+57.5	+200.1	3,607
엔에이치스팩11호	139+	한국비엔씨 738	= 877	'19/12/03	-9.9	-6.7	+24.5	+986.2	9,523
동부스팩5호	97+	레이크머티리얼즈 1,203	= 1,299	'20/03/23	-54.0	-26.7	+8.3	+130.9	3,001
대신밸런스제6호스팩	103+	국전약품 687	= 790	'20/12/30	+385.4	+283.9	+199.2	+445.3	4,308
엔에이치스팩14호	172+	현대무벡스 1,862	= 2,034	'21/03/12	+160.0	+116.5	+117.2	+81.6	3,694
유안타제3호스팩	85+	제이시스메디칼 1,328	= 1,413	'21/03/31	+100.2	+126.0	+245.0	+289.1	5,497
삼성스팩2호	151+	엔피 630	= 781	'21/08/20	+335.0	+280.0	+364.5	+347.1	3,492

주: 현재가 기준일 2022년 3월 8일　　　　*자료: 한국거래소(KRX), DataGuide, 흥국증권 리서치센터

장 좋았던 2021년의 경우 스팩을 공모받아 상장일 시초가에 모두
팔기만 해도 평균 +18.9%의 수익을 거둘 수 있었다. 2022년은 평
균 +8.66%의 수익률을 거두었고 스팩에 관심이 낮았던 2020년은

평균 +0.4% 수익에 그쳤다.

일반적으로 스팩의 시가총액은 100억 원 수준으로 낮기 때문에 소형주가 강세를 보이는 시기에 주가가 덩달아 오르는 경우가 있다. 이때는 이상급등 현상이라고 폄하할 필요 없이 조용히 주식을 팔고 나오면 된다.

두 번째는 분산 매수 후 보유하는 것이다. 사실 스팩 투자를 통해 대박이 나기 위해서는 운에 기댈 수밖에 없다. 어떤 스팩이 어떤 기업과 합병될지를 사전에 아는 것은 불가능하기 때문이다. 합병에 성공했다고 하더라도 대상 기업이 부실해 보이면 주가가 하락하기도 한다. 따라서 다양한 종류의 스팩을 2,000원 수준으로 공모를 받아서 적금이라 생각하고 3년 보유 목적으로 가져가는 것이 좋다. 그중 몇은 대박이 나고 몇은 하락이 발생하겠지만 평균적으로 예금보다 높은 이익을 얻게 될 가능성이 있다.

세 번째는 합병 공시 이후 투자하는 것이다. 스팩은 이사회 의결 후에 합병을 공시하는데 그와 동시에 주식 거래가 정지된다. 상장 예비 심사가 이루어지는 동안 거래가 불가능해지는 것이다. 상장 예비 심사 결과 합병 승인이 나면 거래가 재개되는데 이때 피합병 회사의 가치에 따라 스팩 주식의 가격 변동성이 크게 확대된다.

합병이 완료되면 회사명이 피합병 회사의 이름으로 바뀌며 기업의 장기 전망에 따라 주가가 움직인다. 합병 전에 투자한다면 단순히 현재 상장된 스팩의 시가총액이 아니라 합병 이후 늘어나는 주식 수를 감안해 투자해야 한다. 피합병 회사가 우량하고 합병 조건이 스팩 투자자에게 매력적일 경우 스팩의 주가가 상승하지만 피합병 회사가 우량하지 못하거나 합병 조건이 매력적이지 않은 경우 주가는 하락한다.

네 번째는 공모가 미만에서 최대한 싸게 매수하는 것이다. 만약 주식시장이 폭락하면서 개별 주식의 무차별적인 하락과 함께 스팩의 주가가 동반 급락한다면 매수 기회로 보아도 좋다. 어차피 3년이 채워지면 투자 원금과 예치 이자를 받을 것이기에 싸게 살 수만 있다면 싸게 산 만큼 이익으로 돌려받을 수 있다.

역발상 투자, 중요한 것은 '시장 기대치'의 크기

"모두가 어떤 자산에 리스크가 있다고 믿어서 매입을 꺼리면 그 자산은 결국 리스크가 전혀 없는 수준으로 떨어진다. 가격에 포함된 모든 낙관론이 배제되고 부정적인 의견이 확산되면 리스크가 가장 적은 투자가 될 수 있다."

– 하워드 막스

역발상 투자가 가장 빛을 발하는 순간은 시장에서 아무도 기대하지 않았던 회사의 실적이 드라마틱하게 좋아지는 경우다. 실제로 국내 시장 데이터를 살펴보면 어닝 서프라이즈 종목과 어닝 쇼크 종목의 수익률 격차가 크게 확대되어 나타난다. 어닝 서프라이즈

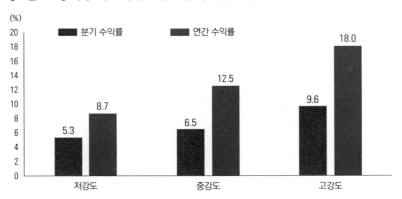

[그림 3-3] 어닝 서프라이즈 강도별 종목 수익률(2010~2019)

*자료: 르네상스자산운용, Wisefn

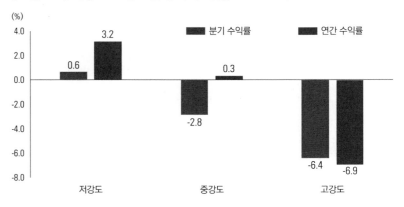

[그림 3-4] 어닝 쇼크 강도별 종목 수익률(2010~2019)

*자료: 르네상스자산운용, Wisefn

종목은 분기 수익률뿐 아니라 장기 수익률 측면에서도 긍정적이다.

어닝 서프라이즈 강도가 높을수록 수익률이 높아지고, 어닝 쇼크 강도가 높을수록 손실 폭이 확대되는 것이 확인된다. 어닝 서프라이즈 종목을 지속적으로 발굴한다면 시장의 등락을 무시하고 가도 될 정도로 우수한 장기 수익률을 올릴 수 있다. 어닝 서프라이즈 종목 발굴은 어떤 투자 환경에서도 시장을 이기는 궁극기에 해당하는 기술이다.

중요한 것은 '어닝 서프라이즈 종목을 어떻게 찾을까'에 대한 고민이다. 기업 실적을 정확하게 추정하는 것은 쉬운 일이 아니지만 방법은 있다. 첫째는 이익에 영향을 미칠 수 있는 다양한 변수를 세분화해 평가하는 것이고, 둘째는 내부자 정보를 취득해 예상 실적을 미리 파악하는 것이다.

내부자 정보 취득에 대한 유혹은 달콤하다. 내가 크게 노력을 기울이지 않고서도 정확도가 높은 숫자를 얻을 수 있기 때문이다. 하지만 이는 명백한 위법 행위이니 장기적 관점에서 가까이하지 말아야 한다. 내부자 정보에 의존하다 보면 자체적인 판단력이 무뎌질 수밖에 없고, 언젠가는 꼬리가 밟혀 투자를 지속하기가 어렵게 된다.

기업 이익 추정치의 정확도를 높이기 위해서는 열심히 발품을 팔아야 한다. 수출입 무역 통계 데이터와 각종 원자재 가격 데이터를 활용하고, 기업 탐방이나 업계 관계자 미팅을 통해 분위기를 파악하며, 소비자 반응을 살피는 등 다양한 노력을 기울여야 한다.

시장의 기업 이익 추정치 오류는 중소형주에서 더 많이 나타난다. 대형주는 각종 무기를 장착한 대형 증권사의 애널리스트가 추정하기 때문에 개인이 그들보다 뛰어난 결과를 만들어내기는 쉽지 않다. 반면 중소형주는 관심을 가지는 애널리스트가 상대적으로 적을 뿐 아니라 타이트하게 커버하지 않는 경우가 많기 때문에 추정치에 오류가 발생하기 쉽다.

어닝 서프라이즈가 나타날 수 있는 중소형주를 발굴하는 일이야말로 주식 투자의 성과를 극대화하는 방법이 될 수 있다. 기업 실적 추정은 여러 정보를 모아서 퍼즐을 맞추는 과정이다. 공개된 정보만 제대로 모아도 훌륭한 퍼즐 맞추기가 될 수 있는데, 부지런한 사람이 더 좋은 투자 성과를 가져갈 확률이 높다.

'역발상 투자'와 '역투자'의 차이

"모든 사람이 싫어한다는 이유 하나만으로 그 주식을 사지는 말라." - 워런 버핏

역발상 투자와 역투자는 언뜻 비슷해 보일 수 있지만 미묘한 차이로 인해 아주 다른 투자 결과를 나타내기도 한다. 역발상 투자를 '무조건 시장 반대 방향으로 투자하는 것'으로 오해하는 투자자가 많다. 그러나 역발상 투자의 핵심은 펀더멘털이 견조하지만 인기가 없어서 저평가 상태에 있거나 일시적 이슈로 주가가 급락한 주

식을 사는 것이다.

예를 들어 인탑스의 경우 시장이 정체 혹은 축소되고 있는 플라스틱 휴대폰 케이스를 주력 사업으로 하고 있다. 만약 이 회사가 계속해서 휴대폰 케이스에만 머물러 있었다면 시장의 주목을 받기 어려웠을 것이다. 하지만 이 회사는 플라스틱 사출 기술에 기초해 다양한 고부가가치 사업으로 확장해나가면서 이익을 한 단계 레벨업시켰다.

2016년 기준 인탑스 전체 매출액에서 스마트폰 케이스를 제외한 사업부의 매출액 비중은 10%에서 2017년 21%, 2018년 23%, 2019년 25%, 2020년 37%까지 매년 확대되었다. 같은 기간 고객사의 스마트폰 판매량에 의존해 실적 변동성이 컸던 과거의 모습을 탈피해 신소재와 자체 신공법을 통해 가전, 자동차, 코스메틱, 헬스케어기기 등 다양한 제품으로 확대해나갔다. 물론 2021~2022년은 코로나 진단키트 케이스 특수를 누리면서 큰 폭으로 이익이 증가한 측면이 있지만 2023년부터는 로봇산업과 관련된 매출액이 크게 증가할 전망이다. 만약 사람들의 관심이 크지 않았던 2020년에 투자했다면 훌륭한 역발상 투자가 되었을 것이다.

역투자는 흔히 이야기하는 '담배꽁초 투자'에 가깝다. 역투자란 큰 개선의 여지가 없다고 하더라도 주가 낙폭이 과대하고 극단적인 저평가 상태의 기업을 사는 것을 말한다. 만약 인탑스가 쌓아놓은 현금은 많은 가운데 신규 사업이 없고 기울어가는 기존 사업으로 버티고 있다면 이는 역투자에 가까운 투자가 되었을 것이다. 만

년 저평가인 회사는 싸다는 이유만으로도 언젠가는 주가가 상승할 수 있는데, 역투자는 언제 주가가 상승할지 예측이 어렵고 기다림의 시간이 상당히 길어질 수 있다는 단점을 지니고 있다.

중소형주 투자 'small is beautiful'

"찰리와 나는 기복 없이 매끄럽게 연간 12%의 수익을 올리는 것보다 들쭉날쭉하더라도 연 15% 수익을 올리는 쪽을 택하겠다. 수익률은 하루나 1주일 단위로는 크게 진동한다. 지구의 공전 궤도 같은 매끄러움이 왜 필요하다는 말인가?" - 워런 버핏

가장 좋은 주식은 상승할 때는 높은 변동성으로 높은 상승률을 보이고 하락할 때는 낮은 변동성으로 낮은 하락률을 보이는 것이다. 그런데 실제 시장에서 이런 주가 흐름을 보이는 주식은 매우 드물다. 만약 100% 상승한 주식이 있다면 그 주식은 매일 지속적으로 상승해서 100%에 도달하는 것이 아니라, 어떤 날은 15% 오르고 어떤 날은 10% 떨어지면서 상승한 것이다.

등락을 지속하면서 오르는 이유는 단기적으로 주가가 상승하면 불안을 느끼는 투자자도 늘어나면서 차익 실현이 나타나기 때문이다. 따라서 높은 주가 상승을 보인 주식은 주가 상승 과정에서 심한 주가 하락이 동반되는 경우가 많다. 특히 거래량이 적은 주식일수

록 이런 성향이 강하게 나타난다. 거래량이 적은 주식은 일반적으로 시가총액도 낮아 작은 수급 변화에도 주가가 크게 출렁인다.

보통 투자 규모가 큰 기관 투자가는 거래량이 적은 주식을 꺼리는데, 투자금을 회수하고 싶을 때 쉽게 빠져나올 수 없기 때문이다. 주식을 살 때 주가를 올리면서 사야 하고 팔 때는 내리면서 팔아야 하기 때문에 기대 수익률을 높게 가져가기가 어렵다.

하지만 개인 투자자는 상대적으로 들어가고 나오는 것이 수월하기 때문에 기관 투자가가 투자하기 꺼리는, 거래량이 적은 주식에 투자하는 것이 가능하다. 이런 주식은 주가가 상승할 때 훨씬 강한 탄력을 받는다. 기관 투자가에 비해 개인 투자자가 강점을 가져갈 수 있는 곳이 중소형주 투자다.

[그림 3-5] 우리가 꿈꾸는 장기 투자 vs 현실의 장기 투자

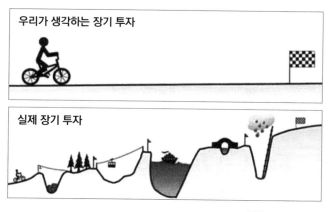

*자료: starecat.com

높은 기대 수익률, 그러나 높은 난도

"소액으로 투자한다면 현재의 투자 가능 영역보다 범위가 넓어질 것이고 수익도 크게 늘어날 것이다. 지금도 100만 달러만 운용한다면 연 50% 정도의 수익은 낼 수 있다." - 워런 버핏

　우리나라 거래소 시장에서 대형주, 중형주, 소형주의 구분은 시가총액 비교를 통해 이루어진다. 시가총액 1~100위는 대형주, 101~300위는 중형주, 그 이하는 소형주로 분류된다. 어떤 구간에서 보느냐에 따라 대형주, 중소형주의 시가총액이 달라지지만 2022년 9월 기준으로 보면 시가총액 3조 원 이상은 대형주, 6,000억 원 이상~3조 원 미만은 중형주, 6,000억 원 미만은 소형주로 분류할 수 있다.

　공모 펀드, 기관 자금을 운용하는 펀드매니저는 기본적으로 펀드에서 중소형주 비중을 높게 가져가기가 어렵다. 특히 시가총액 1,000억 원 이하의 주식이라면 편입하기가 더욱 어렵다. 운용 규모가 크기 때문에 중소형주로 의미 있는 비중을 채우기 위해서는 몇 달이 소요될 수 있다. 또한 평가 지수인 코스피는 시가총액 가중 방식으로 산정되므로 대형주를 편입하지 않을 경우 코스피지수와 좋은 쪽으로든 나쁜 쪽으로든 격차가 확대되기 때문에, 펀드매니저가 책임을 회피하고 회사를 오래 다니기 위해서는 대형주 중심으

로 갈 수밖에 없다.

실무적으로 보면 운용 규모가 작은 운용사는 시가총액 1,000억 ~5,000억 원, 운용 규모가 큰 운용사는 시가총액 5,000억~1조 원 수준의 주식을 중소형주로 받아들일 가능성이 높다. 반면 개인 투자자는 평가 지수를 신경 쓸 이유가 없고 투자 규모도 상대적으로 작기 때문에 중소형주에 자유롭게 투자할 수 있다.

중소형주의 가장 큰 매력은 기대 수익률을 높게 가져갈 수 있다는 점이다. 순이익 1,000억 원을 벌던 회사가 2,000억 원을 버는 것보다 100억 원을 벌던 회사가 200억 원을 버는 것이 더 쉽고 주가 움직임도 더 가볍기 때문이다. 다만 이는 단점으로도 작용한다. 예상치 못했던 비용이 발생하면 전체 이익에 미치는 영향이 커지고, 갑작스러운 어닝 쇼크가 발생하면 손쓸 새 없이 주가가 큰 폭으로 하락할 수 있기 때문이다. 중소형주는 매력적이지만 난도가 높은 투자 대상이다.

실제로 2012~2022년의 데이터를 보면 확실히 중대형주에 비해 소형주의 표준편차가 크다. 소형주 종목을 잘 골라서 투자했다면 중대형주에 비해 높은 수익을 얻을 수 있었겠지만, 종목 선택에 문제가 있었다면 중대형주에 비해 상당히 낮은 수익을 얻을 수도 있었다. 중소형주 투자는 종목 발굴 능력이 있다면 보물 창고가 되지만, 그렇지 않다면 손실을 불러오는 투자 대상이 될 수도 있다.

[표 3-5] 중대형주와 소형주의 평균 상승률과 표준편차

(단위: %)

구분		2012	2013	2014	2015	2016	2017	2018	2019	2020	2021	2022
중대형주	평균 상승률	9	9	8	22	-1	20	-9	-1	27	20	-18
	표준편차	34	36	44	56	34	47	36	30	60	55	29
소형주	평균 상승률	12	10	22	33	3	-4	-4	1	20	19	-20
	표준편차	56	38	59	72	40	35	48	37	57	54	33

*자료: 르네상스자산운용, WiseFn

인덱스펀드의 장점과 함정

"일반인이라면 매달 조금씩 인덱스펀드에 투자하는 것을 추천한다. 일반인은 전문 투자자처럼 스스로 투자 판단을 내리기가 쉽지 않다. 20세기에 다우지수는 66에서 시작해서 11,400까지 상승했다. 이 지수에 투자했다면 누구나 좋은 결과를 얻었을 것이다. 하지만 대중은 타이밍을 잘못 예측하고 개별 주식을 잘못 선정하면서 돈을 잃는다." – 워런 버핏

19세기 이탈리아 경제학자 빌프레도 파레토는 개미를 관찰한 결과 20%만 열심히 일한다는 사실을 발견했다. 이것을 인간 사회에 적용한 것이 2080 법칙, 파레토 법칙이다. 파레토 법칙이란 인구의 20%가 전체 부의 80%를 차지하고 기업의 상위 20% 제품에서 80%의 수익을 낸다는 뜻이다.

펀드매니저 조직도 이와 다르지 않다. 상위 20%의 매니저가 회사 성과의 대부분을 만들어내고 나머지 80%의 매니저는 낮은 수준의 성과를 낸다. 주식 투자에 어느 정도 훈련된 펀드매니저 조직이 이렇다면 개인 투자자의 상위 퍼센티지는 더 작을 수 있다. 따라서 개인 투자자는 투자자금을 직접 운용하는 것보다 간접 투자를 하는 것이 투자 수익률과 스트레스 측면에서 유리할 수 있다.

운용사를 비교해보아도 마찬가지다. 소수의 특화된 운용사는 차별화된 수익을 낼 수 있지만 다수의 운용사는 시장을 따라가지 못하는 경우가 많다. 버핏의 말대로 제대로 된 운용사를 고르기가 어렵다면 저비용의 인덱스펀드에 가입하는 것이 나을 수 있다.

워런 버핏이 인덱스펀드를 강조하는 데는 미국 시장의 특성도 반영되었을 것이다. 미국 주식시장은 장기적인 우상향 그래프를 그려왔기 때문에 시장에 투자해도 적지 않은 수익을 거둘 수 있었다.

반면 한국 주식시장은 장기적으로 묻어두기에 몇 가지 걸림돌이 존재한다. 내수시장이 작아 국내 사업만으로는 큰돈을 벌기가 어렵고, 제조업 비중이 높아 글로벌 경기에 민감하게 반응해 변동성이 높으며, 지배구조에 문제가 있는 기업이 많은 것도 사실이다. 인덱스펀드는 주가가 장기적으로 상승하는 시장에서 큰 매력을 발휘하는데, '박스권' 움직임이 많은 국내 시장이기에 그 매력은 반감될 수밖에 없다.

다만 전체적인 시장은 횡보 추세를 보인다고 하더라도 개별 주식의 움직임은 활발하게 나타날 수 있다. 보편적인 성과를 원한다면 인덱스펀드에 투자하는 것이 맞지만 개별 주식 발굴 능력이 있고 한국 시장의 특성을 잘 활용할 수 있다면 색깔 있는 투자를 하는 것이 유리해 보인다.

인덱스펀드의 함정

"희한하게도 학계뿐 아니라 수많은 투자 전문가와 기업 경영진도 효율적 시장 가설을 받아들였다. 시장이 '자주' 효율적인 것은 맞지만, 그들은 시장이 '언제나' 효율적이라는 잘못된 결론을 내렸다. '자주'와 '언제나'는 하늘과 땅 차이다." - 워런 버핏

인덱스펀드는 치명적인 단점을 하나 가지고 있다. 매력적인 것과 매력적이지 못한 것을 같이 가져가야 한다는 것이다. 예를 들어 IT 업종과 금융업종은 올해 높은 실적을 기록할 것으로 보이지만 자동차업종과 화학업종은 올해 최악의 업황을 보일 것으로 예상될 때, 이들 업종을 선택해서 보유할 수가 없다. 이 같은 단점은 업종 ETF 투자를 통해 어느 정도 보완할 수 있지만 이 ETF에도 매력이 떨어지는 종목이 다수 포함될 수밖에 없다.

인덱스펀드가 가장 취약해지는 순간은 대형 IPO가 이루어질 때다. 인덱스펀드는 코스피지수 추종을 위해, 시가총액이 큰 대기업

이 시장에 상장되면 기계적으로 종목을 편입한다. IPO 시장 과열 구간에서 고평가 기업을 의도치 않게 높은 비중으로 가져가야 하는 상황이 발생할 수 있다.

2021년은 대형 IPO가 특히 많았던 시기인데 이때 상장되었던 크래프톤, 카카오뱅크, 카카오페이, SK아이이테크놀로지 등의 기업은 높은 공모 경쟁률과 낮은 유동성으로 단기간에 높은 주가 상승을 보인 이후 급락해 고점 대비 -50%가 넘는 손실을 보이기도 했다. IPO 기업을 상장 이후 높은 주가로 매수하면 펀드 수익률에 부정적인 영향이 불가피하다.

2022년 가장 큰 주목을 받은 신규 상장 주식은 단연 LG에너지솔루션이었다. 12.7조 원이라는 역대 최대 규모의 모집 금액뿐 아니라 상장과 동시에 삼성전자에 이어 국내 주식시장 시가총액 2위 기업이 탄생한다는 점 때문이었다. 기관 투자가들은 코스피지수를 따라가기 위해 개별적인 기업의 매력도를 떠나서 기계적으로 매수에 나설 수밖에 없었다.

연기금의 투자가 논란이 되기도 했다. LG에너지솔루션을 편입하는 과정에서 국내 투자 편입 비중을 맞추기 위해 다른 주식들을 대규모 매각했기 때문이다. 효율적 시장 가설에 기초한 투자 전략이 오히려 시장의 비효율성을 키운 것이다.

금 투자에서 유의할 사항

"금은 비생산적인 자산이다. 자산을 분산하는 데 도움이 될 만한 특성이 있기는 하지만 포트폴리오에서 큰 비중을 차지해서는 안 된다." - 워런 버핏

"비트코인은 신기루다. 다른 사람에게 돈을 보내는 더 나은 방법이 될 수 있을지 몰라도 내재가치를 지니고 있지는 않다." - 워런 버핏

2020년 코로나19 확산과 맞물려 국제 유가가 사상 처음으로 마이너스가 되는 희대의 기록이 세워졌다. 원유를 돈 주고 사는 것이 아니라 원유를 받으면서 돈까지 받을 수 있다는 이야기다. 어떻게 이런 일이 가능했을까?

코로나19의 확산으로 봉쇄 조치가 확대되고 경기침체 우려로 원유 수요가 급감하면서 유가가 배럴당 20달러 수준으로 떨어졌다. 그런데 만기에 실물 인도를 받는 상품 선물 고유의 특성을 무시한 채 유가 반등을 노리는 투기 자금이 유입되었고 만기가 다가오자 실물 인도를 피하면서 패닉셀(panic sell)이 발생하게 되었다. 그 당시 글로벌 교역이 급격하게 줄면서 원유 저장 창고가 모두 가득 찬 상황이었기에 실물 인도는 재앙에 가까웠다. 육상이든 해상 유조선이든 미국의 원유 저장 공간은 거의 소멸된 상황이었다.

실물 상품은 기본적으로 보관 비용이 발생한다는 것을 고려해야 한다. 금도 마찬가지다. 무게, 부피, 보안 등을 감안할 때 적지 않

은 비용이 수반될 수 있다. 또한 보유 기간 이자나 배당 등의 수익이 발생하지도 않는다. 따라서 금이나 달러 같은 자산은 투자보다 헤지 차원에서 접근하는 것이 좋다. 글로벌 경제위기 확산, 자국 내 위기 상황 발생 등 특수한 상황에 대비해 안전자산에 분산 투자하는 것이 좋다.

가상화폐 투자는 어떨까? 이 역시 자산의 분산 차원에서 접근하는 것이 좋다. 미래에 가상화폐가 현재의 화폐를 대체하게 될지는 모르겠지만, 어느 쪽으로든 너무 지나치게 편중되어 자산을 배분하는 것은 좋지 않다. 또한 가상화폐를 통해 큰돈을 번 주체는 대부분 가상화폐를 발행한 회사, 가상화폐 거래소, 개발자다.

초기에 투자한 일부 소수만 대박이 났을 뿐, 뒤늦게 들어간 사람은 큰 손실을 본 경우가 많다. 가상화폐는 계속해서 사람이 유입되어야 가치가 유지되는 폰지 금융의 성격을 지니고 있고 가치평가 기준이 명확하지 않다는 점에서 조심스럽게 접근하는 것이 좋다.

펀드를 고르는 기준

펀드를 고를 때 가장 중요한 체크 사항은 펀드에 무엇이 들어가 있는지를 확인하는 것이다. 최악의 투자는 어떤 투자 상품인지 제대로 알지도 못한 채 영업 사원의 권유만으로 가입하는 것이다. 고객의 이익을 위한 권유가 많겠지만, 자신의 단기 실적을 위한 권유도 있을 것이기 때문이다. 가입 예정인 상품의 특성을 직접 판단할 줄 알아야 이런 위험에서 벗어날 수 있다.

펀드 투자도 개별 주식과 마찬가지로 많은 공부가 필요하다. 펀드매니저의 투자 스타일이 내가 추구하는 방향과 맞는지, 어떤 종목이 편입 혹은 편입 예정이며 위험은 무엇인지에 대한 판단이 필요하다. 이미 판매되고 있는 상품이라면 편입 종목을 살펴볼 필요가 있다. 만약 펀드에 삼성전자, LG에너지솔루션, SK하이닉스, 현대차, KB금융 등 시가총액 상위 종목이 가득 포함되어 있다면 피하는 것이 좋다. 인덱스펀드와 큰 차이가 없기 때문이다.

비상장 주식이 편입된 펀드라면 개별 기업에 대한 개별적인 조사가 필요하다. 대박이 나는 경우도 많지만, 제한적인 정보로 인해 긍정적인 면만 부각되어 위험이 감추어져 있거나 지나치게 비싼 가격에 편입된다면 손실이 발생할 수 있기 때문이다.

규모가 너무 큰 펀드라면 경계할 필요가 있다. 규모가 작은 펀드의 경우 펀드 규모의 확대는 펀드 수익률에 긍정적인 영향을 미치게 되지만, 이미 펀드 규모가 지나치게 비대해진 경우 시장 수익률을 초과하기가 점점 어려워진다. 최근 유명세를 탄 펀드라면 더 조심할 필요가 있다. 펀드 규모가 정체 국면에 들어설 경우 예전의 뛰어난 성과는 점차 힘을 잃게 되고, 펀드 규모가 줄어드는 국면에 진입한다면 수급 불안에 빠지면서 수년간 부진한 수익률이 지속될 수 있기 때문이다.

한국 펀드매니저의 생명은 상당히 짧은 편이다. 수익률이 좋을 때는 적극적인 마케팅으로 규모가 크게 늘어나게 되지만 수익률이 둔화될 경우 펀드 규모가 급격하게 위축되면서 악순환에 빠지게 되고 담당 펀드매니저는 회사를 떠나게 된다. 고객은 펀드의 특성을 고려해 기다려줄 수 있어야 하고 운용사는 규모에 대한 욕심을 버려야 롱런하는 펀드가 나올 수 있다.

'불타기'가 필요한 순간

주식시장에서 '물타기'는 주가가 평균 단가보다 하락했을 때 추가 매수를 통해 평균 단가를 낮추는 매수 전략을 이야기한다. 반면 '불타기'는 주가가 평균 단가보다 상승했지만 추가 매수를 통해 수익률을 극대화하는 전략이다.

일반적으로 가치투자자는 주가가 하락했을 때 주식을 매수한다. 하지만 주가가 올랐는데도 사야 하는 경우가 존재한다. 자신이 생각했던 방향보다 훨씬 더 긍정적인 방향으로 회사가 나아가는 경우, 시장 참여자는 더 좋아질 것이 없다고 생각하지만 시장과는 다른 시선으로 개선의 여지를 발견하는 경우다. 이 두 가지 경우에 한해, 어감이 좋지는 않지만 '불타기' 전략을 고려할 수 있다.

예를 들어 2020년 코로나19의 급격한 확산과 맞물려 화물 정체로 인해 컨테이너선 운임이 급등하면서 해운업황이 드라마틱하게 좋아지는 모습을 보였다. 10년 만에 처음 맞이하는 초호황으로 해운사들도 어리둥절해서 이익이 얼마나 나올지 가늠하기 어려운 상황이었다. 해운업을 커버하는 애널리스트도 거의 없었기 때문에 다들 눈치만 보았다. 그런 와중에 컨테이너 운임지수는 지속적으로 신고가를 경신했다.

처음 경험하는 외부 변수와 대외 여건으로 인해 이 상황이 얼마나 지속될지 가늠하기 어려웠다. 하지만 논리적으로 현재의 운임지수를 감안하면 HMM의 경우 10년간의 적자에서 벗어나 분기 1조 원대의 말도 안 되는 이익이 나온다는 추정이 가능했다. 실제로 선행 지표라고 할 수 있는 대만 해운사의 실적이 이 추정을 뒷받침하고 있었다.

2020년 상반기까지는 불확실성이 컸지만 2020년 말로 갈수록 운임지수가 추가로 급등하면서 불확실성이 크게 줄어들었다. 아무도 예측하기 어려웠던 2020년 업황 저점에 투자했다면 1년 만에 6배 정도의 주가 상승을 누릴 수 있었겠지만, 불확실성이 상당 부분 제거된 2021년에 투자했다 하더라도 3배 이상의 상승을 노려볼 수 있었다. 주가가 크게 올랐다 하더라도 관련 데이터에서 확신을 얻을 수 있다면 용기 내서 매수에 나서야 했던 것이다. 다만 HMM은 2021년 중반 이후 업황 피크아웃에 대한 불안으로 이후 주가가 하락하는 모습을 보였다.

4장

성공적인 가치투자를
위한 지표, 핵심만 딱딱!

투자 보류를 고려해야 할 기업

"기업별로 적용하는 항목은 매우 다르지만 5~10년 후 기업의 모습을 합리적으로 예측하려고 노력한다. 그러나 '이 회사의 경영진과 정말로 동업하고 싶은가'라는 질문에 '아니요'라는 답이 나오면 여기서 분석을 종료한다. 좋은 회사는 선택하기 쉬운 의사결정을 연속적으로 제시하는 반면 나쁜 회사는 계속해서 끔찍한 선택만을 제시하며 의사결정을 극도로 어렵게 만든다." - 워런 버핏

작은 기업일수록, 신생 기업일수록 대표이사의 역량이 회사의 미래를 결정하는 데 중요한 변수로 작용한다. 문제는 대표이사의 역량을 평가하는 것이 매우 어렵다는 사실이다. 회사가 크게 성장했다고 하더라도 외부 환경 변수가 우호적으로 작용했는지, 대표이사의 역량이 큰 역할을 했는지를 구별하기는 무척 어렵다. 석유화학 기업처럼 경기순환이 존재하는 경우에는 더욱 어렵다.

현실적으로 대표이사의 생각을 간접적으로 읽는 방법은 인터뷰 기사를 찾아 내용을 꼼꼼히 살피는 것 정도다. 운 좋게 대표이사와 미팅이 잡혔다고 하더라도 짧은 시간 내에 그의 마음을 꿰뚫어보기는 어렵고, 외부인이 있는 자리에서 자신의 속내를 드러내는 대표이사도 드물다.

다만 과거의 투자 의사결정 과정을 살펴보면 문제가 있는 경영자를 골라내는 것은 가능하다. 위기 때 슬기롭게 대처한 경험이 있는지, 투자자들을 무시하고 의사결정을 한 적은 없는지, 사회적으로 물의를 일으킨 적은 없는지 등을 살펴보면 된다. 묘하게도 한번 이상한 의사결정을 했던 기업들은 시간이 지나서 잊힐 만하면 또다시 이상한 의사결정을 반복하는 경우가 많다.

가장 고민스러운 순간은 경영진에 문제가 있어서 투자를 보류하고 있었는데 사업이 호황에 들어서면서 실적이 좋아질 것으로 예상될 때다. 경영진이 마음에 들지 않지만 투자를 하게 되는 경우가 있는데 상식 수준을 벗어나는 성과급을 받거나 갑작스럽게 과거의 부실을 단번에 털어내는 등 생각하지 못했던 변수를 발생시키는 경우가 적지 않다.

주주를 무시하던 회사가 갑작스럽게 우호적으로 IR(기업이 주식 및 사채 투자자를 대상으로 실시하는 홍보 활동, Investor Relation)을 진행한다면 의심의 눈초리로 바라볼 필요가 있다. 전환사채(주식으로 전환할 수 있는 사채) 발행 등을 통해 자본 유치가 필요해진 경우가 많기 때문이다. 이런 회사는 자본 유치가 마무리되면 다시 투자자에게 폐쇄적인 모습을 보인다.

경영진의 능력 평가가 쉽지 않다는 점에서 최악을 피해 가는 것이 현실적인 방안이 될 수 있다.

시장이 외면하는 기업의 특징

"다른 이들은 더 똑똑하게 행동하려고 애쓰지만 나는 단지 바보가 되지 않으려고 노력할 뿐이다." – 찰리 멍거

1. 현재 사업과 동떨어진 분야에 자꾸 투자하는 경우

사업성이 높아 보이는 기업을 인수하거나 과거 M&A 성공 사례를 보유했다면 예외가 될 수 있다. 하지만 사업성이 얼마나 될지, 비즈니스 연관성이 낮아 현재의 경영진이 사업 수완을 발휘할 수 있을지 의문이 든다면 문제가 된다. 회사의 현금이 한순간에 휴지조각이 될 수 있기 때문이다. 이런 투자 의사결정이 반복된다면 투자자의 피로감은 더욱 커진다.

2. 투자자를 외면하는 경우

IR 활동의 적극성은 전적으로 회사의 선택에 달려 있다. 다만 투자자에게 지나치게 폐쇄적인 모습을 보이거나 심지어 적대적으로

대하는 경우를 보면 '이럴 거면 왜 상장했나?'라는 생각이 들 때가 있다. 외부에 알려지는 것을 꺼리는 회사일수록 내부에 문제가 있거나 투자자의 이익에 역행하는 의사결정을 하는 경우가 많다.

3. 주식 수를 반복적으로 늘리는 경우

회사가 벌어들이는 이익이 같다고 가정했을 때, 주식 수가 증가하면 투자자의 주식 가치는 내려간다. 미래를 위해 투자가 필요한 경우는 이해할 수 있지만, 투자 계획을 명확하게 밝히지 않은 상태에서 반복적으로 주식 수를 늘리는 의사결정을 한다면 투자자는 떠날 수밖에 없다.

4. 경영진의 도덕성에 의심이 가는 경우

사회에 물의를 일으키는 경우도 있고, 회사 내부에서 사업이 가능한데도 대주주 일가의 개인 회사에 이익 몰아주기를 하는 경우도 있다. 제품 가격, 원재료 가격 등 객관적 지표를 보면 분명 좋은 실적이 나와야 하는데도 어닝 쇼크가 발생하는 경우도 있다. 경영진의 도덕성이 낮은 회사일수록 생각지 못했던 돌발 변수가 나타날 확률이 높다.

버핏식 '자본 효율성' 극대화: 순이익 지표 활용법

"시간은 탄탄한 기업에는 좋은 동반자이지만 부실한 기업에는 적이다."
— 워런 버핏

"우리는 수익을 재투자해 늘어난 자본으로 더 높은 수익을 올릴 수 있는 기업을 선호한다." — 워런 버핏

"종종 정말 뛰어난 수익을 내는 사업을 본다. '저 수익을 얼마나 오랫동안 지탱할 수 있을까?'가 관건이다. 이 질문에 대한 답을 알 방법이 있다. 수익의 근원이 무엇인지를 생각하는 것이다. 그리고 그 근원을 없앨 만한 변수가 무엇인지 살펴보는 것이다." — 찰리 멍거

워런 버핏이 중요하게 생각하는 투자 지표를 하나만 꼽는다면 ROE일 것이다. 투입한 자기자본이 얼마만큼의 이익을 창출했는지를 나타내는 수익성 지표로 'ROE = 순이익 ÷ 자기자본 × 100'의 공식으로 산출된다. ROE는 경영 효율성을 가늠할 수 있는 대표 지표다. 만약 ROE가 10%면 10억 원의 자본을 투자했을 때 1억 원의 이익을 냈다는 의미이고, ROE가 20%면 10억 원의 자본을 투자했을 때 2억 원의 이익을 냈다는 의미다.

일반적으로 기업은 사업 초기에 높은 ROE를 보이다가 시간이 지날수록 ROE가 낮아진다. 사업 규모가 커질수록 높은 ROE를 유지하기가 어려워진다.

[표 4-1] 동일한 이익 발생 시 ROE의 변화

구분	1기	2기	3기	4기	5기	6기	7기	8기	9기	10기
순이익	10	10	10	10	10	10	10	10	10	10
자기자본	100	110	120	130	140	150	160	170	180	190
ROE	10.0%	9.1%	8.3%	7.7%	7.1%	6.7%	6.3%	5.9%	5.6%	5.3%

[표 4-1]을 보면 매년 똑같이 10억 원의 이익을 유지하는 가운데 주주환원 정책을 전혀 실행하지 않을 경우 자기자본이 늘어나면서 기업의 효율성(ROE)이 지속적으로 하락하는 것을 알 수 있다. 결국 자본금이 늘어난 만큼 기존 사업이든 신규 사업이든 재투자를 통해 기업의 이익을 늘리든지 배당, 자사주 매입·소각 등을 통해 자본을 낮추어야 ROE를 유지하거나 높일 수 있다.

미국에서는 회사의 ROE가 하락하면 주가 하락과 함께 전문 경영인이 쫓겨날 수 있기 때문에 ROE 유지를 위해 배당이나 자사주 매입·소각을 통해 지속적으로 자기자본을 줄인다. 현재 사업의 수익성과 성장성이 높아 재투자를 통해 ROE를 유지할 수 있다면 배당보다 재투자를 하는 것이 좋다. 하지만 비즈니스가 성숙기에 접어들었다면 회사의 가치를 떨어뜨리지 않기 위해 주주환원 정책을 적극적으로 검토할 필요가 있다.

반면 한국은 아직도 회사의 현금을 주주의 돈이 아니라 대주주의 돈으로 인식하는 경향이 있다. 이제 우리도 주주 정책에 대한 인식 전환이 필요하다. 그래야 주식 투자 인식의 변화로 장기 투자 기반이 마련되고 코리아 디스카운트(한국 기업의 가치에 비해 주가가 낮은 현상)가 해소될 수 있다. 자본시장이 탄탄해지면 신생 회사들의 성장 기회도 확대될 수 있다.

배당 vs 자사주 매입·소각

"좋은 수익을 낼 새로운 기회가 있는 기업은 배당을 유보하고, 매력적인 수익을 창출할 새로운 기회 없는 기업은 수익 대부분을 배당금으로 지급해야 한다." - 워런 버핏

버핏은 기본적으로 배당 지급보다 자본 재투자를 통해 성장을 지속할 수 있는 회사에 투자하는 것을 선호한다. 버크셔 해서웨이가 배당을 지급하지 않는 것은 재투자를 통해 은행 이자보다 높은 수준의 ROE를 유지할 수 있다는 자신감이 있기 때문이다. 배당에는 세금이라는 비용이 들어가기 때문에, 높은 ROE를 유지할 수 있다면 이익을 유보하는 것이 주주의 가치를 높이는 데 더 유리하게 작용한다.

일반적으로 한국의 대주주가 배당 지급에 인색한 것은 외부에 유출되는 현금보다 손에 쥐는 현금이 적게 느껴지기 때문으로 보인다. 경영과 소유가 분리되어 있다면 합법적으로 자금을 회수하는

방법은 배당뿐이기 때문에 배당을 선호하겠지만, 한국 기업은 대부분 오너 일가가 직접 경영하기 때문에 회사에 자금을 유보하는 것을 선호한다고 할 수 있다. 하지만 회사가 현재의 위치에 오르기까지 외부 주주의 조력이 있었다는 것을 잊어서는 안 된다.

최근 배당의 대안으로 떠오르는 것이 자사주 매입·소각이다. 자사주 매입·소각은 가장 적극적이며 선진적인 형태의 주주환원 정책이다. 경영진이 회사의 주가가 저평가 상태라고 판단하는 것을 외부에 알리는 신호가 될 뿐 아니라 실질적으로 주식시장에서 주식을 매입하기 때문에 매도 압력을 낮추어 주가 하락을 방어하는 역할을 해준다.

소각으로 인해 유통주식 수가 줄어든다면 주식의 가치가 오를 수밖에 없다. 회사의 이익은 변화가 없는 가운데 주식 수가 줄어든다면 주당 가치가 상승하기 때문이다. 자사주 매입·소각을 통해 주가가 오른다면 세금을 내지 않고 자산가치를 증가시키고 합법적으로 대주주의 지분율을 높여서 경영권 방어에도 도움이 된다. 주가가 상승할수록 기존 주주의 결속력이 강화되고 경영권 취득을 위한 비용이 증가하기 때문에 적대적 M&A도 어려워진다.

또한 발행주식 수가 줄어들어서 똑같은 금액의 배당을 실시하더라도 주당 배당금이 상승하는 효과가 있다. 예를 들어 회사가 똑같이 100억 원의 배당을 집행할 때 발행주식 수가 200만 주라면 주당 5,000원의 배당이 돌아가지만, 발행주식 수를 절반으로 줄인다면 주당 1만 원이 돌아간다. 자사주 매입·소각은 배당을 지급할 주식 수를 줄여 장기적으로 배당 부담을 줄인다.

자사주 매입·소각은 회사의 주가가 본질 가치에 비해 저평가되어 있다고 판단될 때 시행하는 것이 더욱 효과적이다. 매입 비용 부담을 줄이면서도 효율적으로 주당 가치를 높이기 때문이다. 자사주 매입과 소각이 동시에 진행되어야 주가 부양 효과가 극대화된다.

국내에서는 메리츠금융그룹이 자사주 매입·소각을 통해 기업 가치를 높인 대표적인 사례이고 삼성전자를 비롯해 SK텔레콤, 미래에셋증권, 네이버 등이 자사주 매입·소각에 적극적인 모습을 보인다. 메리츠금융지주는 50~90% 수준의 높은 배당 성향을 유지했는데도 저평가가 심화되었지만, 자사주 매입 이후 일평균 거래대금이 600% 이상 늘었고 주가는 5배 이상 상승했다.

애플은 최초로 분기별 배당을 실시했고 동시에 2013년부터 공격적으로 자사주 매입·소각을 진행했다. 주가가 약세를 보였던 2014년, 2018~2020년에는 하락 장세를 활용해 추가 자사주 취득에 나섰다. 저금리 여건을 토대로 차입금까지 동원해 주주환원 정책을 시행했다. 애플이 2012년 이후 10년간 자사주 매입에 쏟아부은 돈만 4,670억 달러(약 560조 원)에 이른다. 삼성전자를 인수하고도 남을 금액이다. 발행주식 수 감소로 애플의 시가총액은 470% 증가했지만 주가는 820% 상승했다.

잉여현금흐름 평가 전 고려할 사항

"한 기업의 S&P500 대비 적정 PER은 ROE와 ROIC에 따라 결정된다. 나는 PER 같은 상대평가 척도 하나만 보지는 않는다. PER, PBR, PSR이 그다지 유용하다고 생각하지도 않는다. 기업을 평가하려면 지금부터 망할 때까지 기업에서 나오는 잉여현금흐름을 추정하고 여기에 적정 할인율을 적용해 현재 가치로 환산해야 한다." - 워런 버핏

"EBITDA가 놀라울 정도로 널리 사용되고 있다. 우리는 EBITDA를 논하는 기업에 투자하지 않을 생각이다. EBITDA를 사용하는 사람은 투자자를 속이거나 자신을 속이려는 것이다. 예를 들어 통신회사는 들어오는 돈을 한 푼도 남김없이 지출한다. 이자와 세금은 분명히 비용이다." - 워런 버핏

워런 버핏은 잉여현금흐름을 매우 중요하게 생각한다. M&A 전문가인 데다가 비즈니스모델 평가와 관련성이 높기 때문이다. 그는 기본적으로 유형자산 투자가 많이 필요하지 않은(asset light) 기업을 좋아한다.

대규모 설비 투자가 필요한 기업은 벌어들이는 이익이 회사의 잉여현금으로 남지 않고 설비 재투자 비용으로 소진되는 경우가 많다. 이는 주로 중후 장대형(asset heavy) 기업으로, 철강·화학·자동차·조선 등의 제조업이 이에 속한다.

모든 기업이 그런 것은 아니지만 이런 유형에 속하는 기업 대부분은 이익이 성장하더라도 기업에 남는 현금성 자산이 크게 늘지

않는다. 이들 기업은 경기가 좋을 때는 설비 투자금액이 증가하면서 차입금이 오히려 증가하는 모습을 보이고, 경기가 나쁠 때는 실적 악화와 유동성 부족 문제를 반복적으로 경험한다. 대규모 설비 투자가 후발 주자에게 진입장벽이 되기도 하지만 시간이 지날수록 성숙기로 접어들면서 자본 효율성은 점차 낮아진다.

유형자산 투자가 많이 필요하지 않은 기업의 대표 주자는 버핏이 가장 높은 비중으로 보유하고 있는 애플이다. 애플은 버핏이 좋아하는 브랜드파워와 가벼운 자산 구조를 가지고 있다. 강력한 브랜드파워를 지닌 기업은 대체재가 존재하지 않으며 가격 규제의 영향을 받지 않는 제품이나 서비스를 제공한다.

애플은 강력한 브랜드파워로 경쟁사에 비해 높은 가격을 받을 수 있고, 제조 기능을 외부에 위탁해 설비 공장 하나 없이 고부가가치에만 집중한다. 그 결과 회사가 벌어들이는 이익이 고스란히 잉여현금으로 남아 주주 가치 환원 및 전기차 등의 신규 사업 진출 재원으로 사용할 수 있다.

버핏은 법인세, 이자, 감가상각비 차감 전 영업이익(Earnings Before Interest, Tax, Depreciation and Amortization, EBITDA)에 대해 부정적인 반응을 보인다. EBITDA는 '기업이 영업활동을 통해 벌어들이는 현금 창출 능력을 나타내는 지표'로 M&A 시 대략적인 투자금 회수 가능 기간, 차입 상환 능력 등을 측정할 때 사용된다. 현금흐름표의 영업활동현금흐름과 다른 점은 영업자산(재고, 채권 등)과 영업부채(외상매입금 등)의 증감이 반영되지 않았다는 점이다.

EBITDA는 사업 초기 대량의 설비 투자로 인한 높은 감가상각비로 실제 영업현금흐름에 비해 영업이익이 지나치게 적게 평가될 때 활용이 가능하다. 그러나 초기 설비 투자 비용이 높은 기업은 대부분 이후에도 높은 수준의 유지 보수 비용이 지속적으로 발생하며 매출 성장을 위해 지속적인 신규 투자도 해야 하기 때문에, EBITDA가 높다고 해서 잉여현금흐름이 높게 나타나는 것은 아니다.

현금흐름할인모델 사용 시 유의 사항

버핏이 "기업에서 나오는 잉여현금흐름을 추정하고 여기에 적정 할인율을 적용해 현재 가치로 환산해야 한다"라고 한 것은 다양한 가치평가 방법 중에서 현금흐름할인모델(DCF)을 중요하게 생각하고 있다는 점을 알려준다. DCF는 여러 가치평가 방법론 중 가장 완벽에 가까운 이론이라고 할 수 있다. 그러나 이를 실무적으로 활용할 때는 크게 4가지 문제에 직면하게 된다.

첫째, 정교한 수준의 현금흐름을 추정하는 것이 과연 가능한지의 문제가 있다. 회사의 매출이 증가하면 일반적으로 운전자본도 증가한다. 대표적인 운전자본은 재고자산과 매출채권이다. 정상적으로 상품을 출고하려면 일단 재고를 많이 확보해야 하는데, 아직 매출이 발생하지 않았기 때문에 우선 회사가 보유한 현금을 소모하게 된다.

또한 기업의 매출은 매출채권으로 잡히고 1~3개월 정도 후에 실제 현금이 유입되는 경우가 많다. 영업이 잘되면 단기적으로 현금흐름이 오히려 악화할 가능성이 높은 것이다. 게다가 고정자산(CAPEX) 투자금액 등은 영업 환경에 따라 얼마든지 바뀔 수 있기 때문에 현금흐름 추정은 매우 어려운 일이 된다.

둘째, 장기 이익 추정의 신뢰성 문제다. 현금흐름할인모델은 최소 5~10년의 이익을 추정한다. 문제는 당장 1~2년 후의 추정도 글로벌 경제와 경쟁 상황이 수시로 바뀌면서 틀릴 가능성이 높다는 것이다. 그럼에도 불구하고 DCF를 활용할 때는 5~10년간 이익이 계단식으로 증가한다고 추정하는 경우가 대부분이다. 이 숫자는 허구에 가깝다.

셋째, 적정 할인율 산정의 문제다. 현금흐름할인모델에는 자기자본비용의 개념이 들어간다. 자기자본비용이란 주주의 기대 수익률을 말하는데, 보통 CAPM을 통해 산정한다. 무위험 이자율(채권 이자율)에 해당 자산의 주가 민감도(베타 계수)를 감안한 주식 위험 프리미엄을 참고해 계산하는 것이다.

이때 무위험 이자율은 어떤 지표를 활용하는지, 시장 포트폴리오 기대 수익률 추정 기간은 어떻게 되는지, 비상장기업의 베타 계수 추정 시 유사 그룹은 어떻게 선정하는지에 따라 자기자본비용이 크게 달라진다. 아무리 공신력 있는 기관이라 하더라도 모두가 공감할 만한 절대적인 수치를 산출해내기는 어렵다.

넷째, 자의적인 판단의 문제다. 현금흐름할인모델에는 많은 추정치와 가정이 들어가기 때문에 영구 성장률, 자기자본비용, 이익 추정치 등의 숫자를 조금씩만 바꾸어도 결과치가 크게 달라진다. 다르게 이야기하면 중간의 숫자를 조금만 바꾸면 내가 원하는 숫자를 얼마든지 만들어낼 수 있다는 것이다.

그렇다 보니 애널리스트가 목표주가를 산정할 때 기존의 밸류에이션 툴로는 목표주가가 도저히 나오지 않거나, M&A 시 원하는 가격의 이론적인 근거가 필요할 때 활용되는 경우가 많다. 펀드매니저와 애널리스트들은 아주 특수한 경우를 제외하고 DCF를 활용하는 경우가 드물다.

거시경제와 차트를 보는 관점

"마술 같은 차트나 통계는 없다." - 워런 버핏

"주식을 고를 때 정치나 거시경제학은 무시하라." - 워런 버핏

"나는 지난 53년 동안 기업을 인수하거나 주식을 매수하면서 거시경제 변수가 두려워 투자 결정을 바꾼 적이 한 번도 없다. 주요 뉴스에서 뭐라고 떠들든, 시장이 무엇을 두려워하든 나는 개의치 않는다. 기업이 마음에 들고 가격이 적당하면 그 기업을 인수한다. 투자의 첫 번째 원칙은 반드시 현금을 확보해두는 것이다. 사람에게는 미래를 알고자 하는 강한 욕구가 있다. 미래를 아는 척하는 것은 항상 돈벌이가 되었다. 시장 예측가의 말에 귀 기울이는 행위는 미친 짓이다. 이런 미친 짓은 끝없이 반복되고 있다." - 찰리 멍거

주식시장 예측이 어려운 것은 수백 가지 변수가 서로 같은 신호를 보내는 것이 아니라 각기 다른 신호를 보내기 때문이다. 어떤 신호는 희미하고, 어떤 신호는 깜빡이다가 금세 다른 색으로 바뀌기도 한다. 이코노미스트와 전략가는 시장에 대해 다양한 평가를 내놓지만 이는 과거에 대한 해석일 뿐이다. 미래를 알아맞힐 수 있는 사람은 없다. 그들이 정말 시장을 예측할 수 있다면 회사를 나가서 큰 부자가 되었을 것이다.

불확실한 상황에 처한 사람은 자신이 사용할 수 있는 정보를 과신하는 경향이 있다. 또한 정보량이 증가하면 자신의 판단이 훨씬 더 정확해졌다고 믿는다. 시장에서 수십, 수백 개의 요소가 상호 작용해서 만들어내는 결과의 가짓수는 거의 무한하다. 모든 가능성을 내다볼 수 있다 하더라도 특정 시나리오를 알아맞힐 가능성은 매우 작다. 우리는 그 희박한 가능성에 고개를 끄덕이고 있는 것이다.

주가의 진짜 바닥은 거시경제 지표가 돌아서기 전에 아무것도 보이지 않을 때 형성된다. 시장을 예측하는 사람은 진짜 바닥을 예측할 수 없다. '주식이 너무 싸져서 샀을 뿐인데 지나고 보니 바닥이었다'가 현실적이다. 시장이 불안하다고 느낄 때 취할 수 있는 현실적인 방법은 시장을 아예 떠나는 것이 아니라 시장에 머무르면서 시점에 따라 투자 비중을 조절하는 것이다.

예를 들어 평상시에는 전체 금융자산 중 주식 비중을 60% 수준으로 유지하다가, 시장이 불안하거나 고평가되었다고 판단되면

20~40% 수준으로 비중을 줄이고, 시장이 폭락하거나 너무 매력적인 대상이 나타났다고 판단되면 80~100% 혹은 레버리지까지 활용하는 것이다.

주식 투자도 사업가 마인드로 접근하는 것이 좋다. 내가 사업을 하고 있는데 작년에 100억 원의 영업이익을 냈고 올해 200억 원의 영업이익을 기대할 수 있다고 가정해보자. 미국에서 금리를 1% 올린다고 해서 사업을 접어야 할까? 그렇게 할 바보는 없을 것이다. 사업을 그만두는 경우는 작년 100억 원 이익에서 올해 적자로 돌아설 정도로 사업이 망가지거나, 내 사업을 1조 원에 사겠다는 바보가 나타났을 때뿐이다.

가치투자자의 차트 활용법

가치투자자는 주가 차트를 보지 않을 것이라는 편견이 많다. 하지만 차트는 과거에 대한 중요한 정보를 담고 있기에 안 볼 이유가 없다. 선호에 따라 가치투자자 중에도 보조 지표를 매매에 활용하는 경우가 있다. 문제는 기업분석을 하지 않은 채 차트만 보고 투자하는 것이지만, 이런 투자자는 시장에서 거의 찾아보기가 어렵다.

내가 활용하고 있는 차트 활용법을 소개하겠다. 우선 전고점 때의 기업 실적을 살핀다. 예를 들어 과거 순이익 100억 원을 달성했을 때 시가총액이 1,000억 원 수준이었고 현재 시가총액 800억 원, 올해 예상 순이익이 120억 원이라면 시가총액 1,000억 원 수준까지는 충분히 상승할 수 있지 않을까 생각해볼 수 있다.

두 번째는 과거 주가가 크게 상승했을 때의 이슈를 살피는 것이다. 예를 들어 과거 로봇사업에 진출한다고 했을 때 주가가 단기간에 급등했고, 2년이 지난 지금 본격적으로 사업의 가시성이 드러났다고 해보자. 일단 이 이슈는 주가에 긍정적으로 반응할 가능성이 크다. 다만 한 가지 고려해야 할 사항은 2년 전 시점과 현재 시점에 로봇사업에 주는 시장의 가치가 높아졌는지 낮아졌는지를 판단하는 것이다. 만약 2년 전에 비해 로봇사업에 대한 열기가 식었다면 과거에 비해 주가 탄력성이 낮게 반영될 가능성이 크고, 시장의 인기가 2년 전과 비슷하거나 더 높아졌다면 주가 탄력성은 과거보다 높게 나타날 가능성이 크다.

세 번째는 신저가 수준의 기업을 발굴할 때 활용이 가능하다. 가끔 주식시장에 상장된 전 종목의 차트를 볼 때가 있는데, 스크리닝 툴을 사용해 거르기도 하지만 주가 차트를 보는 것이 더 직관적으로 느껴질 때가 많다. 차트를 보다 보면 과거에 인기가 많아 안 보고 있던 주식인데 생각지도 않게 주가가 큰 폭으로 하락한 경우를 발견하게 된다. 이때는 단순히 시장의 인기가 식은 것인지, 회사에 단기적인 악재가 출현한 것인지 추가적인 분석을 하게 된다.

워런 버핏
익스프레스

5장

가치투자의 꽃,
본격적인 기업분석

주식 투자는 사업 분석 과정의 연속

"사업보고서를 읽는다. 이 보고서에 좋은 기업인지 여부가 나와 있다. 나는 주가를 먼저 보지 않았다. 비즈니스를 먼저 보고 그 가치를 알아내고자 했다. 주가를 먼저 보면 영향을 받기 때문이다. 사업을 먼저 들여다보고 기업의 '가치'를 매긴 뒤 '가격'을 봤을 때 그 가격이 가치보다 아주 싸면 사는 것이다. 읽을 수 있는 모든 보고서를 읽으며 기업이 저평가되어 있는지를 확인한다. 단기적으로는 수요와 공급에 의해서 시장 가격이 결정된다. 하지만 시간의 지평이 길어질수록 수요와 공급에 영향을 주는 근본적 요소가 시장 가격을 지배한다." - 세스 클라만

"나와 찰리는 사업 분석가다. 우리는 시장 분석가도 거시경제 분석가도, 심지어 증권 분석가도 아니다." - 워런 버핏

"투자자는 주식시장을 예측하려고 한다. 이것은 완전히 시간 낭비다. 아무도 시장을 예측할 수 없다. 누군가 금리를 연속 3회 맞힐 수 있다면 억만장자가 될 것이다. 이 세상에 억만장자가 많지 않다는 것은 금리를 예측할 수 있는 사람이 많지 않다는 뜻이다." - 피터 린치

주식이란 회사의 소유권을 뜻하며 주식의 가치는 결국 그 회사의 사업이 잘되었을 때 상승한다. 단기적으로는 시장의 투자 심리나 거시경제 환경의 변화에 따라 주가가 변동할 수 있지만 본질적으로는 그 회사의 사업이 매력적인지, 잘되고 있는지를 살펴보는 것이 우선이다. 바꾸어서 이야기하면, 어떤 회사의 주식을 매수하고 싶다면 그 회사의 사업이 내가 가지고 싶은 비즈니스인지를 먼저 생각해야 한다.

비즈니스 파악을 위해서는 다양한 정보를 살펴야 하지만 최우선으로 보아야 하는 것은 사업보고서다. 사업보고서를 꼼꼼히 보는 것만으로도 투자자가 알아야 할 정보의 80% 이상을 얻을 수 있다. 나머지는 애널리스트 보고서, 뉴스 등을 통해 채워나가면 된다.

주식 투자를 하는 사람이면 꼭 알아야 하는 사이트로 전자공시시스템(dart.fss.or.kr)이 있다. 주식 투자를 하지만 한 번도 이 사이트에 들어간 적이 없다면 반성해야 한다. 정보의 80%를 버려온 셈이기 때문이다. 전자공시시스템 사이트에는 다양한 공시가 있는데 기본적으로 살펴야 하는 것이 분기·반기 사업보고서다.

사업보고서에서 1차적으로 살펴볼 파트는 'II. 사업의 내용'이다. 거기서 회사의 제품별 매출 실적을 확인하고 수주 상황 및 원재료의 구성과 가격 변동 추세를 살펴본다. 과거 보고서를 열람해 시계열을 길게 정리하면 회사의 장기 트렌드를 한눈에 파악할 수 있다.

두 번째로 살펴볼 파트는 'III. 재무에 관한 사항'이다. (연결)재무제표 항목으로 들어가 손익계산서의 최근 실적 추세와 재무상태표의 특이사항을 살펴본다. 손익계산서에서는 기본적인 영업이익률, 원가 추이, 지분법 이익 트렌드 등 자신이 중요하게 보는 지표를 따로 챙기는 것이 좋다. 재무상태표에서는 현금성 자산, 매출채권, 재고자산, 유형자산 등 주요 계정의 변화 내역을 체크한다. 재무제표에서 이해가 잘 안 되는 부분이 있다면 주석으로 들어가 추가 정보를 얻을 수 있다. 배당 트렌드도 살펴보는 것이 좋다.

세 번째로 'IX. 계열 회사 등에 관한 사항'을 살펴야 한다. 어떤 계열사가 있는지, 지분은 얼마나 보유하고 있는지, 의미를 두고 지켜보아야 할 계열사는 어떤 회사인지 체크한다.

여기까지 따라왔다면 일단 기초적인 회사 구조를 파악한 것이다. 추가로 주주 구성, 연구개발 활동, 생산 설비, 주식 총수 등의 정보를 얻을 수 있다. 다시 한번 강조하지만 전자공시시스템을 자유자

[그림 5-1] 금융감독원 전자공시시스템

*자료: dart.fss.or.kr

재로 활용하지 못하고 있다면 주식을 제대로 이해하지 못한 채 투자하고 있는 것으로 봐도 무방하다.

기업분석은 취재기자처럼 하라

"투자하는 것은 보도하는 것과 같다. 나는 그에게 신문에 기사를 실어야 할 때를 생각해보라고 말했다. 그는 기사를 쓰기 위해 여러 가지 질문을 하고 많은 사실을 파헤치려고 노력할 것이다. 투자도 마찬가지다." - 워런 버핏

"버크셔가 오랜 기간 이례적인 실적을 낸 이유는 10세부터 온갖 책을 읽는 학습기계였던 한 명의 소년(워런 버핏) 덕분이다. 그가 지금까지 내내 학습하지 않았다면 지금 우리 실적은 환영에 불과할 것이다. 대부분의 사람은 지속적인 학습을 시도조차 하지 않는다." - 찰리 멍거

기자가 취재하는 과정을 보면 펀드매니저가 자료를 모으는 과정과 매우 흡사하다는 생각이 든다. 가벼운 주제로 시작해 칭찬하기도 하지만 다양한 정보를 얻기 위한 방향을 잃지 않고 얻고자 하는 핵심 정보를 향해 질문 범위를 점점 좁혀나간다.

담당자 미팅을 비롯해 다양한 인터뷰를 시도한다. 마트에서 최근 잘 팔리는 제품이 무엇인지 판매 사원을 붙잡고 물어보고, 주변 사람에게 소비 패턴이나 선호를 묻는다. 때로는 회사 마당이나 창고에 재고가 얼마나 쌓여 있는지 확인하고, 공사 현장에 나가서 주변 상권을 살피거나 부동산 중개업소를 찾아 주변 시세를 묻기

도 한다. 병원에 가서는 의사에게 자주 처방하는 약품이나 주사제를 묻고, 맘카페에 가서는 요새 화제가 되는 이슈가 무엇인지 알아본다.

친한 사람을 만나더라도 친분과 정보 수집의 경계선에 있는 경우가 많다. 친구를 만나면 최근 안부와 함께 회사 분위기도 같이 묻는다. 업계 사람을 만나면 최근 고민하고 있는 문제에 대해 자연스럽게 대화를 나누게 된다. 영화를 보거나 옷을 살 때도 최근 트렌드에 관심을 가지게 된다. 최근 인기 있는 드라마, 영화는 내가 좋아하는 장르가 아니더라도 챙겨 보게 된다. 사람들이 어떤 포인트에 공감하고 환호하는지 확인하고 싶은 마음이 든다.

MZ 세대와 자리를 같이하게 되면 취미와 최근 관심사에 대해 묻는다. 나이 차이가 발생하다 보니 나와 다른 사고, 다른 생활을 하고 있기에 한마디 한마디가 소중하다. IR 담당자를 만날 때면 그의 성향이 공격적인지 보수적인지 파악한다. 보수적인 담당자가 업황에 대해 긍정적으로 이야기하면 회사가 정말로 좋아지고 있다고 해석할 수 있다.

이 모든 과정은 본질에 다가가려는 노력이다. 기자는 팩트를 체크하기 위해, 투자자는 리스크 요인을 제거하고 투자 아이디어를 강화하기 위해 노력한다. 이 과정을 지속하다 보면 보람도 있지만 지칠 때도 있다. 이때 기자에게는 기자 정신이 필요하고 투자자에게는 호기심이 필요하다. 투자는 끝이 없는 공부의 과정이다. 완전히 공부를 끝냈다고 생각하더라도 몇 개월 후에 보면 분석했던 기업이 완전 다른 회사로 바뀐 경우가 많다.

투자자든 기자든 집요함을 잃지 않는 것이 좋다. 가끔 이렇게까지 해야 하나 싶은 생각이 들 수도 있지만 조그만 노력과 시도의 차이가 아주 다른 결과를 가져오기도 한다.

경쟁 우위가 얼마나 지속될까를 판단하라

"투자의 핵심은 어떤 산업이 사회에 얼마나 많은 영향을 미칠 것인가 또는 얼마나 성장할 것인가 등을 평가하는 것이 아니라 개별 회사의 경쟁 우위를 평가하고 그 우위가 얼마나 지속적일지를 판단하는 것이다. 어떤 제품이나 서비스의 둘레에 광범위하고 지속 가능한 해자(moat)가 있을 때 투자자에게 보상이 돌아간다." - 워런 버핏

"일반적으로 기업이 경쟁 우위를 상실하면 회복하기가 매우 어렵다. 싸구려 제품을 판매하면 매출을 늘릴 수 있을지 몰라도 고급 제품을 다시 판매하기가 어려워진다." - 워런 버핏

"위대한 사업이 아름다운 것은 시련을 견딜 수 있기 때문이다." - 찰리 멍거

"주식이란 사업의 소유권이다." - 벤저민 그레이엄

주식 투자는 '사업을 분석하고 예측하는 일'이라고 할 수 있다. 그 중에서도 기업의 경쟁 우위를 살펴보는 것이 핵심이다. '경제적 해자(economic moat)'란 경쟁자가 침범할 수 없을 정도로 높은 진입장

벽과 확고한 구조적 경쟁 우위를 말하는데, 워런 버핏이 1980년 버크셔 해서웨이 연례 보고서에서 최초로 이 개념을 언급했다. 고객이 그 회사의 제품을 왜 사는지를 깊게 고민해보면 결국 그 회사의 경제적 해자에 접근하게 된다.

세계적인 가치평가 회사인 모닝스타는 경제적 해자를 파악하기 위해 지속적인 경쟁 우위를 구축하는 방법 5가지를 다음과 같이 제시했다.

- 우수한 기술이나 품질을 통한 '실질적인' 제품 차별화
- 신뢰받는 브랜드나 평판을 통한 '인식 차원의' 제품 차별화
- 비용 감소 또는 더 낮은 가격으로 비슷한 제품이나 서비스 제공
- 높은 전환 비용을 통한 '고객 속박'
- 높은 진입장벽이나 성공 장벽을 통한 경쟁사 접근 차단

이 5가지 방법 중 1가지만 충족해도 경제적 해자 구축이 가능하며, 여러 가지가 충족되었다면 고객이 떠나지 못할 만큼 강력한 방어막을 구축했다고 할 수 있다. 버핏이 투자를 시작한 이후 지금까지 계속 노력하는 것을 한 가지만 꼽으라면 '너무나 강력한 경쟁력을 지니고 있어서 경쟁 업체가 시작하는 것조차 어렵게 만드는 회사를 찾는 일'이다.

버핏은 대체재가 존재하지 않으며 가격 규제의 영향을 받지 않는

제품이나 서비스를 제공하는 기업을 프랜차이즈(franchise, 독점적 지위) 밸류를 지닌 기업이라고 이야기했는데, 소비자 기호와 규모의 경제가 결합한 형태의 강력한 프랜차이즈를 지니고 있기에 평생 보유해야 할 기업으로 코카콜라와 질레트를 꼽았다.

한 기업이 프랜차이즈를 지닌 기업인지 측정하는 간단한 방법은 영업이익률을 보는 것이다. 프랜차이즈 밸류를 지닌 기업은 소비자의 눈치를 크게 보지 않고 가격을 올릴 수 있기 때문에 기본적으로 영업이익률이 높다. 우리나라에서 높은 영업이익률을 올리는 회사의 유형은 다음과 같다.

첫째, 바이오, 의료기기 업체다. 이들 업체는 고부가가치 사업으로 기본적으로 영업이익률이 높다. 개별 기업 중에는 클래시스, 케어젠, SK바이오사이언스 등의 영업이익률이 40% 중반을 넘어선다. 둘째, 금융업(벤처캐피털)이다. 2020~2022년 IPO 시장의 호황으로 지속성 여부를 살펴봐야겠지만 기본적으로 설비 투자가 필요 없다는 점에서 금융업은 효율성이 높은 비즈니스다. 에이티넘인베스트, DSC인베스트먼트 등이 50%가 넘는 영업이익률을 보인다.

셋째, 제조업 중에서는 반도체 장비·소재 기업의 영업이익률이 높다. 고도의 기술력이 필요하고 대체가 어렵다는 점에서 높은 가격을 받는 것으로 보인다. 리노공업, 넥스틴, 티씨케이 등이 40% 내외로 높다. 넷째, 게임회사다. 기본적으로 고정비가 낮아 매출이 확대되면 이익 레버리지가 큰 사업이다. 크래프톤, 웹젠 등이 30%

중반의 높은 영업이익률을 누린다.

예에서 볼 수 있듯 주로 설비 투자가 많이 필요하지 않고 고정비가 적어 매출액이 확대되면 큰 이익 레버리지를 얻는 기업의 마진이 높다. 한 가지 아쉬운 점은, 미국처럼 이름만 들으면 수긍이 되는 브랜드나 평판의 신뢰를 통해 '인식 차원의 제품 차별화'를 창출하는 기업이 부족하다는 점이다.

상황적 독점 기업을 찾아라

"독점력 구축이 고수익을 보장해주는 열쇠가 된다." - 워런 버핏

일반적으로 독점은 다른 경쟁자를 배제하고 생산과 시장을 지배해 이익을 독차지하는 것을 일컫는다. 상황적 독점은 《미래 시장을 잡는 독점의 기술》(밀렌드 M. 레레 저)에 나오는 개념으로, 규모가 더 작고 합법적이며 특정 영역(때로는 매우 좁은 영역)에 집중한다. 좌석을 늘혀 짐칸을 넓게 쓸 수 있는 미니밴 시장을 5년간 독점한 혼다, 달걀노른자를 먹으면 안 되는 당뇨병 환자를 위해 건강과 편익을 제공하며 달걀흰자 시장을 독점하고 있는 에그비터스, 저가항공 시장을 독차지한 사우스웨스트항공 등이 상황적 독점의 예다.

상황적 독점은 시장이 존재하지만 대기업이 들어가기에는 작고 중소기업이 들어가기에는 부담스러운 설비 투자와 기술적 난도가

존재하는 경우 형성된다. 예를 들어 2021~2022년 차량용 반도체 대란이 일어났는데, 이는 역설적으로 이 분야가 고부가가치 사업이 아니기 때문에 발생한 것이었다. 대기업 입장에서는 기술적 난도가 낮은 사업에 다시 들어가 경쟁할 정도로 큰 시장이 아니었고, 신규 플레이어 입장에서는 여전히 대규모 장비 투자가 필요한 시장이었다. 기존 플레이어들이 설비 투자를 망설이는 동안 전기차 시장이 폭발적으로 증가하면서 차량용 반도체 부족 상황이 지속되었고 소수의 반도체 업체는 독점이익을 거둘 수 있었다.

리노공업은 상황적 독점의 대표 사례다. 리노공업의 반도체 테스트용 핀은 초소형으로 만들기 위한 정밀 가공 기술이 필요하다. 크기가 워낙 작아 사람이 손으로 직접 조립해야 하며 숙련된 작업자가 필요하다. 후발 주자가 들어오려면 정밀 가공 기술뿐 아니라 숙련된 기술자를 갖추어야 하기 때문에 여간 까다로운 게 아니다. 압도적인 경쟁 우위를 바탕으로 특정 기업에 매출이 한정되지 않으며, 메모리·비메모리 반도체 모두에 사용된다. 이 분야만큼은 리노공업을 따라잡을 회사가 나오기가 쉽지 않다.

이 외에 틈새시장에서 높은 점유율을 보이는 기업으로 체성분 분석기 시장의 '인바디', 콘택트렌즈 OEM 시장의 '인터로조', 고등 훈련기 시장의 '한국항공우주', 인체 조직 이식재 시장의 '엘앤씨바이오', 선박 통신 장비 시장의 '삼영이엔씨' 등이 있다.

상황적 독점 기업은 안정성과 영업이익률, 이익 안정성이 대체로 높은 것이 특징이다. 하지만 상당히 오랜 기간 지속되는 이 독점은 시장 진입자가 생기면서 약해지기도 한다. 에스원은 여전히 시큐리티 서비스 부문에서 시장 지위가 높지만 ADT캡스, SK쉴더스 등 후발 주자의 공격적인 영업정책으로 시장 점유율에서 위협을 받고 있다. 락앤락은 밀폐용기 시장에서 압도적인 경쟁력을 가지고 있었지만 마찬가지로 경쟁 상황에 직면하게 되었다.

부정적 질문하기, 체크리스트 활용하기

"리스크 관리. 개선 핵심. 의심하고 의심하라." - 워런 버핏

"때를 기다려라. 그리고 기회가 왔을 때 그 기회를 잡아라. 수많은 아이디어가 넘쳐날 때도 있었지만 오랫동안 아이디어가 떠오르지 않을 때도 있었다. 좋은 아이디어가 떠오르면 당장 행동할 것이다. 그러나 그렇지 않으면 꼼짝도 하지 않을 것이다." - 워런 버핏

"날아오는 모든 공에 스윙을 할 필요는 없다. 홈런이나 장타를 칠 수 있는 정말 좋은 공이 들어올 때까지 기다려도 된다. 투자에는 스트라이크 아웃이 없기 때문이다. 무엇보다 관중이 배트를 휘두르라고 소리 지를 때를 견뎌야 한다."
- 워런 버핏

"손실과 수익은 분리할 수 없는 동전의 양면이며 이는 평생 투자자를 쫓아다닌다. 실패에 대한 진지한 분석만이 성공적인 투자자가 되는 유일한 방법이다."
- 앙드레 코스톨라니

우리나라 사람들은 보편적으로 상대방이 무례하다고 생각할 것을 염려해 부정적인 질문을 던지지 않는 경향이 있다. 하지만 투자에 있어서만큼은 뻔뻔해지는 것이 좋다. 부정적인 질문을 던지지 않고 기업을 검증하는 것은 불가능하기 때문이다. 펀드매니저와 애널리스트는 부정적인 질문을 던지는 것에 대해 전혀 거부감이 없다. 당연히 해야 할 일이기 때문이다.

회사에 방문한 투자자가 부정적인 질문을 던진다고 해서 당황할 필요는 없다. 그 투자자의 목적은 부정적인 논리를 최대한 제거해 긍정적인 논리를 강화하는 것이지, 회사를 나무라는 것이 아니다. 정말 부정적으로 본다면 미팅 자체가 이루어지지 않았을 것이다.

투자를 잘하려면 부정적인 질문을 꺼려서는 안 된다. 긍정적인 부분만 일방적으로 수용해서는 실패 확률을 줄일 수 없다. 기업 경영에는 수많은 변수가 있으며 이들 변수가 원하는 방향으로만 흘러가지는 않는다. 투자자의 부정적인 질문은 '모의 스트레스 테스트'이며, 회사가 변수에 얼마만큼 준비되었는지 확인하는 과정이기도 하다.

압박 면접을 생각해보자. 면접자를 모두 떨어뜨리기 위해 압박 질문을 하는 것이 아니다. 면접자가 코너에 몰렸을 때 어떻게 대처하는지, 위기 관리 능력을 보기 위한 것이다. 코너에서도 평정심을 잃지 않고 해답을 찾아나간다면 위기 대처 능력이 강하다고 판단할 수 있다.

논리적으로 완벽하게 만들어놓았다고 생각해도 예상치 못했던 변수가 튀어나와 논리를 허무하게 허물어버리는 경우가 많기 때문에 논리의 벽을 최대한 견고하게 만들어놓아야 한다. 다양한 논리에 대한 대비가 잘되어 있을수록 투자 실패 위험을 줄일 수 있다.

기업과 미팅하게 된다면 비즈니스를 정확하게 이해하는 데 시간과 노력의 절반을, 위기 대처 능력을 파악하는 데 나머지 절반을 투여해야 한다.

기업분석 시 필요한 4가지 체크 포인트

기업분석은 정형화하기가 어렵다. 기업마다 처한 상황이 달라서 살펴야 하는 중요 변수도 다르기 때문이다. 그래도 기본적으로 확인해야 하는 사항이 있다.

1. 이 회사는 어떤 제품(서비스)을 통해 돈을 벌고 있는가?

회사가 어떤 일을 하고 있는지 알아보는 단계다. 만약 반도체 소재 기업이라면 전체 반도체 공정을 살펴보고 이 제품이 사용되는 곳은 어디인지, 기술적 장벽은 얼마나 높은 사업인지 살펴본다. 회사의 제품을 이해하지 못하고 그 회사를 알 수는 없다. 다양한 변수에 의해 매출이 변화할 수 있는데, 제품 이해가 낮다면 회사에 영향을 미치는 주요 변수 이해 또한 낮을 수밖에 없기 때문이다.

2. 소비자는 이 제품(서비스)을 무슨 이유로 사용하는가?

경제적 해자를 확인하는 단계다. 그 제품(서비스)이 소비자가 습관적으로 사용하는 것인지, 대체 불가한 영역에 있는지, 저렴한 가격이 주된 경쟁력인지 등을 파악한다. 소비자가 이탈하지 않게 할 수 있는 구속력이 얼마나 강한지도 체크한다. 구속력이 강할수록 회사의 매출액 변동 폭이 적어져 높은 밸류에이션을 받을 수 있다.

3. 이 회사는 앞으로 어떻게 성장할 것인가?

회사의 장기 그림을 그리는 단계다. 기존 비즈니스뿐 아니라 신규 비즈니스를 살펴보고 회사가 어떤 사업에 중점을 두고 있는지 파악한다. 그런 다음 회사의 비전 실행 가능성을 평가한다. 로드맵이 합리적일수록 높은 밸류에이션을 주고, 실현 가능성이 낮을수록 낮은 밸류에이션으로 접근해야 한다. 어떤 사업이든 성장은 무조건 좋다. 시장에서 인기가 높은 성장이면 더 좋다.

4. 이 회사의 리스크 요인은 무엇인가?

원가 변동 요인, 경쟁자의 사업 방향, 수요처의 수급 동향, 규제 변화 등 회사의 실적에 영향을 줄 수 있는 주요 변수를 체크한다. 핵심 변수의 변화를 관찰해 추정 실적에 변화를 주고, 주요 변수가 기대하지 못한 방향으로 흘러갈 경우 주식 매도를 고려할 수 있다. 일시적인 위험으로 주가가 떨어졌다면 매수 기회로 삼지만, 핵심 아이디어를 훼손할 정도의 부정적 변수가 출현했다면 주가가 하락했어도 매도할 필요가 있다.

기업 가치평가는 예술이자 과학이다

"내재가치는 대단히 중요하지만 매우 모호하기도 하다. 우리는 장래 모습을 매우 정확하게 예측할 수 있는 기업에 대해서만 내재가치평가를 시도한다. 나는 투자은행이 만든 자료 중 향후 기업의 이익이 감소할 것이라고 예측한 자료를 본 적이 없다. 그러나 실제로는 이익이 감소하는 기업이 많다." - 워런 버핏

"기업의 미래를 추정하는 가장 좋은 방법은 치밀하고 끝없는 사실 수집이다. 많은 현장의 자료와 사실을 수집하고 많은 사람을 만나 데이터를 교차 검증하는 수밖에 없다." - 필립 피셔

"기업의 가치를 평가하는 것은 예술인 동시에 과학이다." - 워런 버핏

기업의 가치평가가 어려운 것은 제한된 정보를 바탕으로 불확실한 미래를 예측해야 하기 때문이다. 버핏은 기업 가치평가를 예술인 동시에 과학이라고 했는데, 많은 자료와 사실을 수집해 투자 의사 판단을 정교하게 해야 할 뿐만 아니라 다양한 시장 변수에 대한 판단 및 투자 노하우가 반영되어야 하기 때문이다.

기업의 가치평가를 과학이라고 하는 것은 그것이 치밀하고 끝없는 사실 수집이 필요한 일이며 실제값에 가깝게 추정할수록 투자를 통해 얻는 이득이 커지기 때문이다. 시장은 워낙 변덕스럽기 때

문에 똑같은 비즈니스에 PER 10배를 주기도 하고 20배를 주기도 한다. 반면 기업 이익 추정은 내가 어떤 변수를 어떻게 추정하느냐에 따라 절대치에 가까워질 수 있다.

실적 추정에 성공한다면 시장의 변덕을 어느 정도 무시하고 갈 수 있다. 전체 시장의 하락은 피하지 못하지만 적어도 개별 기업의 변수로 PER이 낮아질 가능성은 낮출 수 있기 때문이다. 특별한 외부 변수가 없다면 실적이 증가하거나 적어도 유지되는 기업의 밸류에이션이 낮아질 이유가 없다.

기업 가치평가가 예술인 이유는 적정 밸류에이션을 따지기 위해서는 많은 경험이 필요하기 때문이다. PER만 보면 단순한 숫자에 불과하지만 적정 PER에는 현재 시장 상황, 비즈니스의 매력도, 이익에 대한 추정, 경쟁사의 밸류에이션 등 다양한 변수에 대한 판단이 녹아 있다. 또한 어떤 시기나 상황에서 주가 재평가가 가능할지, 욕심을 내야 할 때인지 자제가 필요한 시기인지에 따라 적용 밸류에이션이 달라질 수 있다.

실적 추정은 과학적으로 타이트하게 하되, 밸류에이션 평가는 너무 타이트하게 가져갈 필요는 없을 것 같다. 나는 PER 12배가 적당하다고 생각하지만 시장은 15배, 30배를 줄 수도 있기 때문이다. 생각했던 PER 12배가 되었다고 바로 다 정리하기보다는 더 좋게 평가할 만한 변화가 있었는지를 살펴보고, 긍정적인 변화가 있었을 경우 적정 PER을 상향해 보유하거나 분할 매도로 대응하는 것이 좋다.

국내 시장의 주가 재평가 사례

"주식시장은 단기적으로 인기 투표소지만 장기적으로는 정교한 저울이다. 주가는 결국 기업의 내재가치에 도달하게 된다." - 벤저민 그레이엄

"주식은 로또가 아니다. 주식 뒤에는 회사가 있다. 회사가 잘 운영되면 주가도 오른다. 복잡하지 않다." - 피터 린치

시장은 한곳에 머물러 있는 것이 아니라 시시각각 변화하는 모습을 보인다. 과거에는 천대받던 주식의 인기가 급격하게 올라가기도 하고 각광받던 주식의 인기가 싸늘하게 식어버리기도 한다. 과거 국내 시장에서 어떻게 주식의 재평가가 이루어졌는지 살펴보는 것은 의미가 있는 일이다. 향후 개별 기업을 평가할 때 참고할 수 있기 때문이다.

1. 조선(글로벌 No. 1)·건설(해외 플랜트)업종 재평가(2005~2007년)

제조업의 패권은 선진국(유럽, 미국)에서 시작해 일본으로 넘어갔고 2000년대 중반 이후 한국으로 이어졌다. 국가의 소득 수준이 올라갈수록 인건비가 올라가면서 제조업의 원가 경쟁력이 떨어져 신흥국에 기회가 이전되는 것이다.

2005~2007년에 국내 조선업과 건설업은 초호황을 누렸다. 조선업은 일본을 제치고 해외 선박 수주를 휩쓸었고 명실상부한 글로벌

No. 1이 되었다. 건설업은 오일머니를 중심으로 한 해외 플랜트 수주 급증으로 호황 국면을 누렸다. 2005~2007년 조선·건설업종에 속한 기업의 주가는 고공 행진을 이어갔다. 수주 급증으로 인한 실적 개선과 함께 글로벌 플레이어로서 밸류에이션 재평가가 일어난 것이다.

그런데 호황은 길게 이어지지 못했다. 2007년 글로벌 금융위기를 지나면서 낮은 인건비에 기초한 원가 경쟁력이 중국으로 넘어가 중국 조선·건설기업의 해외 수주가 크게 늘었다. 여기에는 중국 내수시장의 급격한 성장과 중국 정부의 재정적인 뒷받침도 큰 역할을 했다. 한편 국내 업체는 급격한 성장 후유증도 나타났는데, 건설업은 부실 수주가 문제 되어 원가 상승 압박이 본격화하기도 했다.

재미있는 것은 중국도 10여 년의 호황을 맞은 후 인건비 상승으로 제조업 경쟁력이 둔화되었고, 여기에 고부가가치 선박의 수요가 증가하면서 한국 조선업의 경쟁력이 회복되고 있다는 사실이다. 제조업의 경쟁력은 한군데 머물러 있는 것이 아니라 환경 변화에 따라 움직이기 때문에 꾸준한 관찰이 필요하다.

2. 음식료·화장품업종 재평가(해외 시장 개척, 2010~2015년)

음식료와 화장품업종은 과거 대표적인 내수업종으로 보이지 않는 밸류에이션 캡이 씌워져 있어 낮은 밸류에이션을 적용받아왔다. 하지만 2010년 이후 이들 업종을 바라보는 시선이 달라지기 시작했다. 중국이 수출 경쟁력을 바탕으로 큰돈을 벌면서 내수 소비

시장이 급격하게 성장했고, 이에 따라 한국의 음식료·화장품업종의 중국 진출이 활발해지기 시작한 것이다.

중국에서 할인마트가 급증가하면서 한국 음식료업체의 수출이 큰 폭으로 증가했고, 한국 드라마가 인기를 끌면서 한국 화장품에 대한 관심도 크게 높아졌다. 음식료와 화장품은 내수산업이라는 인식이 강해 성장성이 낮다는 편견이 있었지만 제품 가격(P) 상승을 통해 지속적인 성장을 지속해오고 있었다. 그런데 중국향 수출 증가를 통해 양적인 성장(Q)까지 더해지면서 성장산업이라는 인식 강화와 함께 밸류에이션이 2배 이상 증가하게 되었다.

다만 2010년대 중반 이후 국내 소비 정체와 중국 내 경쟁력 약화로 밸류에이션이 다시 뚝 떨어지는 모습을 보이기도 했다. 이후 화장품산업은 여전히 경쟁력을 회복하지 못하고 있으나 한국 드라마와 K팝의 인기에 힘입어 미국, 중동, 동남아시장을 중심으로 K푸드에 대한 관심은 증가하고 있다.

3. 제약업종 재평가(1차 제네릭 의약품 확대, 2차 바이오 의약품과 신약 개발, 2015~2020년)

우리가 병원에서 처방을 받는 약품은 오리지널 의약품과 제네릭 의약품으로 나뉜다. 오리지널 의약품은 글로벌 제약회사가 개발한 신약이며 특허로 10년 이상 보호받는 제품이다. 특허 만료 후 동일한 제제로 만든 약품을 복제약 혹은 제네릭 의약품이라 부른다.

2010년대 중반 국내 제약회사는 매출액 100억 원 이상인 블록버스터 제품의 특허 만료로 제네릭 전성시대를 맞이했다. 제네릭 의약품은 가격이 오리지널 의약품의 절반 수준에 불과하지만 신약 개발 비용이 들지 않고 실패 위험도 피할 수 있어, 적절한 영업력만 있으면 의미 있는 실적 달성이 가능했다.

글로벌 제약회사는 케미컬 의약품의 특허 만료가 다가오자 바이오 의약품 영역으로 진출했다. 케미컬 의약품으로는 기존 약품을 능가하기가 쉽지 않고 치료 영역에도 한계가 있기 때문이다. 바이오 의약품은 관절염 치료제, 항암제 등에서 의미 있는 성과를 거두었지만, 역시 시간이 지나면서 특허 만료 기간이 다가오게 되었다. 바이오 의약품의 복제약은 케미컬 의약품과 다르게 똑같은 분자 구조를 만들기가 쉽지 않아 바이오시밀러라고 부른다.

국내 제약회사는 한때 제네릭 의약품으로 큰돈을 벌었지만 약가가 지속적으로 낮아지면서 과거 수준으로 돈을 벌 수 없었고, 이에 따라 상당수 회사가 바이오시밀러 사업에 진출했다. 하지만 이마저도 한계에 다다르자 신약에 발을 들여놓기 시작했다. 신약은 개발에 성공하면 특허로 보장받기 때문에 큰돈을 벌 수 있지만 실패 확률이 높아서 위험성이 따른다.

신약 개발이 활기를 띠면서 관련 회사도 우후죽순 늘어났다. 문제는 기존 수익 구조가 없는 탓에 펀딩을 지속적으로 받아야만 살아남을 수 있는 기업도 늘어났다는 것이다. 항암제 중심의 연구개발도 문제였다. 항암제는 마땅한 치료제가 없는 경우가 많아서 임상 1상과 2상 결과가 다소 만족스럽지 못하더라도 통과되는 경우가 많았다. 이들 신약을 개발한 회사는 이를 대대적으로 홍보했지만 임상 3상에서 대부분 의미 있는 성과를 거두지 못했다.

계속되는 임상 실패로 제약업종에 대한 투자 열기는 2020년 이후 식어가는 모습을 보였다. 상장 심사도 까다로워지면서 '서울대 약대를 나와 비상장 시장에서 회사를 차리면 일단 500억에서 시작한다'라는 이야기도 이제는 옛말이 되었다. 제약업종에 투자한다면 기존 수익 모델을 가지고 있으면서 플러스 알파를 노릴 수 있는 기업에 투자하는 것이 좋다.

4. 카카오, 네이버의 재평가(2020~2021년)

코로나19 유행 시기와 맞물려 구글, 아마존, 메타, 애플 같은 대형 정보 기술(IT) 기업을 지칭하는 빅테크(big tech) 기업의 주가가 급등하면서 국내에서는 카카오, 네이버의 주가가 동반 급등하는 양상을 보였다. 주가만 오른 것이 아니었다. 해외 시장에서 메신저, 웹툰 등의 사업이 의미 있는 성과를 거두었고 국내에서도 금융, 유통 등으로 사업 영역이 확장되면서 실적 역시 시장의 기대치를 넘어섰다. 자회사 상장의 마술도 통했다. 자회사가 상장될 때마다 시장은 환호했고 플랫폼의 가치가 날로 상승했다.

하지만 2021년 하반기로 접어들면서 약세로 전환했다. 자회사

상장의 마술이 마무리 국면에 들어섰고, 문어발식 확장에 대한 정부의 규제 움직임이 강화되었기 때문이다. 카카오, 네이버는 기존 사업의 확장만으로도 성장이 가능한 상황이지만 신규 사업에 대한 기대감은 많이 낮아졌다. 이제는 성장 2라운드에 들어서고 있는 것으로 보인다. 규제의 틀 안에서 국내 사업을 어떻게 안정적으로 성장시켜 나갈 수 있을 것인가를 시작으로 해외 사업의 확장, 블록체인 기반 서비스, NFT, 메타버스 등 새로운 사업의 확장, 성공적인 M&A 등이 중요한 변수로 작용할 전망이다.

장기 성장률은 어떻게 전망할까?

"높은 성장률이 무한히 지속된다고 가정하면 매우 위험하다. 장기 성장률이 할인율보다 높으면 수학적으로 그 가치는 무한대가 된다. 50년 전의 일류 기업 중 장기 성장률 10%를 유지한 기업이 얼마나 있나? 성장률 15%를 기록한 기업은 매우 드물다." - 워런 버핏

우리는 기업의 성장을 보며 그것이 계속될 것으로 믿고 투자한다. 하지만 조금 더 장기적인 시각으로 본다면 10년, 20년 지속적으로 성장할 수 있는 기업은 드물다. 기업의 규모가 작을 때는 높은 성장이 가능하지만 시간이 지나면서 규모가 커질수록 더 큰 도전에 직면하게 된다.

1980년 이전에는 시가총액이 집계되지 않아 계산하기가 어렵지만, 거래대금 상위 기업을 살펴보면 1960년대까지는 은행·방직·보험·운송업종이 한국 산업의 근간을 이루었던 것으로 보인다. 1970년대에는 방직에서 합성섬유로 품목 변화가 생겼고, 내수시장이 발달하기 시작하면서 건설과 소비재 기업이 빠르게 성장했다.

재미있는 것은 40~50년 전 한국을 주도했던 기업 상당수가 현재

[표 5-1] 시대별 거래 대금과 시가총액 상위 종목군

시총 순위	1968년	1978년	1993년	2013년	2022년
1	대한통운	동아건설	한국전력	삼성전자	삼성전자
2	상업은행	대림산업	POSCO	현대차	SK하이닉스
3	조흥은행	금성사	삼성전자	POSCO	NAVER
4	한일은행	삼익주택	현대차	현대모비스	삼성바이오로직스
	제일은행	동양맥주			
5	경성방직	조선맥주	LG전자	LG화학	카카오
6	동일방직	동방유량	대우증권	기아차	삼성SDI
	대한항공	대한중석			
7	국제관광	신라교역	제일은행	한국전력	현대차
8	동양화재	미원	대우㈜	삼성생명	LG화학
	해동화재	고려합섬			
9	호남비료	한일합섬	기아차	신한지주	기아
	유한양행	현대차			
10		카프로락탐	SK텔레콤	현대중공업	카카오뱅크

*1968년과 1978년은 연간 거래대금 상위 기업, 무순위 *자료: 증권선물거래소, 르네상스자산운용

는 위상이 크게 위축되었거나 아예 사라졌다는 사실이다. 1990년대 이후는 현재의 산업 구조가 고착되면서 상위권 기업의 위치가 유지되는 모습이지만 산업별로는 변화가 지속되고 있다. 놀라운 사실은 1990년대 초만 하더라도 한국전력과 포스코(POSCO)가 삼성전자보다 높은 시가총액을 유지했다는 것이다.

2000년 이후에는 삼성전자가 압도적인 시가총액 1위를 유지하고 있는 가운데 바이오, 인터넷 플랫폼, 2차전지 등 신사업 분야의 기업들이 높은 순위를 차지하고 있다. 삼성전자가 대단한 것은, 반도체 업황에 따라 등락이 존재하기는 하지만 시가총액 400조 원에 가까운 회사 ROE가 10~20% 수준을 꾸준히 유지하고 있다는 사실이다.

[그림 5-2] 삼성전자 ROE 추이

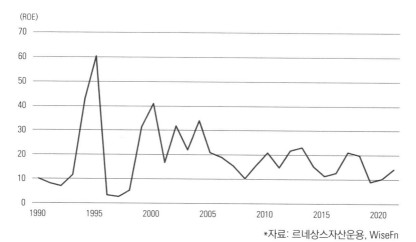

*자료: 르네상스자산운용, WiseFn

최근 시가총액 상위권에 올라온 주식의 공통점은 ROE가 높고 향후 성장에 대한 기대로 PBR도 높다는 것이다. 그만큼 향후 성장성이 기대에 미치지 못할 경우 시가총액 순위에서 밀려날 가능성이 크다.

현재의 성장주를 보면 미래에도 성장주로 남을 것 같지만 20~30년 후에는 산업지도가 어떻게 바뀔지 알 수 없다. 한 가지 확실한 것은 높은 수준의 ROE를 유지하는 회사가 미래에도 그 자리를 차지할 확률이 높다는 것이다.

기업의 이벤트 어떻게 해석할까?

"기업의 가치와 관련 없는 이유로 매수하는 사람은 기업의 가치와 관련 없는 이유로 매도한다." - 워런 버핏

주식 투자를 하다 보면 다양한 이벤트를 접하게 된다. 회사에 특정 이벤트가 발생했을 때 그것이 긍정적인 이슈인지 부정적인 이슈인지 빠르게 판단해야 하는데, 가끔은 기업 가치에 영향을 크게 주지 않는 이슈인데도 주가가 급등락을 보이는 경우가 있다. 다음은 우리가 주식시장에서 종종 마주하게 되는 이벤트다.

1. 무상증자

자기자본은 크게 주주가 납입한 자본금과 잉여금으로 구성된다.

자본금은 액면가를 발행주식의 총 수와 곱한 금액이다. 잉여금은 주식을 액면가보다 비싸게 발행한 금액, 회사가 영업활동을 통해 벌어들인 이익의 누계 금액, 자산 재평가 적립금으로 구성된다. 회사가 자본금을 늘리는 것을 '증자'라고 하는데 돈을 받아서 자본금을 늘리는 것을 유상증자, 회사 내부 자금으로 자본금을 늘리는 것을 무상증자라고 한다.

사실 무상증자로 기업 가치를 증가시키기는 어렵다. 재무상태표의 잉여금 계정에 있던 돈으로 주식을 발행해 자본금 계정으로 옮기는 것에 불과하기 때문이다. 무상증자 이후 발행주식 수가 증가하지만 권리락 이후 주가도 그만큼 낮아진 상태에서 거래되기 때문에 내가 가진 가치는 동일하다. 예를 들어 2만 원짜리 주식 1,000주를 가지고 있는 것과 1만 원짜리 주식 2,000주를 가지고 있는 것은 보유 주식 수에서 차이가 날 뿐 그 가치는 동일하다.

그런데 상당수의 개인 투자자는 무상증자를 호재성 이벤트로 인식한다. 권리락 당일에는 시초가를 일정 기준에 따라 인위적으로 낮추게 되는데, 주가가 저렴해진 것으로 보이는 착시 효과가 발생하기 때문이다. 또한 무상증자 기업은 주주 가치 제고에 신경을 쓰는 회사로 인식되기도 한다. 실제로 기업 가치에 변화가 없는데도 주식시장에서는 무상증자를 호재로 인식해 주가가 급등락하는 모습을 보이기도 한다. 특히 시장이 하락 국면에 있을 때 투기성 자금이 몰려서 주가를 움직이는 경우가 많다.

시장이 하락 국면을 보이던 2022년 7~8월에는 코스닥 상장사의 '무상증자 신드롬'이 주목을 받았다. 무상증자를 하면 상한가로 간다는 '무증상'이라는 신조어까지 나타났다. 실제로 케이옥션, 공구우먼, 노터스, 조광ILI, 실리콘투 등 다수 종목이 무상증자 권리락 당일 상한가를 기록했다. 노터스는 무상증자 권리락이 공시된 후 6거래일 연속 상한가를 기록하며 주가가 10배 넘게 뛰기도 했고, 공구우먼은 4거래일 연속 상한가를 기록했다. 다만 급등세 이후 주가가 폭락하면서 권리락 기준가로 돌아가는 종목이 속출해 영향력이 줄어들었다.

무상증자로 주가가 급등세를 보인다면 매도를 고려하는 것이 좋다. 무상증자가 나쁜 것은 아니지만 기업 가치를 높인다고 볼 수 있는 합리적인 이유를 찾기가 어렵기 때문이다. 주당 가격이 높아 거래가 어려운 경우는 이해할 수 있지만, 무상증자에 나서는 상당수의 기업은 단기적인 시장의 관심을 환기하려는 목적을 가지고 있기에 비우량 기업의 경우에는 투자에 더욱 주의가 필요하다.

2. 액면분할

액면분할이란 주식의 액면 금액을 감소시켜 여러 개의 주식으로 나누는 것을 말한다. 예를 들어 액면가 5,000원인 주식 1주를 액면가 1,000원인 주식 5주로 바꾸는 것이다. 액면분할은 주당 액면 금액만 감소하는 것으로 자본 총액은 변동이 없다.

버핏이 이끄는 버크셔 해서웨이는 액면분할을 하지 않는 것으로 유명하다. 버핏은 주식 수를 늘리고 주가를 낮춘다 해도 근본적인 기업 가치는 변하지 않기에 액면분할을 주가에만 초점을 맞춘 행위라고 비판하기도 했다. 소수점 거래가 가능하기는 하지만 버크셔 해서웨이 A 주식(Class A)의 주가는 2023년 2월 현재 주당 45만 달러에 이른다. 다만 버핏은 A 주식을 유지한 채 30분의 1 가격으로 B 주식(Class B)을 발행했고, 2010년에는 50 대 1로 액면분할을 해 1,500분의 1 수준으로 낮추어 소액 투자자가 투자할 수 있는 길을 열어주었다.

액면분할을 하는 이유 중 하나는 투자자가 매입하기 쉬운 수준으로 주가를 낮추어 소액 투자자의 진입장벽을 낮추는 것이다. 실제로 삼성전자는 2018년 5월 액면분할을 했고 이로 인해 265만 원이던 주가가 5만 3,000원으로 낮아졌다. 네이버는 2018년 10월 액면분할로 70만 원 수준이었던 주가를 13만 원까지 낮추었고, 카카오는 55만 원 수준이던 주가를 11만 원 수준으로 낮추면서 '국민주'로 떠오르게 되었다. 다만 고가 주식이 아닌데도 액면분할을 하는 기업은 조심스럽게 살펴야 한다. 의미가 없을 뿐 아니라 저가주로 전락해 기업 가치가 낮은 회사로 인식될 수 있기 때문이다.

3. 물적분할

물적분할이란 모회사가 신설된 자회사의 주식을 전부 소유해 그 자회사에 대한 지배권을 유지하는 기업 분할 방식을 말한다. 물적분할의 가장 대표적인 사례는 LG화학으로 배터리 사업을 떼어내 100% 자회사인 LG에너지솔루션을 만들었다. 만약 분할 이후 100% 자회사로 보유할 경우 기업 가치에는 변화가 없다.

물적분할은 크게 2가지 상황에서 발생한다. 우선 부진하거나 성장성이 낮은 사업부를 따로 떼어 구조조정을 하거나 매각을 하는 경우다. 구조조정에 민감한 한국에서는 흔하지 않지만 이 경우 주가는 긍정적으로 반응할 수 있다.

문제는 잘되는 사업부를 떼어냈을 때다. 이론적으로 보면 모회사에서 벗어나 성장을 추구할 수 있고, 성과가 명확하게 드러나면서 직원의 동기 유발을 유도할 수 있기 때문에 긍정적인 부분도 존재한다. 문제는 분할 이후 재상장을 추진하면서 모회사가 가진 지분율이 낮아져 핵심 사업부의 이익을 100% 온전히 누릴 수 없고, 성장성이 높은 자회사가 새로 상장되면서 모회사의 투자 매력이 낮아져 모회사를 가진 주주들의 주식 가치가 훼손된다는 점이다.

물적분할 자체가 문제라기보다는 분할 이후 재상장 과정에서 문제가 발생하는 것이다. 이를 보완하기 위해 2023년부터는 물적분할에 반대하는 주주들은 물적분할이 추진되기 이전 주가로 주식을 매각할 수 있도록 주식매수청구권이 부여되고, 자회사의 상장심사가 강화되면서 제도적인 개선이 이루어질 전망이다.

4. 인적분할

물적분할과 달리 인적분할은 기존 주주에게 신설 회사의 주식을 같이 나누어 주기 때문에 일단 호재로 인식된다. 분할 상장이 이루어지면 성장성이 높은 신설 회사의 주가가 높게 평가받으면서 존속 회사와 신설 회사의 가치를 더한 합산 시가총액은 분할 전 회사에 비해 높아지기 때문이다.

다만 인적분할에도 함정은 있다. 대주주가 효율성 강화를 위해 회사를 분할했다면 문제가 될 것은 없지만 대주주의 지배권 강화를 위한 용도로 활용되는 경우가 많다. 이때 '자사주 마법'이 활용된다. 자사주 마법이란 인적분할 과정에서 의결권이 없던 기존 회사

[그림 5-3] 물적분할과 인적분할의 차이

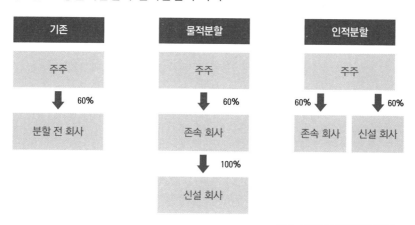

*자료: 르네상스자산운용 정리

의 자사주가 존속 회사의 자사주와 신설 회사의 자사주로 나뉘고 신설 회사의 자사주를 존속 회사로 넘기면서 지배 주주의 지배력이 강화되는 현상을 뜻한다. 예를 들어 기존 회사가 자사주를 10% 보유하고 있었다면 존속 회사와 신설 회사 모두 자사주 10%를 보유하게 되는데, 분할 과정에서 신설 회사의 자사주 10%를 존속 회사의 자산으로 귀속시키면 존속 회사는 손쉽게 신설 회사를 10% 지배하게 되는 것이다.

여기에 그치지 않고 대주주는 현물 출자를 통해 보유하고 있는 신설 회사의 주식을 존속 회사 주식으로 교환하게 되는데, 존속 회사와 신설 회사의 가치가 같다고 가정하면 대주주는 존속 회사의 지분 60%를 가져가게 된다. 결과적으로 기존 회사의 지분은 30% 수준에 불과했지만 분할 이후 존속 회사의 지분은 60%로 강화되고 신설 회사도 존속 회사를 통해 40% 지배하게 되어 소액 주주의 눈치를 보지 않고 의사결정을 할 수 있게 된다.

대주주는 자사주의 비중이 높을수록 신설 회사의 지배력을 높게 가져갈 수 있고, 존속 회사의 가치를 낮추고 신설 회사의 가치를 높일수록 존속 회사의 지분을 높게 가져갈 수 있다. 따라서 대주주의 지배권을 높이기 위해 분할 이후 신설 회사의 사업 가치는 적극적으로 홍보하고 존속 회사의 전망은 보수적으로 제시하는 경우가 많다. 일반적으로 분할 이후에는 성장성이 높은 신설 회사 주식에 매수가 몰리면서 주가가 급등하고 존속 회사의 주식은 급락하는

[그림 5-4] 자사주의 마법과 지배권 강화 과정

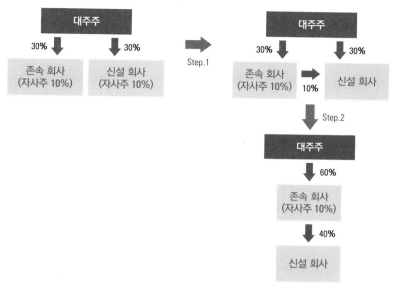

*자료: 르네상스자산운용 정리

모습을 보이게 되는데 이런 현상이 심화될수록 대주주는 존속 회사의 지배력을 손쉽게 높일 수 있다.

활용하기 딱 좋은 재무제표 분석 포인트

"기업의 특성을 잘 이해하지 못하면 재무제표는 그다지 소용이 없다. 기업을 전반적으로 이해한 후 재무제표에서 세부 사항을 확인해야 한다." - 워런 버핏

투자에 필요한 기본 지식은 최소한의 재무제표 해석 능력과 단순한 밸류에이션 수행 능력 정도로도 충분하다. 비즈니스를 보는 눈이 없으면 이런 기본 지식조차 아무런 쓸모가 없게 된다. 재무제표를 해석할 때도 기업에 대한 기본적인 이해가 필요하다. 예를 들어 어떤 기업의 매출채권과 재고자산이 증가하면서 현금흐름이 악화되었다면 주식을 팔아야 할까?

재무제표만 보고 투자를 한다면 무조건 주식을 팔아야 한다. 하지만 현실의 투자는 그렇지 않다. 현금흐름 악화가 일시적으로 나타나는 경우도 많고 상당수는 사업이 잘되어 그런 경우가 많다. 대부분의 중소기업은 사업이 잘되면 일단 현금흐름이 악화된다. 원재료는 바로 돈을 주고 사와야 하지만 실제 투자대금 회수는 2~3개월 후 발생하는 경우가 많기 때문이다.

이때 사업에 대한 판단이 필요하다. 사업이 정말 잘되어서 단기적으로 현금흐름이 악화된 것인지 경쟁이 심화되어 악화된 것인지 판단해야 한다. 이를 확인하기 위해서는 회사에 직접 확인하는 것뿐 아니라 시장 조사, 경쟁사 파악 등도 필요하다.

사업에 따른 재무제표의 특수성도 생각해야 한다. 구조적으로 영업 외 이익이나 손실이 발생하는 경우도 존재하기 때문이다.

예를 들어 철강 가공업체가 가공 후 남은 자투리를 모아 매각해 매년 꾸준한 이익을 거둔다면 영업이익이 구조적으로 과소평가되어 있다고 판단할 수 있고, 부실채권을 모두 자회사로 넘겨서 매년 처분 손실이 발생하고 있다면 영업이익이 구조적으로 과대평가되어 있을 수 있다.

비즈니스를 이해하지 못하면 재무제표에 함축된 의미를 파악할 수 없다. 재무제표만 보고 투자할 수 있다면 펀드매니저는 모두 회계사로 대체되어야 할 것이다.

재무제표의 기본 이해

"기업은 재무제표를 자신에게 유리한 쪽으로 작성하려고 한다. 기업이 진짜 어떻게 운영되고 있는지 알고 싶다면 겉으로 보이는 숫자 너머를 살펴야 한다."
– 워런 버핏

기업을 분석하고 투자하기 위해서는 재무제표를 해석하고 이익을 추정할 수 있는 기본 능력이 필요하다. 투자 아이디어가 제대로 반영되고 있는지 객관적으로 검증할 수 있는 것은 분기별로 공시하는 재무제표밖에 없기 때문이다. 초보 투자자라고 해도 투자 대상 회사의 재무제표를 열어서 보아야 한다. 필수 항목에 대한 기초 지식만 있다면 분기 실적이 나올 때마다 복권을 긁는 기분으로 해당 기업의 재무제표를 열어서 볼 수 있다.

1. 재무상태표

재무상태표는 특정 시점에 기업이 보유하고 있는 자산과 부채, 자본의 잔액에 대한 정보를 제공하는 보고서다. 재무상태표를 통해 회사가 자금을 어디서 얼마나 조달해 투자했는지를 확인할 수 있다. 기본적으로 '자산 = 부채 + 자본'의 등식을 가지고 있다. 투자자는 재무상태표를 통해 기업의 자금관리 능력을 평가할 수 있다.

[1-1] 자산계정

"회사가 단기적으로 끌어 쓸 수 있는 돈은?" [현금 및 현금성 자산 + 단기 금융상품]

회사가 현재 단기적으로 가용 가능한 현금 수준을 보려면 '현금

[표 5-2] 재무상태표의 기본 내용

자산 = 자금운용 상태		부채와 자본 = 자금 조달 방법	
유동자산	• 당좌자산 • 재고자산	부채 (타인자본)	• 유동부채 • 비유동부채
비유동자산	• 투자자산 • 유형자산 • 무형자산 • 기타 비유동자산	자본 (자기자본)	• 자본금 • 자본잉여금 • 이익잉여금 • 기타 자본 • 기타 포괄손익 누계액
자산 = 부채 + 자본			

및 현금성 자산 + 단기 금융상품 금액'을 확인한다. 현금 및 현금성 자산은 표현 그대로 당장 현금화해 쓸 수 있는 금액이며 단기 금융 상품 역시 1년 이내에 만기가 도래하는 상품으로 당장 현금화가 가능한 경우가 많다. 따라서 회사가 내일이라도 갑자기 돈이 필요해 끌어 쓸 수 있는 단기 유동성을 확인하고 싶다면 현금 및 현금성 자산 + 단기 금융상품 금액을 살펴보면 된다.

"회사의 영업정책이나 교섭력에 변화는 있는가?" [매출채권]

매출채권은 회사가 제공한 재화 또는 용역에 대한 대가를 지급하겠다는 고객의 약속이며 통상적으로 30일~3개월 이내에 회수가 가능한 채권을 말한다. 회사가 고객에게 무이자로 제공한 단기간의 신용공여로 생각할 수 있다. 매출액을 매출채권으로 나누면 매출채권 회전율이 나오는데, 예를 들어 매출채권 회전율이 4가 나왔다면 연간 4회, 3개월 주기로 채권이 회수된다는 의미다.

매출채권 회전율이 높을수록 회사의 현금흐름과 협상력이 좋다는 의미다. 만약 매출채권이 지나치게 늘어나고 있다면 회사의 영업정책이 공격적으로 바뀌고 있거나 고객과 협상력이 떨어지고 있다는 의미가 될 수 있으니 확인이 필요하다.

"사업이 호황 국면에 있는가, 불황으로 들어서고 있는가?" [재고자산]

재고자산의 증가는 크게 세 가지 경우에 나타난다. 첫째, 글로벌 원자재 가격이 급등한 경우다. 예전에 100에 사오던 원재료를 150, 200을 주고 사와야 한다면 재고자산이 증가할 수밖에 없다. 원자재 가격 급등으로 재고자산이 증가했다면 제품 가격에 전가가 가능한 상황인지 알아보는 것이 좋다. 둘째, 회사의 수주 잔고가 늘어나거나 미래의 영업을 낙관해 선제적으로 재고를 쌓는 것이다. 회사 영업정책의 변화를 확인할 필요가 있다. 셋째, 회사 영업 환경이 부정적으로 바뀌는 경우다. 고객사의 오더가 줄어들면서 재고가 쌓이는 경우인데 재고자산 평가 손실이나 상각 비용이 발생할 수 있어 주의가 필요하다.

"우량 관계사를 가지고 있는가?" [종속회사, 관계사, 공동기업 투자]

종속회사, 관계사, 공동기업 투자 항목을 통해 관계사의 지분을 어느 정도 가지고 있는지 확인이 가능하다. 이때는 절대 금액뿐 아니라 내역을 확인하는 것이 중요한데, 전자공시에 나와 있는 사업 보고서의 'XII. 상세표에 타법인출자 현황(상세)'을 보면 투자한 회사의 지분 및 투자금액을 확인할 수 있다. 또한 연결재무제표 주석을 통해 분기 및 반기의 자회사 실적을 확인할 수 있다. 의미 있는 지분 및 규모를 투자한 관계사가 있다면 분기 단위 실적 모니터링이 필요하다.

"설비 투자가 필요한 기업인가?" [유형자산]

유형자산 항목에서 회사가 보유하고 있는 토지, 건물, 기계 장치 등의 자산 규모를 확인할 수 있다. 제조업은 기본적으로 유형자산의 규모가 클 수밖에 없는데, 최근 유형자산의 규모가 증가했다면 공장 증축을 위해 토지, 건물 등의 매입이 있었는지 기계장비 투자가 증가한 것인지 확인이 필요하다. 제조업의 유형자산 규모 증가는 회사의 매출액이 증가할 잠재력이 커지고 있다고 생각할 수 있다. 다만 유형자산의 증가는 감가상각비의 증가를 수반하기 때문에 유형자산 투자의 적절성을 따져볼 필요가 있다. 유형자산의 세부 변동 내역은 재무제표 주석을 통해 확인이 가능하다.

"자산이 부풀려져 있지 않은가?" [무형자산]

무형자산의 규모가 크다면 크게 두 가지 측면에서 확인이 필요하다. 첫째, 과거 M&A 과정에서 영업권이 발생했는지 여부를 확인해야 한다. 순자산 100억 원인 회사를 200억 원에 인수했다면 순자산보다 높게 지불한 100억 원은 무형자산(영업권)으로 잡힌다. 인수한 회사의 가치가 낮아진 경우 무형자산 상각(영업권 상각)을 통해 갑작스러운 비용이 발생할 수 있다.

둘째, 연구개발 비용이 무형자산으로 잡혀 있는지 확인해야 한다. 특허권 등 의미 있는 비용이 무형자산으로 잡혀 있을 수 있지만 연구개발 비용 중 적지 않은 금액이 인건비로 소요되는 경우가 많아 보수적으로는 단기 비용으로 인식하는 것이 좋다. 연구개발비의 상당 부분이 무형자산으로 잡히고 있다면 영업이익이 과다계상되고 있을 가능성이 크며, 특정 시점이 되면 무형자산 상각을 통해 고스란히 비용으로 인식될 가능성이 크다.

[1-2] 부채계정

"이자가 발생하는 부채를 얼마나 가지고 있는가?" [단기차입금 + 유동성 장기부채 + 사채 + 장기차입금]

매출채권은 회사가 고객에게 무이자로 제공한 단기간의 신용공여이지만 매입채무는 반대로 회사가 고객에게 무이자로 제공받은 단기간의 신용공여다. 매입채무는 부채로 계상되지만 이자가 발생하지 않으며, 매입채무의 규모가 크다는 것은 거래처와 협상력에서 우위에 있다는 의미다.

이자가 발생하는 부채는 단기차입금, 유동성 장기부채, 사채, 장기차입금을 더해서 구하면 되는데, 손익계산서상의 연간 이자비용을 이자 발생 부채로 나누면 대략적인 회사의 조달 금리를 추정할 수 있다. 조달 금리가 시중 금리보다 낮다면 회사의 신용도가 높다고 평가할 수 있고, 높다면 시장의 신뢰도가 높지 않은 회사라고 평가할 수 있다.

이자보상배율 개념도 알아둘 필요가 있다. 이것은 영업이익을 이자비용으로 나눈 비율이다. 예를 들어 연간 영업이익이 200억 원, 이자비용이 100억 원이라면 이자보상배율은 2배며 회사가 벌어들인 이익의 절반이 이자로 나간다고 이해할 수 있다. 일반적으로 이자보상배율은 2배 이상이 되어야 영업을 통한 부채 상환 능력이 충분한 것으로 평가할 수 있는데, 2배 미만이라면 조금만 영업에 차질이 생기더라도 부채를 상환하는 데 어려움을 겪게 될 확률이 높다.

"회사의 순현금은 얼마인가?"

회사가 쓸 수 있는 단기 유동성 자금이 얼마인지를 확인하는 것도 의미가 있지만 기업 평가를 할 때는 이자 발생 부채를 다 갚고도 얼마의 현금성 자산을 보유하고 있는지 확인이 필요할 때가 있다. 예를 들어 현금성 자산이 1,000억 원인데 이자 발생 부채도 1,000억 원이라면 회사가 보유하고 있는 현금성 자산 1,000억 원은 부채로 끌어온 자금에 불과하기 때문이다.

순현금은 자산 항목에 있는 '현금 및 현금성 자산 + 단기 금융상품 + 장기 금융상품'에서 이자 발생 부채인 '단기차입금 + 장기차입금 + 사채'를 뺀 금액으로 계산한다. 순현금은 주가 하락을 방어할 수 있는 마지노선, M&A 가치를 산정할 때 중요한 지표로 활용된다.

[1-3] 자본계정

"회사의 자본금 구성 요소는?"

자본은 크게 자본금과 잉여금으로 나뉜다. 자본금은 '액면가 × 발행주식 수'를 통해 산출하는데, 액면가 5,000원이고 발행주식 수가 1,000만 주라면 자본금은 500억 원이 된다. 만약 발행주식 수 1,000만 주 중 절반인 500만 주가 액면가인 5,000원에, 나머지 절반인 500만 주가 액면가의 2배 금액인 1만 원에 발행되었다면 액면가 이상으로 발행된 5,000원 × 500만 주인 250억 원은 주식 발행 초과금이 되어 잉여금 계정으로 잡힌다.

또한 회사가 누적으로 500억 원의 순이익을 거두었다면 이익 잉여금은 500억 원이 되며 배당금 재원으로 활용된다. 만약 누적으로 손실이 발생했다면 이익 잉여금이 아니라 결손금이 반영되고 결손금이 다 메워지기 전까지는 법인세를 면제받을 수 있다.

2. 손익계산서

손익계산서는 일정 기간 발생한 수익과 비용을 기록해 기업이 영업활동을 통해 얼마의 이익과 손실을 보았는지에 대한 정보를 제공하는 보고서다. 손익계산서는 회계기간의 경영 성과뿐 아니라 회사의 성장성, 비용 관리, 현금 창출 능력 등의 정보를 통해 기업의 미래 수익 창출 능력을 추정할 수 있는 유용한 정보를 제공한다.

"회사의 경제적 해자와 성장 동력은 무엇인가?" [매출액]

매출액은 기업분석의 시작점이 된다. 매출 분석을 위해서는 우선 회사 매출 구성을 살펴본다. 매출 구성은 사업보고서의 'II. 사업의 내용' 중 '2. 주요 제품 및 서비스'를 통해 확인할 수 있고 '4. 매출 및 수주 상황'에서도 확인이 가능하다. 회사가 어떤 제품이나 서비스를 제공하고 있으며 소비자는 어떤 이유로 그 회사와 거래하고 있는지 그리고 앞으로도 거래가 유지될 가능성이 큰지 고민해야 한다. 여기에 대한 답이 명확하지 않다면 회사의 매출액이 유지될 것이라고 가정하기 어렵다.

그다음으로 회사의 어떤 항목이 향후 매출 성장을 이끌 수 있을지를 파악한다. 경쟁력이 있는 회사라면 적어도 인플레이션 수준의 성장은 이루어져야 하며, 신규 사업 확장을 통해 매출 성장이 가능해야 주식시장에서 높은 평가를 받을 수 있다. 해외 사업의 확장은 프리미엄 요소로 인정받을 수 있다.

"원재료 가격 변동이 원가 변화에 긍정적·부정적 영향을 주고 있는가?" [매출원가]

매출원가는 원재료 가격 상승, 인건비 상승 등으로 증가할 수 있다. 매출원가를 매출액으로 나눈 매출원가율이 추세적으로 상승을 보인다면 회사의 경쟁력이 낮아지고 있다는 의미다. 이 경우 가격 경쟁이 이루어지고 있을 확률이 높다. 원재료 가격 상승을 제품 가격에 전가할 수 있는지 여부는 소비자를 구속하는 힘이 얼마나 강한지를 측정하는 좋은 수단이 될 수 있다.

"회사의 비용은 안정적으로 컨트롤되고 있는가?" [판매비와 관리비]

제품 생산에 필요한 공장 근로자의 인건비, 감가상각비 등은 매출원가에 들어가고 본사 관리 인력, 영업 관련 비용은 판매비와 관리비에 들어간다. 대표적인 판매비·관리비로는 인건비, 판매촉진비, 광고비, 지급 수수료, 운반비, 연구개발비 등이 있다. 판매비와 관리비는 일반적으로 매출액 규모가 증가하면서 자연스럽게 증가하는데, 추세적으로 줄이는 것은 쉽지 않고 일정 수준에서 크게 벗어나지만 않으면 비용 통제가 적절히 되는 것으로 판단해도 무방하다.

"회사가 영업을 통해 벌어들인 이익은 얼마인가?" [영업이익]

매출액에서 매출원가, 판매비, 관리비를 빼면 회사가 영업을 통해 벌어들인 이익인 영업이익이 산출된다. 영업이익은 회사의 경쟁력을 평가하는 가장 중요한 지표다. 영업이익을 매출액으로 나눈 영업이익률을 보면 회사의 교섭력이 얼마나 강한지를 알 수 있다.

일반적인 제조업의 영업이익률(영업 마진)은 10% 내외로 평가할 수 있다. 대기업의 OEM 제조 환경이거나 가격 경쟁이 중요한 시장에서 영업을 하고 있다면 5% 내외의 마진을 보인다. 만약 20% 내외의 마진을 보인다면 특화된 상품을 만들고 있다는 의미이며 30~50%의 마진을 보인다면 게임, 엔터테인먼트 등 원가율이 낮은 서비스업을 영위하고 있을 확률이 높다.

"투자한 회사를 통해 이익을 벌어들이고 있는가?" [지분법 이익, 지배 주주 순이익]

실질 지배력 기준의 판단이 들어가기는 하지만 일반적으로 투자를 받는 회사의 의결권 있는 지분 50%를 초과해 보유하고 있다면 종속회사로 분류되어 연결 회계가 적용되고, 의결권 있는 지분 20% 이상을 보유하고 있다면 관계사로 분류되어 지분법 회계가 적용된다.

예를 들어 A사에서 매출액 1,000억 원, 영업이익 200억 원, 순이익 100억 원이 발생했고 100% 지분을 가지고 있는 종속회사 B에서 매출액 500억 원, 영업이익 100억 원, 순이익 50억 원이 발생했다고 하자. 내부 거래를 제외해야 하지만 기본적으로 연결 손익계산서는 A사와 B사의 이익을 더해 매출액 1,500억 원, 영업이익 300억 원, 순이익 150억 원이 발생한 것으로 간주된다.

만약 B사의 지분을 50% 가지고 있다면 매출액 1,500억 원, 영업이익 300억 원, 지배주주순이익 125억 원, 비지배주주순이익 25억 원이 된다. 연결재무제표를 볼 때는 기본적으로 지분율을 감안한 지배주주순이익으로 기업을 평가하는 것이 좋다. 만약 B사의 지분을 20% 가지고 있다면 B사는 종속회사가 아닌 관계사로 분류되며 매출액 1,000억 원, 영업이익 200억 원에 지분율을 감안한 지분법 이익 10억 원이 반영돼 순이익은 110억 원으로 산출된다.

[표 5-3] 종속회사, 관계사 판단 및 회계 반영

구분	종속회사	관계사
판단 근거	의결권 있는 지분 50% 초과 보유	의결권 있는 지분 20% 이상 보유
회계 반영	지배회사와 종속회사를 하나의 실체로 간주해 연결재무제표 작성	관계사의 순이익 × 지분율을 지분법 이익으로 반영

수출입무역통계 활용법

회사의 실적을 미리 가늠하고 싶을 때는 관세청 수출입무역통계 사이트(unipass.customs.go.kr)를 활용하면 된다. 매월 15일에 지난달 수출입 데이터가 업데이트되는데, 이 숫자가 실적과 정확하게 맞아떨어지는 것은 아니지만 대체적인 트렌드를 파악하기에는 충분하다. 품목이 명쾌한 경우도 있고 그렇지 않은 경우도 있으니 다음을 참고해 활용해보자.

[그림 5-5] 관세청 수출입무역통계 사이트

*자료: unipass.customs.go.kr/ets/

관세청 수출입무역통계 사이트 첫 페이지에서 품목별 수출입실적 항목을 클릭한 후 HS CODE를 입력하면 월별 수출입실적을 확인할 수 있다. 코드를 모를 때는 오른쪽에 있는 HS CODE 네비게이션을 통해 검색하거나 해당 회사와 관세청에 전화를 걸어 확인할 수 있다. 투자자가 즐겨 보는 HS CODE를 2022년 기준으로 [표 5-4]에 정리했는데 변

[표 5-4] 주요 품목의 HS CODE

HS품목명	HS CODE	구분
임플란트	90.21.29.0000	덴티움(수원)
콘택트렌즈	90.01.30.0000	인터로조
전자담배	85.43.70.4090	이엠텍
산화철	28.21.10.1000	EG
스틸타이어코드	73.12.10.1092	고려제강
에폭시수지	39.07.30.9000	국도화학
라면	19.02.30.1010	삼양식품
톡신	30.02.90.3090	휴젤(춘천)
인체용 백신	30.02.20.0000	유바이오로직스
PCR 진단시약	38.22.19.2020	씨젠
체성분 분석기	90.18.19.8000	인바디
하이드로 콜로이드	30.05.90.4000	티앤엘
에스테틱 의료기기	90.18.90.0000	루트로닉(고양시)
의료용 디텍터	90.22.90.1090	뷰웍스
필터담배	24.02.20.1000	KT&G
절삭공구	82.07.70.2000	와이지원

경되는 일도 있다.

조금 더 자세한 자료를 보고 싶을 때는 관세청 수출입무역통계 메뉴 중 '무역통계조회 > 지역별 무역통계 > 품목별 수출입실적(시군구) > 품목코드 입력'을 클릭하면 된다. 예를 들어 임플란트라고 하더라도 덴티움은 수원시, 디오는 부산 해운대구, 덴티스는 대구 달서구 같은 식이다. 톡신 중 휴젤은 춘천시, 메디톡스는 청주시, 대웅제약은 화성시, 파

[그림 5-6] 리노공업 매출과 수출 데이터의 추세(상관관계 0.93)

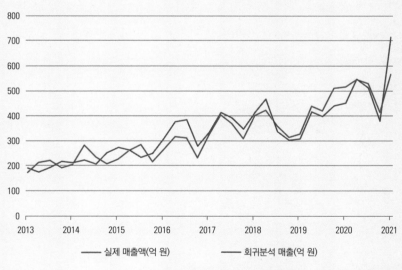

━━ 실제 매출액(억 원)   ━━ 회귀분석 매출(억 원)

*자료: HS CODE 853669 & 853690 IC 소켓 & 핀 수출 금액

마리서치바이오는 강릉시로 구분이 가능하다. 에스테틱 의료기기의 경우 루트로닉은 고양시, 클래시스는 서울시 강남구, 제이시스메티칼은 서울시 금천구로 추정된다.

　일례로 부산 강서구 IC소켓 & 핀 수출 금액이 증가할 때마다 리노공업의 매출액이 증가했고, 수출 금액이 감소할 때는 리노공업의 매출액도 감소하는 모습을 보였다. 실제 매출 반영까지 시차가 발생하면서 수출 금액과 매출액이 엇갈리는 모습을 보이기도 하지만 큰 틀에서 보면 결국 비슷한 움직임을 보이게 된다. 강서구 IC소켓 & 핀 수출 금액에 기초해 회귀분석을 통해 분기 매출을 추정한 결과 실제 매출액과 0.93의 높은 상관성을 나타냄에 따라 충분히 의미 있는 지표로 활용할 수 있음을 확인했다.

워런 버핏
익스프레스

6장

포트폴리오 운용 전략,
빠른 레벨업

폭락장에서 내 포트폴리오 안전하게 지키기

"주식시장은 인내심 없는 사람의 돈을 인내심 있는 사람에게 이동시키는 도구
다." - 워런 버핏

"애태우지 않고 느긋한 마음으로 주식을 보유하는 기질이 없으면 장기적으로 좋
은 실적을 내기가 거의 불가능하다. 주식시장이 몇 년 동안 문을 닫아도 우리는
걱정하지 않는다. 씨즈캔디, 딜리 바 등을 계속 만들어 팔면 되니까." - 워런 버핏

주식 투자의 성공은 비밀 공식, 컴퓨터 프로그램, 각 종목과 주식
시장의 가격이 보내는 신호에 좌우되지 않는다. 중요한 것은 시장
의 전염성 강한 감정에 지배되지 않는 사고와 행동이다.

미국에서 가장 성공한 펀드 중 하나인 피터 린치의 마젤란펀드
는 1977년부터 1990년까지 13년 동안 27배의 수익을 냈다. 1990년

-4.5%를 제외하고는 연간 마이너스 수익률을 낸 적이 없었다. 린치는 기쁜 마음으로 고객의 실제 수익을 조사해보았는데, 충격에 빠질 수밖에 없었다. 27배 수익을 낸 펀드에 가입한 고객 중 50%가 손실을 본 것이다. 이들은 증시가 폭락할 때 환매했고 이미 많이 올랐을 때 다시 가입했다.

주식 투자에서 한 종목으로 10배 수익을 내는 것을 텐 배거(ten bagger)라고 한다. 10배 오른 종목이라 하더라도 어떤 날은 떨어지

[그림 6-1] 마젤란펀드에 1달러 투자했을 경우 자산의 변화

연도	마젤란	S&P500	스프레드
1977	14.5%	-11.5%	26.0%
1978	31.7%	1.1%	30.6%
1979	51.7%	12.3%	39.4%
1980	69.9%	25.8%	44.1%
1981	16.5%	-9.7%	26.2%
1982	48.1%	14.8%	33.3%
1983	38.6%	17.3%	21.3%
1984	2.0%	1.4%	0.6%
1985	43.1%	26.3%	16.8%
1986	23.7%	14.6%	9.1%
1987	1.0%	2.0%	-1.0%
1988	22.8%	12.4%	10.4%
1989	34.6%	27.3%	7.3%
1990	-4.5%	-7.1%	2.6%
평균 스프레드			19.1%

*자료: 모닝스타

고, 어떤 날은 크게 떨어지며, 어떤 구간에서는 지겹게 횡보하기도 했을 것이다. 큰 수익을 얻기 위해서는 기다림의 시간이 필요하다. 하지만 투자자 대부분은 충분한 수익이 날 때까지 버티지 못하는 것이 현실이다. 어떻게 해야 버틸 수 있을까?

주식을 적금처럼 투자해야 한다. 치고 빠지는 것이 아니라 여유 자금이 생길 때마다 차곡차곡 쌓아가는 것이 좋다. 조급한 마음을 버리기 위해서는 기한이 없는 자금을 투자하는 것이 좋다. 예를 들어 2억 원의 여유 자금이 있는데 6개월 뒤 전세자금으로 1억 원을 써야 한다면 욕심내지 말고 1억 원만 투자하는 것이다. 손실을 보면 6개월이 다 되어가면서 무리한 투자를 하게 될 가능성이 크다.

80세 노인일지라도 장기 투자를 하는 것이 좋다. 내가 단기간에 수익을 보고 나오려는 주식은 다른 투자자 역시 마찬가지 마음일 것이기에 성과가 좋을 수 없다. 장기적인 관점에서 투자한 주식이 오히려 꾸준한 매수세로 인해 단기적인 수익을 내기도 한다.

주식 투자에서 '마음이 편안한 구간'은 없다. 상승 구간에서도 변동성은 발생하기 때문이다. 마음이 편안한 구간에 있다면 높아진 주가로 기대 수익률이 낮아진 상황일 가능성이 크다. 주식시장은 마음의 불편함을 감내할 줄 아는 사람이 돈을 버는 곳이다.

폭락장에 대응하는 법

"남이 두려워할 때 자신도 두려워지는 것은 자연스러운 현상이다. 하지만 그래서는 큰돈을 벌 수 없다. 주식 중개인을 도울 뿐이다. 주가를 매일 보지 않는다면 두려움에 빠지지 않을 것이다. 농장을 보유한 사람은 그 농장을 얼마에 팔수 있는지 매일 가격을 알아보지 않는다. 중요한 것은 좋은 기업을 좋은 가격에사서 잊고 지내는 것이다." - 워런 버핏

"우리는 비관론이 있을 때 투자하고자 한다. 비관론을 좋아해서가 아니라 비관론 덕분에 주가가 싸지기 때문이다. 내가 한 가장 성공적인 투자는 전 세계가오일 쇼크와 스태그플레이션에 시달렸던 1974년이었다." - 워런 버핏

"최적의 매수 타이밍은 시장에 피가 낭자할 때다. 설령 그것이 당신의 피일지라도 말이다." - 존 템플턴

폭락장에서 할 수 있는 일은 사실 많지 않다. 중요한 것은 감정에 휘둘려 저점에서 패닉셀을 하지 않는 것이다. 폭락을 예측하기가 어렵듯이 반등도 예측하기가 어렵다. 짧지만 강하게 나타나는 반등 시기에 주식을 가지고 있지 않다면 기대 수익률은 크게 떨어질 것이다.

가장 좋은 방법은 시세에서 멀어지는 것이다. '그게 해법이야?'라고 생각할지 모르겠지만, 폭락장에서 할 수 있는 것은 다음 여섯 가지가 전부다.

- 주가가 떨어진다는 이유만으로 패닉셀 하지 않기
- 주가가 매수할 만한 가격대로 하락한 종목 살펴보기
- 기존 편입 종목 중 펀더멘털 영향이 적은데 낙폭이 큰 종목 추가 매수하기
- 주가 낙폭이 적은 주식을 팔아 낙폭 과대 주식 매수하기(포트폴리오 베타 높이기)
- 대규모 반대 매매 발생 여부 살펴보기(한번 시작되면 2~3일 낙폭을 더 키운 후 반등)
- 취미생활을 하며 시간 보내기

워런 버핏을 비롯한 가치투자자는 불분명한 시장 상황에서 다른 투자자가 공포에 질려 주식을 매도할 때 그 불확실성과 공포를 이용해 수익을 올렸다. 사실 투자자에게 가장 무서운 순간은 시장이 폭락할 때가 아니라 시장에 매력적인 주식이 더는 보이지 않을 때다. 이는 시장 폭락의 전조일 수도 있다. 이때는 주가가 폭락해도 사고 싶은 주식이 보이지 않는다. 정말 공포를 느껴야 할 순간은 시장에 전반적으로 버블이 끼어서 사고 싶은 주식이 없을 때다.

피터 린치가 하락장을 예측하지 않는 이유

피터 린치는 2019년 언론 인터뷰(Stocks Aren't Lottery Tickets)에서 주식에 투자할 때 가장 중요한 것은 '버티는 것'이라고 강조했다. 끊임없이 들려오는 뉴스에도 견뎌낼 수 있어야 한다고 말이다. 10년, 20년, 30년 후에도 주식에 투자할 만한 가치가 있다고 믿는지 스스

로 묻고 그렇다는 답을 얻었다면 주식에 투자하라고 한다.

주식시장은 좋은 투자처입니다. 많은 사람이 하락장을 예측해 기다리다가 돈을 잃었습니다. 실제 하락장에 투자한 것보다요. 시장이 10% 하락한다면 어떻게 할지 스스로 물어봐야 합니다. 20% 하락한다면 어떻게 할까요? 주식을 매도할 건가요? 주식을 다 팔 건가요? 만약 그렇다면 오늘 당장 비중을 줄여야 합니다.

제가 13년간 펀드를 운용하는 동안 주식시장은 아홉 번이나 10% 이상 하락했어요. 매번 예외 없이 제 펀드는 주식시장보다 더 하락했어요. 그럼에도 마젤란펀드의 수익률은 대단했습니다. 그래서 그냥 걱정하지 않았어요. 중요한 것은 자신에게 물어보는 것입니다. 돈이 1년 안에 필요한가요? 2년 안에 필요한가요? 아니면 3년인가요? 장기적으로 보면 주식시장은 지난 10년간, 30년간 가장 좋은 투자처였으며 지난 130년도 마찬가지입니다. 2년 안에 돈을 써야 할 일이 있다면 주식을 사면 안 됩니다. MMF에 투자해야죠.

강력한 경기침체 경고, 어떻게 대응해야 하나?

"주가 변동을 적으로 보지 말고 친구로 보라. 어리석음에 동참하지 말고 오히려 그것을 이용해서 이익을 내라." - 워런 버핏

"대중이 공포에 빠져 있을 때 욕심을 부려라. 거꾸로 대중이 탐욕을 부릴 때 공포를 느껴라. 그러나 자신이 시장보다 더 똑똑하다는 오만은 버려라."

- 워런 버핏

"주가 변동에 신경 쓴다면 실패한다. 투자를 하면서 오직 이 자산이 무엇을 생산할 수 있는지만 생각했다. 하루하루 변하는 가격은 전혀 신경 쓰지 않았다. 경기에서 이기는 사람은 경기에 집중하는 사람이지, 점수판에 집중하는 사람이 아니다. 주가 그래프를 보지 않고 주말을 즐길 수 있다면 주중에도 그렇게 해보라." - 워런 버핏

"강세장은 비관 속에서 태어나 회의 속에서 자라며, 낙관 속에서 성숙해 행복 속에서 죽는다. 최고로 비관적일 때가 가장 좋은 매수 시점이고, 최고로 낙관적일 때가 가장 좋은 매도 시점이다." - 존 템플턴

"변동성은 리스크가 아니다. 변동성은 변동성일 뿐이며 그 자체로 기회를 창출한다. 낮은 가격에 어쩔 수 없이 팔아야 하는 경우가 아니라면 말이다."

- 세스 클라만

주가가 하락할 때마다 경기침체를 경고하는 목소리가 점점 커지게 된다. 경기침체는 주가와 얼마나 상관이 있을까?

놀랍게도 경기침체 기간 S&P500의 평균 수익률은 -4.2%로 마이너스 폭이 생각보다 크지 않았다. 경기침체 전에 주가가 미리 빠진 경우 경기침체 기간 동안 반등세가 나타나기도 했고, 경기침체 기간 동안 심지어 플러스 수익률을 기록한 경우도 많았다. 물론 경기침체 전후로 주가가 모두 빠진 경우도 존재한다.

중요한 것은 경기침체를 버티고 1년만 더 주식을 보유했다면 평균 22.4%라는 높은 수익률을 올릴 수 있었다는 점이다. 경기침체는 맞히기 어려울 뿐 아니라, 맞혔다고 하더라도 침체 이후의 짧은

반등 구간에서 주식을 보유하고 있지 않다면 아무런 의미가 없다. 경기침체 기간을 그냥 버티는 것이 수익을 내는 현실적인 방법일 수 있다('강해지는 경기침체 경고, 이것이 투자에 중요할까?' KB증권).

[표 6-1] 경기침체 6개월 전, 12개월 후 S&P500 수익률

		S&P500 침체 기간 수익률(%)	경기침체 6개월 전 수익률(%)	경기침체 12개월 후 수익률(%)
1	1929/08~1933/03	-74.5	14.0	92.0
2	1937/03~1938/06	-24.2	-2.4	-1.8
3	1945/02~1945/10	27.7	8.6	-7.3
4	1948/11~1949/10	4.1	9.8	31.5
5	1953/07~1954/05	27.6	-6.5	35.9
6	1957/08~1958/04	-6.5	9.3	37.3
7	1960/04~1961/02	18.4	-1.0	13.6
8	1969/12~1970/11	-3.5	-7.8	11.2
9	1973/11~1975/03	-17.9	2.9	28.3
10	1980/01~1980/07	16.1	7.7	12.9
11	1981/07~1982/11	14.7	-1.0	25.4
12	1990/07~1991/03	7.6	3.1	11.0
13	2001/03~2001/11	-7.2	-14.6	-16.5
14	2007/12~2009/07	-35.5	11.3	14.4
15	2020/02~2020/04	-9.7	8.2	48.1

*자료: REFINITIV, KB증권

경기침체는 주식을 사야 하는 시기

사실 경기침체는 일반적인 생각과는 달리 주식을 사야 하는 시기다. 기가 막히게 맞힌다는 것은 어려운 일이지만 경기침체 3분의 2쯤 지점에서 매수하는 것이 가장 효율성이 높았다. 투자자에게 고통스러운 구간은 경기침체에 진입하기 전까지의 하락이지, 경기침체가 최악인 상황은 아니었다.

국채 금리가 추세적으로 하락하는 시기에 약세장의 저점이 형성되었다. 경기침체라는 부정적인 이슈로 금리가 하락해도 주식 매수 전략은 유효했다. 바닥에서의 급등락은 투자자의 심리를 흔든다. 하지만 이것은 '패닉셀'에 동참해야 하는 하락이 아니라 저점 매수를 시작해야 하는 조정이라는 점을 명심해야 한다. 과거의 경험으로 볼 때, 부정적 이슈로 금리가 하락하는 경우 '금리 정점-주가 저점'의 기간은 1.5개월 정도였다('세 가지 파동이 겹쳐서 나타나는 시기', KB증권).

주가가 하락하면 누구나 머리가 복잡해진다. 내가 잘못 본 것은 아닌지 불안하고 확신이 약해지면서 매도하고 싶은 생각이 들 수도 있다. 이런 감정을 극복해야 주식 투자에 성공할 수 있다. 내가 관심을 가진 주식의 주가가 거시경제 여건과 수급 이슈로 하락한다면 겁에 질려서 도망가는 것이 아니라 용기를 내서 매수할 수 있어야 한다.

주가는 장기적으로 그 회사의 본질 가치에 수렴하지만 단기적으로는 시장의 투자 심리에 따라 과대·과소평가를 반복하며 진폭이 발생한다. 시장 심리에 휩쓸리지 않고 변동성을 활용하기 위해서는 자체적으로 기업을 분석할 줄 알아야 하고 그 분석에 대한 확신이 있어야 한다.

가치투자자는 산책하는 강아지와 강아지 주인의 예를 자주 든다. 강아지는 주인을 앞서거니 뒤서거니 하지만 결국 같은 목적지에 도착한다는 것이다. 주가는 본질 가치보다 높기도 낮기도 하지만 결국 본질 가치에 수렴한다. 기본적으로 이런 믿음이 있어야 시장의 흔들림을 극복할 수 있다.

일반적으로 주가가 상승 추세를 타면 그 추세가 계속 이어질 것 같은 느낌이 들기 마련인데, 이때가 제일 조심해야 할 때다. 과매수 구간이 지나면 반작용으로 주가 하락이 크게 발생할 수 있기 때문이다. 반대로 주가가 내려갈 때는 지속적으로 하락할 것 같은 느낌이 들 수 있다. 어려운 이야기지만 이때가 용기와 욕심을 내야 하는 구간이다.

무엇인가를 결정하려면 이성적인 사고가 중요하지만, 복잡하고 불투명하며 때로는 위험한 세상을 탐험할 때 사람은 감정과 정서에 휘둘리게 되어 있다. 주식시장에는 많은 정보가 있지만 필요한 정보는 부족하거나 서로 충돌하기도 한다. 그래도 결정을 내려야 한다. 이때 감정에 휘둘리면 잘못된 판단을 하게 된다.

장기 보유자를 위한 포트폴리오 운용법

"우리가 선호하는 주식 보유 기간은 '영원히'다." - 워런 버핏

"앞으로 10년 동안 주식시장을 폐쇄한다고 해도 기쁘게 보유할 수 있는 주식만 사라." - 워런 버핏

주식 투자 경험이 없는 사업가와 이야기를 나누다 보면 가끔 "목표 투자 기간이 어떻게 되나요?"라는 질문을 받게 된다. 그때 "보통 2~3년 보고 투자합니다"라고 답하면 상당수가 화들짝 놀란다. 자신이 생각했던 것보다 너무 짧기 때문이다. "일반적인 투자자들의 보유 기간은 훨씬 더 짧습니다"라고 덧붙이면 그들은 한층 더 크게 놀란다.

주식 투자를 하다 보면 장기적인 안목으로 투자한 종목도 있지만 단기적인 이벤트를 노리고 투자하는 경우도 존재한다. 확실한 사실은 장기적인 안목으로 투자한 종목들이 훨씬 마음 편하다는 것이다. 가장 마음이 급해지는 순간은 생각했던 이벤트가 발생하지 않거나 지연되는 경우, 막상 이벤트가 발생했는데도 주가가 오르지 않는 경우다. 결국 손실을 보면서 정리하게 되는 경우가 많다.

주식을 장기 보유하기 위해서는 비즈니스모델을 확신하고 밸류에이션에 대한 불편함이 없어야 한다. 버핏이 비즈니스모델을 강조하는 것은 장기 보유에 적합한 주식을 찾기 위함으로 보인다. 특

히 버핏이 좋아하는 GARP 주식이 장기 보유에 가장 적합한 주식이다. 장기로 가져가야 스노볼 효과를 충분히 누릴 수 있게 된다.

다만 모든 유형의 주식을 장기 보유해야 하는 것은 아니다. 경기 순환형 기업의 주식을 샀다면 업황의 변화에 따라 매매가 필요하고, 절대저평가 기업의 주식을 샀다면 저평가 영역을 벗어나는 순간 매매가 필요할 수 있다.

버핏이 장기 투자를 고집하는 이유

버핏의 투자 스타일 중 특이사항 두 가지를 꼽는다면 좋은 비즈니스모델에 대한 집착과 장기 투자라고 할 수 있을 것이다. 현재 그의 투자 스타일이 자리 잡게 된 데는 자금의 성격과 운용자산의 규모가 적지 않은 영향을 미친 것으로 보인다.

버핏은 2022년 9월 말 기준 3,062억 달러어치의 상장 주식을 보유하고 있다. 1,300원의 환율을 적용한다면 400조 원 가까운 주식을 운용하고 있는 것이다. 포트폴리오의 1%만 계산해도 4조 원에 가까운 금액으로 한국의 웬만한 중견 기업을 통째로 살 수 있는 수준이다. 웬만한 사이즈의 회사가 아니면 시장에서 매집하는 것이 힘들 뿐 아니라 한번 사는 순간 팔기가 매우 어려워진다. 버핏의 장기 보유는 필연적인 성격을 지니고 있는데, 이를 위해서 팔지 않아도 되는 강력한 해자를 지닌 회사를 보유할 수밖에 없다.

자금 성격에서도 차이가 발생한다. 버핏은 고객의 자금을 받아서 투자하는 것이 아니라 회사 내부 유보금으로 투자한다. 일반적인 펀드는 단기적으로 시장의 흐름에 뒤처질 경우 자금이 회수되거나 펀드매니저 교체 위협에 시달릴 수 있다. 하지만 버핏은 단기적인 실적이 뒤처진다고 해도 당장 자금이 회수될 걱정을 하지 않아도 된다. 시장 상황과 무관하게 투자철학을 유지할 수 있는 구조를 가지고 있는 것이다.

버핏이 장기 투자를 고집하는 데는 세금 문제도 있다. 미국은 20% 수준의 양도소득세를 내야 하기에 주식을 파는 순간 운용자산에서 세금이 빠져나간다. 지속적으로 성장하는 회사를 보유하고 있다면 중간에 이익을 확정하고 세금을 내는 것보다 장기 보유를 통해 이연된 세금 비용의 재투자 효과를 누리는 것이 더 유리하다.

예를 들어 원금 100억 원을 A주식에 투자해 1년 후 두 배의 수익을 벌어 매각했고, B주식에 전량 투자해 2년 후 두 배를 벌어 전량 매각했다고 가정할 경우, 세금 비용 56억 원이 발생하고 손에 쥐는 돈은 324억 원이 된다. 만약 C주식에 100억 원을 투자해 1년 후 2배, 2년 후 2배의 수익이 발생했고 아직도 그 주식을 보유하고 있다면 내 자산은 400억 원이 된다. 잠재적인 세금 비용 60억 원을 제외하더라도 340억 원으로 운용자산을 늘릴 수 있다.

버핏의 장기 투자는 그가 처한 투자 환경에서 구축된 최적의 솔루션인 것으로 보인다. 그의 장기 투자 성향을 알고 있는 일부 투

[표 6-2] 세금 문제로 추정하는 버핏의 장기 투자 이유

CASE1. 1년 후, 2년 후
이익 확정 시 자산 변화(단위: 억 원)

	현재	1년 후	2년 후
투자금	100	100	180
수익금		100	180
세금		20	36
총자산	100	180	324

CASE2. 1년 후, 2년 후
지속 보유 시 자산 변화(단위: 억 원)

	현재	1년 후	2년 후
투자금	100	100	200
수익금		100	200
세금			
총자산	100	200	400

*자료: 르네상스자산운용

자자는 장기 투자가 아니면 가치투자가 아니라고 폄하하기도 하는데, 이는 적절치 못한 것으로 보인다. 일단 장기라는 기준이 모호할 뿐 아니라 사업이 부실화하고 있거나 주가가 너무 비싸졌는데도 불구하고 지속적으로 보유하고 있다면 방치에 불과하기 때문이다. 장기 투자는 우리가 지향하는 방향이 맞지만 '절대 선'으로 여겨서는 안 된다.

밸류에이션 프리미엄을 받는 기업의 특징

"몇 년 전까지만 해도 우리는 더 많이 매수하기 위해서 매도했다. 돈이 바닥났기 때문이다. 그때는 돈보다 아이디어가 더 많았다. 지금(1999년)은 반대로 아이디어보다 돈이 더 많다." - 워런 버핏

주식시장에서 밸류에이션 프리미엄을 받는 회사의 특징을 보면 다음과 같다(《투자의 가치》이건규 저, 부크온). 버핏이 좋아하는 퀄리티 높은 주식인데, 여기에 해당하는 요소를 많이 가지고 있다면 장기 투자가 가능한 주식으로 판단할 수 있다.

1. 높은 자본 효율성

ROE는 투자 자본을 사용해 이익을 창출하는 능력을 평가하는 지표다. A기업과 B기업이 똑같이 100억 원의 순이익을 벌어도 A기업은 500억 원, B기업은 1,000억 원의 자본을 투입했다면 A기업의 ROE는 20%, B기업의 ROE는 10%가 된다. A기업은 상대적으로 적은 돈을 투입하고 많은 돈을 번 것이다. 주식시장에서는 ROE가 높은 기업일수록 높은 밸류에이션을 받는다.

2. 높은 영업이익률

시장 지배력이 높고 차별성 있는 제품(서비스)을 만드는 기업이 당연히 높은 마진을 가져간다. 이를 객관적인 수치로 판단하는 것이 영업이익률(OPM = 영업이익 ÷ 매출액)이다. 이런 경쟁력은 하루아침에 만들어지지 않고 쉽게 무너지지도 않는다. 일반적으로 영업이익률이 높은 기업은 고부가가치 제품을 취급하며 ROE와 PER이 높은 경향을 보인다.

3. 우수한 현금흐름

순이익 100억 원을 유지하기 위해서 A기업은 100억 원의 재투자가 필요하고 B기업은 재투자가 필요 없다고 가정해보자. A기업은 회계상 이익이 계속 발생하더라도 회사에 남는 현금이 없고, B기업은 현금이 지속적으로 증가할 것이다. B기업은 현금흐름을 미래의 성장을 위한 투자 재원으로 활용하거나 주주를 위한 배당으로 돌려줄 수 있다.

4. 우수한 경영진

회사의 현재 모습은 수많은 의사결정이 만들어낸 결과다. 미래의 모습 역시 경영자의 의사결정에 따라 달라진다. 특히 위기 대처 능력, 신규 사업 확장 능력에 따라 회사가 큰 성장을 이루기도 하고 경영난이 발생할 수도 있기 때문에 경영자의 판단 능력은 굉장히 중요하다. 자신의 경영 능력을 유감없이 발휘한 CEO가 있는 기업은 밸류에이션 프리미엄을 받는다.

5. 주주환원 정책

회사의 현금은 잘 쓰이면 미래의 성장 동력이 되지만 잘못 쓰이면 대주주의 이익으로 돌아가거나 잘못된 신규 사업에 투자되어 보유 현금을 날려버릴 수 있다. 회사에 필요 이상으로 현금이 많으면 기업의 경영 효율성(ROE)을 떨어뜨린다. 투명한 주주환원 정책은 투자의 불확실성을 줄여주어 밸류에이션을 높인다.

주식 매도가 필요한 순간

"타고 있는 배가 항상 샌다는 것을 알았다면 구멍을 막는 것보다 배를 바꿔 타는 것이 낫다." - 워런 버핏

"세상은 매력이 넘치는 곳이다. 어떤 잘못을 깨달았을 때 우리는 매우 즐거워한다. 낡은 아이디어가 실제로 옳지 않았다는 것을 제대로 알게 되었을 때도 그렇다. 이때는 새로운 아이디어에 적응해야 한다. 세상이 빠르게 펼쳐지고 빠르게 움직인다. 나는 미래 예측을 즐긴다. 그러나 그것이 당신에게 유용할 정도로 특별하지는 않다." - 워런 버핏

"꼭 손실 난 곳에서 만회할 필요는 없다. 많은 사람이 도박으로 망가지는 것은 이 때문이다. 손실을 보았던 방식 그대로 다시 만회하려는 것은 인간의 본성이다. 집착을 버리고 그냥 놓아주는 것이 현명한 선택이다." - 찰리 멍거

초기의 워런 버핏은 다른 매력적인 투자 대안이 나타났을 때만 매도했다. 투자자금이 한정된 상황에서 더 나은 투자 대상이 나타났을 때 의사결정을 내렸던 것이다. 하지만 현재는 투자 아이디어보다 자금이 더 많다. 이제 그런 매도는 없다.

투자자금이 많은 현재의 매도는 매수 당시의 경쟁 우위가 기대만큼 강하지 않다는 판단이 들었을 때 이루어진다. 이런 믿음의 변화는 사업을 오랜 기간 지켜보면서 점진적으로 진행된다. 주식을 오

래 보유하다 보면 그 회사에 애정이 생겨 매도가 어려워질 때가 있다. 하지만 계속해서 실망을 안겨주는 회사라면 전량 매도는 아니더라도 비중을 지속적으로 줄여나가는 것이 좋다. 잘되는 사업에 언제든 동참할 수 있고 반대로 사업이 잘되지 못할 때 언제든 빠져나올 수 있다는 주식 투자 고유의 장점을 버릴 필요는 없다. 주식 매도가 필요한 경우를 세 가지로 정리하겠다.

첫째, 목표가격을 초과 상승해 기대 수익률이 상당히 낮아진 경우다. 이때는 바로 매도하지 말고 영업 환경의 변화를 살피면서 목표가격 조정이 필요한지를 판단해야 한다. 영업 환경이 자신의 생각보다 우호적으로 바뀌었다면 목표주가를 상향하면 된다. 반면 단순히 시장에서 바라보는 시각이 우호적으로 바뀌면서 주가가 상승했다면 매도로 대응할 수 있다. 다만 이 경우 보유하고 있는 주식을 한 번에 모두 매도하기보다는 분할해 매도하는 것이 좋다. 비이성적인 시장 환경이 조금 더 지속될 수 있기 때문이다.

둘째, 초기에 매수했던 투자 근거가 흔들리는 경우다. 일시적인 요인인지 구조적인 요인인지 구별하는 것이 중요하고, 내가 최근 뉴스에 너무 민감하게 반응하는 것은 아닌지, 핵심 아이디어를 훼손할 정도로 중요도가 높은 이슈인지에 대한 판단이 필요하다. 주가가 하락해 손실 구간에 있더라도 일단 기계적으로 비중을 줄이고 냉정하게 판단하는 것이 좋다.

셋째, 더 매력적인 종목이 나타난 경우다. 압도적으로 매력적인 주식이 나타났다면 기존 보유 주식을 다 팔아서라도 사는 것이 좋다. 하지만 기존 주식과 매력 포인트가 다른 경우라면 포트폴리오를 다변화해서 가져가는 것도 좋다. 보유하고 있는 현금이 부족하다면 투자금액을 늘리는 것도 좋다.

주식을 매수할 때는 10년을 보유할 마음으로 하되, 모든 주식을 10년 동안 보유할 필요는 없다. 상황이 변화했다면 매도하는 것이 당연하다.

집중투자, 분산 투자 무엇이 좋을까?

"분산 투자는 자신이 무엇을 하고 있는지 잘 모르는 투자자에게 알맞은 방법이다." - 워런 버핏

"아무것도 모르는 투자자라면 모를까, 전문가가 분산 투자를 하는 것은 미친 짓이다. 투자의 목적은 분산을 하지 않아도 안전한 기회를 찾아내는 것이다."
                                                        - 찰리 멍거

"어떤 투자자의 보유종목 수가 너무 많은 것은 그가 주도면밀해서가 아니라 자신에게 확신이 없어서다." - 필립 피셔

버크셔 해서웨이의 핵심 철학은 대규모의 자금을 소수의 사업체에 베팅하는 것이다. 주식 투자를 통해 수십억 원, 수백억 원의 자산가가 된 이들의 공통점은 집중투자와 레버리지를 활용했다는 것

이다. 하지만 이는 투자에 경험이 많고 재능이 있는 투자자의 이야기이지, 초보 투자자에게도 해당하는 것은 아니다.

초보 투자자라면 일단 다양한 경험을 하는 것이 좋다. 다양한 산업과 종목을 공부하고 투자하면서 자신의 투자 아이디어가 시장에 어떻게 반영되는지를 확인해야 한다. 준비되지 않은 개인 투자자가 집중투자를 하면 손실을 볼 확률이 높다. 실제로 2012~2014년 한화투자증권에서 개인 고객의 수익률을 조사해보니 1~4개 종목에 집중투자한 계좌의 손실 폭이 제일 컸고, 보유종목이 증가할수록 수익률이 개선되는 모습을 보였다('이익은 지키고 위험은 줄이는 분산

[그림 6-2] 개인 투자자의 보유종목 수별 수익률

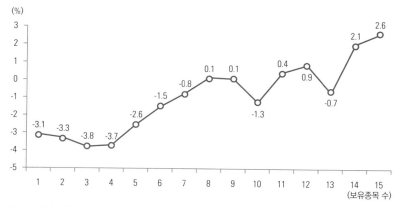

주: 2012년 10월부터 2014년 9월까지 한화투자증권 개인 고객의 보유종목 수와 수익률을 표시. 15개 종목 이상은 고객 수가 적고 관련 데이터의 변동이 크기 때문에 분석에 적합하지 않아 제외했음

*자료: 한화투자증권 리서치센터

투자', 강봉주·김동섭, 한화투자증권, 2014/12/23).

　분산 투자의 효과를 보면, 5개 종목으로 분할했을 때 변동성 감소 효과가 가장 컸고 10개 종목 이상에 투자했을 때는 효과가 미미했다. 이를 감안할 때 개인이 투자하기 적합한 종목 수는 5~10개 수준으로 보인다. 수치상으로 보면 보유종목 수가 증가할수록 수익률이 더 증가하기는 했지만 시장 수익률에 근접해지면서 수익률이 개선된 것으로 보이기 때문이다. 경험상 변동성도 줄이면서 포트폴리오의 색깔을 내기에는 5~10종목이면 충분하다. 훈련된 펀드

[그림 6-3] 보유종목 수 변화에 따른 포트폴리오 총변동성 시뮬레이션

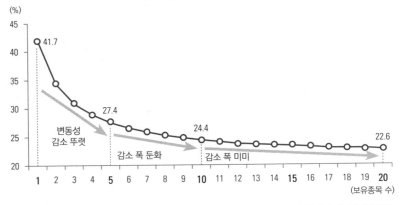

주: 2005년 이후 매년 초 시가총액 상위 200개 종목 중에서 무작위로 보유종목 수별 포트폴리오를 구성해 각각 1,000회씩 시뮬레이션을 실시. 총변동성은 주간 수익률 표준편차로 측정되며, 연율화(annualize)한 변동성 수치임

*자료: 한화투자증권 리서치센터

매니저도 면밀하게 커버할 수 있는 종목의 수가 그 정도 수준에 불과하기 때문이다.

주위에서 큰 성공을 거둔 개인 투자자의 공통점은 투자업계든 투자동아리든 체계적인 분석틀을 경험했고, 남과 다르게 생각하는 것에 대한 거부감이 없었으며, 내 차례가 왔다고 판단되면 집중투자, 레버리지 활용 등 과감한 의사결정을 했다는 점이다. 소수 종목에 자신이 없을 때는 분산해서 몸을 낮추다가 확신이 드는 종목이 생길 경우 과감하게 보유종목의 수를 줄여서 집중투자 형태로 변화하는 모습을 보이기도 했다.

'제로'를 만나지 않기 위해 필요한 것

"그 옛날 아주 오래전부터 지혜로운 사람은 아무리 큰 숫자라도 0을 곱하면 답은 항상 0이 된다는 진리를 알았다." - 워런 버핏

"최고의 투자자는 절대 수익을 목표 삼지 않는다. 우선 위험에 집중하고, 그 후에야 위험을 감수할 만한 수익률이 기대되는지를 판단한다." - 세스 클라만

리스크 관리가 필요한 것은 아무리 많은 투자 성공을 거두었더라도 제로를 만나는 순간 자산은 제로가 되기 때문이다. 투자자가 제로를 만나는 순간은 크게 세 가지다.

첫째, 망하는 기업에 투자하는 경우다. 사실 주식에 투자해서 제

로가 되는 경우는 그렇게 많지 않다. 재무상태표와 손익계산서만 보아도 망할 기업은 어느 정도 피할 수 있기 때문이다. 분식회계, 횡령, 연구 결과 조작, 사기 등 생각하지 못한 일이 발생하기도 하지만 흔하게 발생하는 일은 아니다. 경영진의 도덕성과 과거의 자본 배분 사례 등을 살펴보면 지배구조에 문제가 있는지를 판단할 수 있지만 실제로 리스크가 발생할지, 발생한다면 언제일지를 예측하기는 매우 어렵다. 조심스럽게 투자를 한다면 적자가 2~3년간 지속되는 기업은 일단 주의 깊게 살펴보는 것이 좋다.

둘째, 레버리지를 사용하는 경우로, 가장 빈번하게 발생한다. 개별 종목이 20~30% 하락하는 일은 언제든지 일어날 수 있는데, 레버리지를 풀로 끌어서 사용한다면 원금을 모두 날릴 수도 있다. 레버리지를 사용해서 제로가 되는 경우는 경험이 많은 투자자에게도 심심치 않게 나타난다. 과도한 자기 확신이 화를 부른 것이다.

셋째, 선물·옵션에 투자하는 경우다. 선물·옵션은 기본적으로 높은 수준의 레버리지를 활용하게 되는데, 이론과 달리 실제 세상에는 특수한 상황이 잦은 빈도로 발생한다. 이 때문에 아홉 번을 맞혔어도 한 번만 크게 어긋나면 원금을 모두 날릴 수 있다. 초보 투자자라면 선물·옵션 투자는 피하는 것이 상책이다.

시장에 있다 보면 가끔 수백억, 수천억대 주식을 가진 자산가가 가진 재산을 거의 날리는 경우를 접하게 된다. 과거의 성공 방식에 취해 지나친 자기 확신으로 무리한 투자를 단행했기 때문이다. 결국 그 사람의 아이디어가 옳다고 하더라도 중간에 마진콜을 당하면 그의 생각이 옳았다는 것을 증명하기 전에 실패로 투자를 마감하게 된다.

투자하면서 제로를 만나지 않는 방법은 간단하다. 수익 구조가 나쁜 회사에 투자하지 않고 레버리지를 삼가며, 선물·옵션 투자는 가급적 피하는 동시에 자기 확신에 빠지지 않도록 겸손함을 유지하는 것이다. 이렇게 간단한데도 제로를 마주하는 투자자가 적지 않은 것이 현실이다.

투자 규모가 커질수록 수익률은 하락하기 마련

"부자는 단 한 번만 되어도 충분하다. 열심히 일했든 단지 운이 좋았든 상위 1% 안에 들었다면 이미 이긴 것이다. 이미 이긴 경기에서 홈런을 또 칠 필요는 없다." - 존 폴슨

"성공적인 투자자는 다른 사람의 탐욕과 공포를 손안에 가지고 놀 정도로 이성적이다. 자신의 분석과 판단에 자신감을 가지고 시장의 힘에는 맹목적 감정이 아닌 계산적 합리성으로 반응한다." - 세스 클라만

주식 투자를 통해 대박을 낸 투자자의 자산이 일정 수준을 넘어서면 과거에 비해 수익률이 떨어지는 경우가 많다. 그 이유는 다음과 같다.

첫째, 자산의 효율성이 하락한다. 자산 규모가 작을 때는 언제든지 현금화가 가능하고 주식을 사고팔아도 주가에 주는 영향이 작다. 따라서 아니다 싶을 때는 언제든지 팔고 나올 수 있고 거래량이 적은 주식을 매수하는 데도 문제가 없다. 하지만 자산 규모가 클 때는 현금화 문제가 발목을 잡아, 주가를 올리면서 주식을 사고 마찬가지로 주가를 내리면서 주식을 팔아야 한다. 주가가 상승했어도 자신의 실질 수익률은 하락할 수 있는 것이다.

둘째, 시장의 변화에 적응하기가 쉽지 않다. 시장은 계속해서 변화하기 마련인데 과거의 성공 방정식만 고수하고 진화하지 못한다면 수익률은 정체될 가능성이 크다. 이런 모습은 투자뿐 아니라 사업에서도 동일하게 나타나는데 나이가 들면서 유연해지는 것이 아니라 딱딱해지는 경우가 많기 때문이다. 성공한 투자자, 성공한 사업가들은 일반적인 소비자의 소비 성향과 멀어져 있다는 것을 자각하고 후배들의 이야기에 귀를 기울일 줄 알아야 오래 살아남을 수 있다.

셋째, 높은 수준의 레버리지를 유지하기가 어렵다. 자산이 적을 때는 망하더라도 다시 일어설 수 있기 때문에 레버리지를 풀로 활용하는 경우가 많다. 하지만 자산 규모가 일정 수준으로 올라서면 당연히 레버리지 수준을 줄이는 것이 맞다. 예를 들어 종잣돈 1억 원을 풀 레버리지를 활용해 100억 원을 만들었다고 하면 절반 정도의 자산은 안정적인 자산으로 분산하는 것이 당연하다.

공매도, 하락에 베팅해 돈 벌기는 어려운 일

"공매도를 생업으로 삼는 것은 금전적으로나 심리적으로나 매우 어렵다. 주식을 20달러에 매수하면 손실은 20달러까지 발생한다. 그러나 주식을 20달러에 공매도하면 손실은 무한대가 될 수 있다." - 워런 버핏

"찰리와 나는 그동안 약 100개 종목을 공매도 후보로 생각했다. 우리 생각은 거의 모두 적중했지만 실제로 공매도를 실행했다면 우리는 무일푼이 되었을 것이다. 거품은 인간의 본성을 이용한다. 거품이 언제 터질지는 아무도 모르며, 터지기 전에 주가가 얼마나 상승할지도 알 수 없다." - 워런 버핏

공매도(short selling)란 특정 종목의 주가가 하락할 것으로 예상될 때 해당 주식을 보유하지 않은 상태에서 주식을 빌려 매도 주문을 내는 투자 전략을 말한다. 주가가 떨어지면 해당 주식을 싼값에 사서 돌려주는 방법으로 시세차익을 얻는 투자 기법이다.

주식 매수 후의 최대 손실액은 얼마일까? 주식이 휴지조각이 되어 투자한 돈을 모두 잃게 되는 경우의 액수일 것이다. 그런데 실제 우리가 투자한 주식의 가격이 제로가 되는 경우는 드물다. 제조업이라면 땅이든 기계 설비든 매각 가능한 자산이 있을 것이고 M&A 대상이 되거나 정리 매매를 통해 얼마라도 회수할 수 있을 것이기 때문이다. 공매도는 다르다. 주가 하락의 최대치는 -100%지만, 주가 상승의 최대치는 정해진 끝이 없다. 공매도한 주식이 2배 이상 올랐다면 100% 이상의 손실이 가능하다. 또한 공매도에는 비용이

발생한다. 주식 차입 수수료가 최소 2~3%에서 최대 20~30%이기 때문에, 주가가 제자리에 있어도 손실을 볼 수 있다.

숏 포지션의 가장 큰 위험은 시장의 광기가 생각보다 오래가는 경우가 많다는 점이다. 롱 마인드로 무장한 가치투자자가 비싸다는 이유로 공매도를 하는 경우, 대부분 실패로 마무리된다. 비싸다고 생각하는 주식은 매수하지 않으면 될 뿐, 공매도에 나설 필요는 없다. 프로 세계에 있는 기관 투자가의 공매도 변동성 축소가 목적일 뿐, 그 자체로 큰 수익을 실현한 사례는 많지 않다.

영화 〈빅쇼트〉 주인공의 실제 인물인 마이클 버리는 2008년 서브프라임 모기지 사태 당시 공매도로 유명해졌다. 그런 그조차 2021년 1분기 테슬라 풋옵션을 매수한 뒤 주가가 급등하자 백기를 들고 2021년 11월 주가가 거의 고점에 달했을 때 포지션을 청산한 바 있다. 그 후 테슬라의 주가는 조정 양상을 보였는데, 이번 사례는 하락을 예상했다고 하더라도 그 시점을 정확히 맞혀서 돈을 버는 일이 쉽지 않다는 것을 보여준다. 버리는 2008년에도 벼랑 끝에 몰렸다가 겨우 살아난 것으로 알려져 있는데, 하락에 베팅해 돈을 버는 것이 결코 쉬운 일이 아님을 알 수 있다.

공매도는 투자자의 감정에도 변화를 가져올 수 있다. 주식을 매수하면 그 기업에 대해 희망을 가지고 좋은 것을 찾으려고 노력하지만, 공매도를 하면 기업이나 경제의 부정적인 면을 보면서 냉소적인 시각을 가지게 된다. 숏 마인드가 지배하면 롱 마인드로 벌 수 있었던 투자 대상을 등한시하면서 돈을 벌 기회를 잃게 될 수도 있다. 롱 마인드와 숏 마인드는 확실히 다르기 때문에 롱과 숏에서 동시에 성공하는 것은 쉽지 않은 일이다.

숏 포지션 활용법

공매도는 기본적으로 차입 수수료가 발생하고 발생 가능한 손실 폭이 크기 때문에 유리한 싸움은 아니지만 다음과 같은 경우에 활용이 가능하다.

첫째, 포트폴리오의 변동성을 줄이기 위해 특정 종목이 아니라 시장 전체에 대해 매도 포지션을 가지는 것이다. 거시경제 여건이 매우 불안정해 주식 비중을 줄이고 싶은데 보유 주식의 유동성이 작아 매도 시 주가에 충격을 줄 수 있는 경우, 보유 주식에는 문제가 없지만 시장의 불안정성으로 변동성을 줄이고 싶은 경우 활용이 가능하다. 선물, 옵션 매도를 통해서 숏 포지션 구축이 가능한데, 포지션을 오래 가져갈 것이 아니라면 시장과 반대 방향으로 움직이는 인버스ETF를 매입하는 것이 가장 심플하다. 시장이 상승하면 일부 손실이 발생할 수 있지만 주식 보유 포지션에서 수익이 발생할 수 있고, 하락할 경우 손실을 일정 부분 만회할 수 있어서 변동성을 줄이는 데 효과적이다.

둘째, 특정 업종의 업황이 상당 기간 하락세에 들어갈 것으로 예상될 때 활용이 가능하다. 특히 반도체, 화학, 철강 등 경기순환 업종의 하락 사이클 전환이 예상될 때 포지션을 구축하는 것이 좋다. 다만 숏 포지션을 구축하기 전에 해당 업종에 대해 적어도 2~3번의 업&다운 사이클을 경험하면 더 좋다. 업종을 오랜 기간 지켜본 투자자조차 확신을 가지고 베팅하는 것이 쉽지 않기 때문이다. 다만 고평가된 개별 종목의 주가를 예측하는 것보다 훨씬 해볼 만한 가치가 있는 것으로 보인다.

셋째, 개별 주식의 주가가 비정상적인 움직임을 보이거나 테마에 엮여 주가가 급등할 때다. 특히 기관 투자가의 매수가 거의 없는 종목에 개인 투자자의 매수세가 몰리면서 주가가 급등했다면 시도해볼 만하다. 다만 시장의 광기는 생각보다 오래 지속되는 경우가 많아서 높지 않은 비중으로 가져가는 것이 좋다.

개별 종목의 공매도는 코스피200, 코스닥150에 한해서 가능하다. 코스피200, 코스닥150 종목은 매년 6월 12월에 6개월 일평균 시가총액을 기준으로 편출입 종목이 결정된다. 개인은 증권사의 CFD 계좌를 통해 차입 매도가 가능한데 3개월간 주식을 대여해 매도할 수 있다.

개별 종목의 공매도 트렌드는 증권사 HTS의 검색창에 '종목별 공매도 추이' 또는 '공매도'라고 치면 확인할 수 있다. 네이버증권에서는 개별 종목을 검색한 후 메뉴 항목에서 '공매도 현황'을 클릭하면 된다. 시가총액이 작은 종목일수록, 공매도가 많은 종목일수록 높은 수준의 차입 이자를 지불해야 한다.

보초병 세우기

"강물이 얼마나 깊은지 판단할 때는 절대 두 다리를 동시에 넣지 말라."
- 워런 버핏

"지속적 경쟁 우위를 가진 기업을 파악한 후 주가가 맞을 때만 방아쇠를 당겨
야 한다는 사실을 기억하라. 좋은 가격은 내일 당장 찾아올 수도 있고 5년이 지
나서 찾아올 수도 있다." - 워런 버핏

주식시장에서 '보초병을 세워둔다'라는 표현은 소액으로 먼저 투자
한다는 것을 의미한다. 보초병을 세워야 하는 경우는 두 가지다. 첫째,
리서치가 온전히 끝나지 않았지만 주가가 오를 수 있겠다는 생각이 들
때다. 지금까지 근거로는 2%가 부족해 채워야 하지만 최근 긍정적인
뉴스가 나오고 있어서, 치명적인 결함이 발견되지만 않는다면 매수할
가능성이 큰 주식이다. 리서치의 완성도를 높이려다가 시기를 놓쳐 주
가가 급등해버리면 여태까지 쏟았던 노력이 물거품이 될 수 있으니 일
단 최소 비중이라도 채워놓는다. 주가가 올라도 아쉬움을 달랠 수 있
고, 부정적인 근거가 나와 매도하더라도 부담이 크지 않다.

둘째, 향후 매수 가능성이 크지만 지금은 가격이나 시기가 조금 맞지

않아 일부만 매수해놓는 것이다. 주식을 아예 가지고 있지 않으면 관심도가 떨어질 수 있고, 자칫하면 중요한 타이밍을 놓칠 수도 있다. 주식 매수 기회는 단기간에 사라지는 경우가 많은데, 일부 보유를 통해 주가 움직임을 감지하고 관심도를 높게 유지할 수 있다.

자금을 얼마나 투입해야 보초병으로서 의미가 있을지 정해진 것은 없다. 다만 보초병도 향후 편입 가능성과 현재의 투자 매력도에 따라 차등을 둘 수 있다. 핵심 아이디어가 명확한 상태에서 일부 내용만 보강이 필요한 경우라면 높은 비중으로 들어가도 무방하고, 시장의 트렌드에 맞는 주식이어서 관심은 가지만 확신의 강도가 높지 않다면 낮은 비중으로 가져가는 것이 맞다.

현명한 레버리지 활용법

"무지와 빌린 돈을 결합하면 아주 흥미로운 결과가 나올 것이다." - 워런 버핏

"가장 확실하게 자신을 보호하는 방법은 부채를 사용하지 않는 것이다. 금융시장에서 자신에게 불리한 사건이 발생하지 않는다고 장담할 수 없다. 부채를 사용하면 똑똑한 사람도 큰 손실을 볼 수 있다. 부채를 사용하지 않고 내재가치에 비해 지나치게 비싸게 투자하지 않으면 금융위기가 와도 큰 손실을 피할 수 있다. 여유 자금이 있으면 금융위기는 절호의 매수 기회가 된다." - 워런 버핏

어떤 투자자는 분산 투자가 필요하다고 하고, 어떤 투자자는 집중투자를 해야 한다고 한다. 레버리지 활용이 필요하다는 사람도 있고 하면 안 된다는 사람도 있다. 누가 맞을까? 정답은 '각자 처한 상황에 따라 다르다'이다. 앞서 '훈련이 안 되었으면 분산 투자, 훈련이 잘되었으면 집중투자'라고 이야기한 것과 마찬가지로 레버리지는 훈련된 투자자만 활용하는 것이 좋다.

아무리 확신이 드는 종목이 있다고 하더라도 주가는 언제 어떻게 움직일지 예측하기가 어렵다. 그래서 레버리지는 매우 신중하게 활용해야 한다. 한순간에 거액의 자산을 만들 수 있는 레버리지의 유혹은 매우

달콤하지만, 기본 원칙은 내가 가진 자산 범위에서 투자하는 것이다. 레버리지를 활용할 경우 손실 금액도 배로 늘어나기 때문에, 한번 손실을 보기 시작하면 정상적인 심리를 유지하기가 어려워 무리한 투자로 이어지게 될 확률이 높다. 상환 기간이 정해져 있다면 마음은 더 급해질 수밖에 없다.

투자를 도박처럼 해서는 안 된다. 어렵게 모은 자산을 모두 털어 카지노에 가서 한 방을 노리듯이 투자해서는 안 된다. 투자는 장기 레이스다. 멀리 보고 무리하지 말아야 목표 지점에 도달할 확률이 높아진다. 레버리지는 큰돈을 버는 지름길이 될 수 있지만 자칫 잘못하면 다시 일어서기 힘든 위치로 떨어뜨릴 수도 있다.

30대이고 훈련된 투자자이며 실패하더라도 다시 일어설 능력이 있다면 그래도 해볼 만한 것 같다. 하지만 40대 이상이라면 가급적 레버리지를 자제하는 것이 좋다. 아무리 확신이 든다고 하더라도 시장은 위대한 능멸자이며 마지막 남은 한 푼까지 빼앗아갈 수 있는 냉정한 곳이기 때문이다. 버핏도 부채를 사용하지 말라고 했다.

2부

성공적인
가치투자를 위한
마인드

"내가 원하는 것은 돈이 아니다.
돈 버는 재미와 돈이 불어나는 것을 바라보는 재미가 더 중요하다."
- 워런 버핏

7장

부자 되기 유리한
사고 정립

돈 자체가 목적이 되어서는 안 된다

"인생은 열정적으로 살아야 한다. 나는 다시 태어나도 똑같은 일을 할 것이다. 내가 즐기는 일이니까. 평생 활력 없이 살아가는 것은 끔찍한 잘못이다. 인생은 한 번뿐이다." - 워런 버핏

자신은 50억 원, 100억 원을 벌고 은퇴하는 것이 목표라고 이야기하는 사람들이 꽤 있다. 이런 목표 의식은 개인의 발전에 긍정적인 영향을 미치기도 하지만 부정적으로 작용하는 경우도 많다. 우선 과정보다 결과를 중요하게 생각할 확률이 높다. 일은 그저 돈을 벌기 위한 수단에 불과하며 인간관계도 철저하게 이해에 따라 움직일 수 있다.

또 막상 자신이 원하는 자산을 손에 쥐면 허무감에 빠질 수도 있

다. 이미 꿈을 달성해 더 이상의 목표가 없기 때문이다. 실제로 목표 자산을 달성한 이후 삶의 의욕을 잃는 경우를 많이 보았다. 돈은 충분히 생겼지만 주위에 사람은 없고, 좋아서 한 일이 아니었기 때문에 일에 대한 흥미도 잃어버려 무언가를 이루고자 하는 의지가 꺾이게 된다.

돈을 모을수록 행복감은 늘어난다. 다만 돈 자체를 목적으로 하는 것과 수단으로 즐기는 것은 무척 다르다. 돈을 목적으로 하는 사람은 돈을 사용하는 것에 인색할 수밖에 없다. 돈이 많아도 인색해서 주위에 사람이 없다면 무슨 소용이겠는가? 사람과의 관계, 경험과 성장을 위한 곳에 적절하게 지출하고 그 과정을 즐기는 것이 가장 좋다.

돈은 인생을 즐기는 데 필요한 중요 수단 중 하나지만 돈의 노예가 되어서는 안 된다. 특히 이직할 때 돈만 보아서는 안 된다. 사람, 발전 가능성 등을 감안해 종합적으로 판단해야 한다. 연봉 100~200만 원 차이 때문에 회사를 옮기는 것은 매우 불행한 일이다.

고령화 사회에서는 빨리 돈을 벌어서 은퇴하는 방법이 아니라 최대한 늦은 나이까지 일할 방법을 찾는 것이 좋다. 일이 있어야 사람과의 관계를 오래 가져갈 수 있고 노는 것도 재미있다.

운은 큰 성장을 위한 좋은 촉매

"열정적으로 살면서 운까지 따라준다면 행복은 물론 좋은 성과까지 얻게 된다." - 워런 버핏

"재산을 모으는 최선의 방법은 자신의 열정을 따르는 것이다. 우선 자신이 하는 일을 사랑해야 한다. 내가 주식 중개인의 아들로 태어난 것은 뜻밖의 행운이었다. 덕분에 나는 일찌감치 투자 서적을 읽을 수 있었다." - 워런 버핏

큰 성공을 이룬 사람에게 성공 비결을 물으면 "운이 좋았다"라는 답변을 자주 듣게 된다. 성공한 사람은 왜 운을 이야기할까? 그 밑에는 피나는 노력이 있었던 것이 분명한데도 말이다. '진인사대천명(盡人事待天命)'이라는 말이 있다. 사람이 할 수 있는 일을 다 한 후 결과는 운명에 따른다는 이야기인데, 최선을 다한 후에는 후회하거나 미련을 가지지 말고 기다리라는 말이다.

성공의 원인을 분석하며 실력과 운의 비중을 따지는 것은 어려운 일이다. 다만 한 가지 확실한 것은 운 때문에 성공했다고 생각하는 사람일수록 자신의 부족한 능력을 키우려고 더 많이 노력했고 앞으로도 그럴 것이기에 이후 운이 따라올 확률이 높다는 것이다.

운은 쉽게 오지 않는다. 큰 성공을 만드는 운은 더욱 그렇다. 다만 중요한 사실은 열정적으로 살아가는 사람에게 운이 따라올 확률이 높다는 것이다. 아무것도 하지 않으면 아무것도 생기지 않는다. 노력하지 않는 사람에게 운이 따를 확률은 매우 낮다. 또한 운이 따르더라도 오래가지 못할 확률이 높다.

복권 당첨자가 몇 년 후 길거리로 나앉게 된 사연을 들은 적이 있을 것이다. 어느 날 갑자기 운이 찾아왔지만 그 운을 컨트롤하고 받

아낼 능력을 갖추지 못했기 때문에 파산이라는 결과에 이른 것이다.

워런 버핏은 운 좋게 주식 중개인의 아들로 태어나 일찌감치 투자 서적을 읽을 수 있었다고 이야기한다. 그런데 주식 중개인의 아들 모두가 투자 서적을 읽고 어려서 사업을 시작하지는 않는다. 또 버핏의 집에 투자 서적만 있었던 것도 아닐 것이다. 그는 투자 서적을 읽고 스스로 큰 울림을 받았고 그 울림을 몸소 실천했다. 그럴 수 있는 사람은 흔하지 않다.

운은 아무 행동도 하지 않는 사람에게 가지 않는다. 하다못해 복권이라도 사는 행동을 해야 복권 당첨 가능성이 생긴다. 늘 긍정적인 마음으로 새로운 것을 배우는 것이야말로 운을 내 것으로 만들기 위한 최소한의 자격 요건이다.

재테크의 시작은 저축과 집 장만

"빚은 대개 나쁘다. 하지만 갚을 능력이 되는 한도 내에서 받은 주택 담보 대출은 긍정적인 효과가 있을 수 있다. 언제나 이기는 베팅이기 때문이다."

‑ 워런 버핏

"집 장만은 당신에게 최고의 투자가 될 것이다. 주식 투자에 앞서 집 장만을 고려해야 한다. 집은 거의 모든 사람이 어떻게든 보유하는 것이기에 훌륭한 투자 대상이다. 어느 날 아침에 눈을 떠보니 집값이 폭락해 전 재산을 날리게 되는 경우는 거의 없다. 하지만 주식 투자에서는 흔한 일이다." ‑ 피터 린치

피터 린치는 주식 투자에 앞서 집 장만을 해야 한다고 주장한다. 맞는 말이지만 '뼛속까지 주식 신봉자'인 그가 하는 이야기이기에 재미있게 들린다. 그에 의하면 대출을 통한 집 장만은 레버리지 효과를 얻을 가능성이 높다. 집은 단기 시세 변동이 있어도 평균 7년을 보유하지만 주식은 매년 87%가 새로운 주인을 맞는다. 린치는 그런 이유로 어느 날 갑자기 집값이 폭락하지는 않으며(반면 대출로 주식을 샀는데 시세가 하락하면 반대 매매를 당해 원금 전부를 날릴 수 있다) 실제로 100가구 중 99가구가 부동산을 통해 돈을 벌고 있다고 주장한다.

집을 살 때는 몇 달의 시간을 쓰면서 신중하게 고민하지만 주식을 살 때는 몇 분 만에 의사결정을 한다(심지어 어떤 사람은 종목을 고를 때보다 전자레인지를 고를 때 더 많은 시간을 소비한다).

재테크를 시작하기로 마음먹었다면 투자에 집중하기보다 적게 쓰는 습관을 들여 종잣돈을 우선 마련하는 것이 좋다. 그렇다고 집 장만 전에는 저축만 해야 한다는 것은 아니다. 종잣돈이 어느 정도 모였다면 투자하는 것이 맞다. 다만 투자의 1차 목표를 집 장만으로 잡으라는 것이다.

부자의 자산 포트폴리오에서 배울 점

어떤 사람을 부자라고 할 수 있을까? 2022년 12월에 발간된 KB

금융연구소의 〈2022 한국부자보고서〉에 따르면 금융자산 10억 원 이상을 보유한 개인을 부자로 정의했다. 전체 인구에서 한국부자가 차지하는 비중은 2021년 0.82%인데, 이들이 보유한 총금융자산은 2,883조 원으로 가계 보유 총금융자산 4,924조 원의 58.5%을 차지했다. 그들을 기준으로 볼 때 부자라면 총자산 100억 원은 있어야 한다고 생각했다.

현재 부를 축적하는 근거가 된 원천은 사업소득이 37.5%로 가장 기여도가 높은 것으로 나타났다. 그 뒤를 부동산 투자 25.3%, 상속·증여 15.8%, 근로소득 11.0%, 금융 투자 10.5%가 잇고 있다. 부를 불리는 토대가 되는 종잣돈은 8.2억 원으로 그 돈을 모으는 시기는

[그림 7-1] 한국부자의 자산 포트폴리오

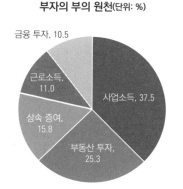

부자의 부의 원천(단위: %)

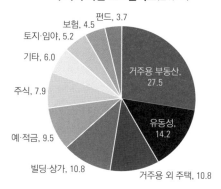

부자의 자산 포트폴리오(단위: %)

*자료: 〈2022 한국부자보고서〉, KB금융연구소

평균 42세로 나타났다. 종잣돈을 마련한 방법은 '거주용 외 아파트'가 가장 많았고 다음으로 주식, 예·적금, 거주용 부동산, 거주용 외 재건축아파트 순이었다.

종잣돈을 마련한 방법은 총자산 50억 원 미만 부자는 '주식'을 활용한 경우가 가장 많았고, 예·적금이 2위를 차지했다. 총자산이 많은 부자일수록 '거주용 외 아파트'로 종잣돈을 마련한 경우가 가장 많았다. 부자가 활용하는 부채 규모는 평균 7억 4천만 원이며 이 중 임대보증금이 73.6%를 차지했고, 금융부채는 26.4%로 부동산으로 형성된 부채가 많았다. 가구소득에서 비용을 제외한 소득 잉여자금은 연평균 4,770만 원으로 매년 자산이 증가하게 된다.

부자의 자산은 부동산자산 56.5%, 금융자산 38.5%로 구성되었는데, 부동산자산은 거주용 부동산 27.5%, 거주용 외 주택 10.8%, 빌딩·상가 10.8%, 토지·임야 5.2%로 구성되었고 금융자산은 유동성 14.2%, 예·적금 9.5%, 주식 7.9%, 저축성 보험 4.5%, 펀드 3.7%로 구성되었다. 기타 자산 6.0%는 금·보석, 회원권, 예술품 등이 포함되었다.

금융자산 10억 원 이상~20억 원 미만을 보유한 30~49세의 '신흥부자'는 어떻게 자산을 모았을까? 전통 부자에 비해 상대적으로 비중이 낮지만 여전히 사업소득이 32.2%로 가장 높은 비중을 차지하고 있고 부동산 투자 26.4%, 상속·증여 20.7%, 근로소득 10.3%, 금융 투자 10.3%를 차지하고 있다. 종잣돈을 만든 방법에는 사업

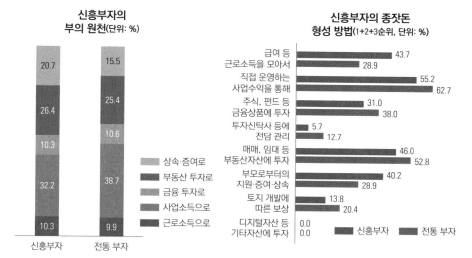

[그림 7-2] 한국 신흥부자의 부의 원천

신흥부자의 부의 원천(단위: %)

- 상속·증여로
- 부동산 투자로
- 금융 투자로
- 사업소득으로
- 근로소득으로

	신흥부자	전통 부자
상속·증여로	20.7	15.5
부동산 투자로	26.4	25.4
금융 투자로	10.3	10.6
사업소득으로	32.2	38.7
근로소득으로	10.3	9.9

신흥부자의 종잣돈 형성 방법(1+2+3순위, 단위: %)

	신흥부자	전통 부자
급여 등 근로소득을 모아서	43.7	28.9
직접 운영하는 사업수익을 통해	55.2	62.7
주식, 펀드 등 금융상품에 투자	31.0	38.0
투자신탁사 등에 전담 관리	5.7	12.7
매매, 임대 등 부동산자산에 투자	46.0	52.8
부모로부터의 지원·증여·상속	40.2	28.9
토지 개발에 따른 보상	13.8	20.4
디지털자산 등 기타자산에 투자	0.0	0.0

*자료: 〈2022 한국부자보고서〉, KB금융연구소

수익 55.2%, 부동산자산 투자 46.0%, 근로소득 43.7%, 상속·증여 40.2%, 금융상품 투자 31.0%의 도움을 받은 것으로 나타났다.

신흥부자가 목표한 7억 원의 종잣돈을 마련한 후 현재의 부를 이루기까지 자산을 증식하는 과정에서 활용한 투자 중 가장 주된 방법은 주식 투자 54.0%였고, 다음으로 거주용 외 일반 아파트 36.8%, 예·적금 31.0%, 거주용 부동산 24.1%, 토지·임야 17.2% 순이었다. 신흥부자는 전통 부자에 비해 주식과 예·적금을 활용해 자산을 키운 경우가 많았고 전통 부자는 재건축아파트, 토지·임야 등

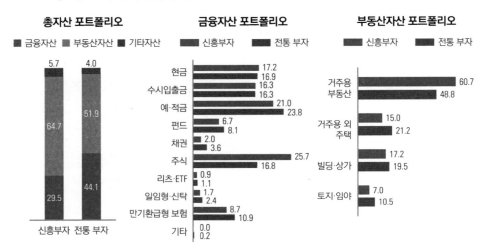

[그림 7-3] 한국 신흥부자의 자산운용

총자산 포트폴리오

■ 금융자산 ■ 부동산자산 ■ 기타자산

구분	신흥부자	전통 부자
기타자산	5.7	4.0
부동산자산	64.7	51.9
금융자산	29.5	44.1

금융자산 포트폴리오

■ 신흥부자 ■ 전통 부자

구분	신흥부자	전통 부자
현금	17.2	16.9
수시입출금	16.3	16.3
예·적금	21.0	23.8
펀드	6.7	8.1
채권	2.0	3.6
주식	25.7	16.8
리츠·ETF	0.9	1.1
일임형·신탁	1.7	2.4
만기환급형 보험	8.7	10.9
기타	0.0	0.2

부동산자산 포트폴리오

■ 신흥부자 ■ 전통 부자

구분	신흥부자	전통 부자
거주용 부동산	60.7	48.8
거주용 외 주택	15.0	21.2
빌딩·상가	17.2	19.5
토지·임야	7.0	10.5

*자료: 〈2022 한국부자보고서〉, KB금융연구소

동산 투자를 통해 자산을 키운 경우가 상대적으로 많았다.

전통 부자가 부동산자산과 금융자산을 각각 51.9%와 44.1%를 보유한 데 비해 신흥부자는 부동산자산이 64.7%로 높고 금융자산 비중은 29.5%로 현저히 낮은 모습을 보였다. 부동산자산 포트폴리오는 신흥부자의 경우 거주용 부동산이 60.7%로 대부분을 차지하는 데 비해 전통 부자는 상대적으로 거주용 외 부동산 비중이 높았다.

신흥부자는 이상적 포트폴리오로 부동산자산과 금융자산 비중을 각각 52%와 36%로 생각하고 있어 향후 총자산 규모 확대와 함께 금융자산을 불리는 투자 전략을 추진할 것으로 보인다. 투자에서 신흥부자는 전통 부자 대비 주식 비중이 높고 예·적금, 펀드, 채권, 보험의 비중은 낮아 공격적인 투자 성향을 보였다.

신흥부자의 4분의 1 정도인 26.4%만이 스스로 부자라고 생각하고 있는데, 전통 부자의 66.2%가 스스로 부자라고 생각하는 데 비해 낮은 수치였다. 신흥부자는 금융자산 10억 원을 모아 부자가 된 지 얼마 되지 않았음을 고려할 때, 향후 좀 더 많은 자산을 모으려고 노력할 것으로 보인다.

노후 준비 없는 은퇴는 재앙이다

"만약 필요하지 않은 것을 구매한다면 얼마 지나지 않아 필요한 것을 팔게 될 것이다." - 워런 버핏

"가치가 올라갈 물건은 사라. 가치가 떨어질 물건은 빌려라." - 폴 게티

돈을 모으기 위한 최소한의 기본 원칙은 '소득보다 지출이 적어야 한다'는 것이다. 이것은 소득이 1,000만 원이든 10억 원이든 마찬가지다. 소득이 10억 원이어도 지출이 15억 원이라면 그의 자산은 -5억 원이 되는 것이다.

한국인은 명품을 좋아한다. 해외 출장을 다녀오다 보면 면세점에서 명품을 사려고 북적이는 인파를 보게 된다. 명품 아웃렛도 마찬

가지다. 명품을 사려는 이들이 하는 이야기는 거의 똑같다. 이를테면 "정가 600만 원짜리를 400만 원에 살 수 있어서 200만 원이 이득"이라는 것이다. 그런데 200만 원은 가공의 숫자일 뿐이다. 현실에서는 자신이 명품 소비에 400만 원을 썼다는 것만이 사실이다.

이런 논리는 자동차를 구입하는 과정에서도 자주 목격된다. 예를 들어 아반떼를 사러 매장에 갔다고 하자. 풀 옵션이 2,800만 원인데 소나타 기본 옵션이 더 저렴한 것을 보고 마음이 바뀐다. 그래서 소나타를 사기로 하고 옵션을 몇 개 넣다 보면 3,000만 원 중반까지 올라가고, 이제는 그 가격에 구입이 가능한 그랜저가 눈에 들어온다. 하지만 또 옵션을 넣다 보면 4,000만 원까지 올라가고, 이제는 수입차가 눈에 들어온다. 이것이 카푸어(car poor)가 되는 과정이다.

젊었을 때 하는 소비가 나이 들어서 하는 소비보다 더 즐거운 것은 사실이다. 하지만 적정한 선을 지켜야 한다. 지금 소비를 과하게 할 경우 미래의 소비는 줄어들 수밖에 없다.

'보여주기' 소비는 없어야 한다. 억대 연봉을 받는 40대 중반의 지인이 있다. 그는 전세자금 이자 내기에도 빠듯한 생활을 하고 있으며 보유 현금은 2,000만 원 수준이다. 그런데도 수입차를 몰며 매년 해외여행을 다닌다. 그러면서 "남들 하는 거 나도 해야 하지 않겠느냐"라고 말한다.

그의 노후가 매우 우려스럽다. 겉으로는 잘사는 것처럼 보이지만 시한폭탄을 안고 있는 것과 다름없다. 직장생활을 할 수 있는 시간은 10년 정도 남았지만 자녀 교육 등에 들어갈 비용은 계속 늘어날 것이다. 청년 취업 불안으로, 늙은 부모가 다 큰 자식을 보살피는 것이 이상하지 않은 세상이다. 해결책은 하나밖에 없다. 소비를 줄여야 한다.

노후 자금은 얼마면 될까?

"자는 동안에도 돈이 들어오는 방법을 찾아내지 못한다면 평생 일하게 된다."
– 워런 버핏

원하지 않는 일을 평생 해야 한다는 것은 생각만 해도 끔찍하다. 기대 수명이 점점 늘어나는 세상에서 노후 준비가 없는 은퇴는 재앙이다. 직장인은 퇴직연금, 국민연금 등 일부 안전판이 마련되어 있기는 하지만 이는 최소한의 생활을 가능하게 할 뿐, 풍족한 노후를 위한 대안이 될 수 없다.

결국 선택은 두 가지다. 금융자산이든 부동산자산이든 은퇴 전에 자산을 열심히 축적해서 은퇴 이후 일하지 않더라도 생활에 무리가 없는 환경을 만들어놓든가, 은퇴 이후의 직업을 미리 물색해놓는 것이다. 그런데 은퇴 이후의 직업은 선택의 폭이 매우 좁을 뿐만 아니라 고소득을 올리기가 어렵다. 따라서 현금흐름을 창출할 수 있는 자산을 미리 구축해놓는 것이 제일 좋다. 부동산, 채권, 주식 등 자신이 가장 선호하는 자산을 선택해 전문가 수준으로 공부하고 투자해야 한다.

노후 자금의 경우 개인별로 상황이 너무 다양하다. 일단 노후에 필요한 생활비에 대한 생각이 모두 다를 수밖에 없고, 준비된 연금(국민연금, 퇴직연금, 개인연금)의 금액도 천차만별이다. 신한은행 〈미래 설계 보고서 2022〉에 따르면 설문 응답자의 51%가 은퇴 후 적정 생활비로 월 200만 원 이상 300만 원 미만이 필요하다고 했고, 63%가 적정 노후 자금으로 5억 원 이상을 꼽았다. 다만 이는 필수 생활비에 가깝고 풍족한 노후 생활을 보낼 수 있는 금액은 아닌 것으로 보인다.

노후에 부족하지 않게 쓰려면 얼마를 모아야 할까? 일단 집 한 채는 있어야 한다. 생활비에서 집세까지 지불하면 빠듯한 생활이 불가피하다. [표 7-1]은 기본적으로 세후 월 150만 원의 연금을 지급받는 가운데 보유 자산에서 세후 연 3%의 이익이 발생하고, 인플레이션(연 2% 가정)만큼 소비는 증가하며, 30년간 모두 소진할 경우 필요 금액을 산정해본 것이다.

연간 4,000만 원을 소비하기 위해서는 6.5억 원의 자산을 모아야 하고 6,000만 원을 소비하기 위해서는 11.4억 원, 8,000만 원을 소비하기 위해서는 16.4억 원을 모아야 한다는 결과가 나왔다. 30년 이상 살 수 있다는 변수가 있지만 집 한 채의 가치는 30년 동안 증가할 것이기 때문에 30년이 지난 이후에는 역모기지론 등을 활용해 소비

[표 7-1] 연간 소비 금액을 감안한 필요 자산 규모(단위: 만 원)

기간	1년	5년	10년	15년	20년	25년	30년
보유 자산	64,945	63,396	59,152	51,746	40,414	24,244	
연간 소비액	4,000	4,330	4,780	5,278	5,827	6,434	7,103
보유 자산	114,305	110,336	101,620	87,785	67,628	39,712	
연간 소비액	6,000	6,495	7,171	7,917	8,741	9,651	10,655
보유 자산	163,665	157,276	144,088	123,825	94,842	55,180	
연간 소비액	8,000	8,659	9,561	10,556	11,654	12,867	14,207

생활 유지가 가능할 것이다. 다만 70~80세에 의료비가 급증할 수 있다는 점은 감안해 소비 생활을 유지하는 것이 좋을 듯하다.

최종 승자는 정직을 보유한 자

"정직은 매우 값진 재능이다." - 워런 버핏

정직은 단기적으로 손해를 보게 하는 경우가 많다. 가끔은 자신이 가진 재능보다 더 빛나게 포장해야 할 때가 있고, 가끔은 거짓말을 통해 위험한 상황을 모면해야 할 때도 있다. 하지만 장기적으로 진실은 드러나기 마련이고, 과장과 거짓으로 얻은 단기적인 이익은 나중에 돌려주거나 관계 단절을 감수할 상황을 초래한다. 단기적으로 조금 손해를 보더라도 정직으로 우직하게 밀고 나간다면 장기적으로는 내 편이 늘어날 가능성이 크다.

애덤 그랜트는 저서 《기브 앤 테이크》에서 양보하고 배려하고 베풀고 희생하고 조건 없이 주는 사람이 '타인과의 상호 작용'으로 결국 성공 사다리의 꼭대기에 오른다고 한다. '기버(giver)'란 상호 관계에서 자신의 이익을 우선시하지 않고 베푸는 사람을 뜻하며, 자신이 준 것보다 더 많이 받기를 바라는 '테이커(taker)'와 그런 점에서 차이가 있다. '기버'가 성공하는 것은 '정직의 지속'이 결국 '타인의 신뢰'를 가져오고 도움을 요청하지 않아도 도움을 받게 하는 힘을 가지고 있기 때문이다.

언젠가 벤처캐피털에 근무하는 친구가 "부정한 방법으로 개인 자산을 투자해서 큰돈을 번 케이스를 보면 억울하다고 느껴질 때가 있다"라고 이야기한 적이 있다. 단기적으로는 바보처럼 느껴지겠지만 그의 정직이 그를 가장 높은 자리로 올려놓는 근거가 될 것이라는 생각이 들었다.

꼬리가 길면 밟힐 수밖에 없고 결국 롱런하지 못한다. 마음 편하게 오래 일하려면 정직해야 한다. 남이 부정을 저지른다고 해서 나까지 그래도 되는 것은 아니다. 능력이 있다면 결국 보상은 따라오기 마련이다. 상대적으로 손해를 보는 느낌이 들더라도 좋아하는 일을 정직하게, 오래 즐겁게 하는 것이 좋다.

투자 아이디어를 글로 남겨라

"당신이 어떤 아이디어를 확실히 이해하고 있다면 다른 사람에게 그 아이디어를 쉽게 설명할 수 있을 것이다. 보고서를 쓰다 보면 종종 어려움에 부딪친다. 내 머릿속의 생각이 명확하게 정리되지 않아서다. 자신의 생각을 명확하게 정리하는 데는 글 쓰는 방법만큼 좋은 것이 없다." - 워런 버핏

주식 투자를 하다 보면 처음에 주식을 매수한 이유는 까맣게 잊은 채 단순히 주가가 오르면 즐거워하고 내리면 불안에 떠는 경우가 많다. 이때 중심을 잡기 위해서는 투자 아이디어 노트가 필요하다. 이 회사의 중요 포인트가 무엇이고 어떤 아이디어로 투자했는지 적어놓는 것이다.

투자 아이디어를 글로 남기면 자신의 생각을 한 번에 정리할 수 있다. 사람은 기본적으로 최신 정보를 더 중요하게 여기는 특성이 있는데, 중요도가 높은 변수와 낮은 변수를 정리해놓으면 중요도가 낮은 뉴스가 나왔을 때 불안해하거나 흔들리지 않을 수 있다. 또한 사람의 기억력은 그리 오래가지 않기 때문에 생각을 정리해놓지 않으면 주식을 샀던 구체적인 근거들을 생각보다 쉽게 잊어버릴 수 있다. 이때 투자 노트는 마음을 다잡는 데 도움을 준다.

머릿속으로만 생각할 때, 글로 적을 때, 말로 설명할 때 각각 다른 감정을 느끼게 된다. 확신의 강도가 높을수록 글로 쓰거나 말로 설명할 때 막힘이 없지만, 강도가 낮은 경우 글의 초점이 흐릿해지고 말의 논리가 부족해진다. 아이디어가 명확하고 간결할수록, 듣는 사람의 눈빛이 초롱초롱할수록 시장에서 좋아하는 아이디어일 확률이 높고 단기간에 주가가 상승할 가능성도 크다.

투자 의사결정이 어려울 때는 장점과 단점을 적어본다. 몇 가지 단점에도 불구하고 장점이 명확하다면 투자를 집행해도 되고, 몇 가지 장점에도 불구하고 단점이 명확하다면 투자를 철회하는 것이 좋다.

8장

성공으로 이끄는
투자 태도

버핏의 태도에서 진화하는 투자를 배우다

"중요한 아이디어를 새로 받아들인다 해도 이전의 아이디어가 사라지는 것은 아니다. 양쪽의 경계를 들락날락하는 것이다. '담배꽁초 투자'와 '위대한 기업 투자' 사이에 아주 선명한 빨간색 경계선이 그어져 있는 것은 아니다. 아무튼 우리는 '위대한 기업 투자'로 방향을 틀었고 가끔 '담배꽁초 투자'로 돌아가기도 했다. '담배꽁초 투자'도 돈이 벌렸기 때문이다." - 워런 버핏

"나를 그레이엄의 제한적 시각에서 나오게 만들려면 강력한 힘이 있어야 했다. 멍거는 그런 힘을 지닌 존재였다. 그는 내 사고의 지평을 확실히 넓혀주었다."
- 워런 버핏

워런 버핏의 스승인 벤저민 그레이엄은 정량적인 측면을 많이 강조했다. 정성적인 부분은 가르치기도, 글로 설명하기도 어렵기 때문이었다. 정성적인 접근은 상당한 수준의 통찰력이 필요한데, 그

레이엄은 정량적인 접근만으로도 시장을 이길 수 있기에 굳이 어려운 길로 갈 필요는 없다고 생각했을지 모른다.

버핏의 투자 스타일 진화는 항상 배우고자 하는 자세에 따른 것이었다. 동업자인 찰리 멍거의 영향을 받은 것도 있지만, 씨즈캔디 인수 등의 투자 과정에서 느끼고 배운 것을 지속적으로 쌓아 발전시킨 결과였다. 버핏은 시대의 변화에 따라 투자 방식도 변화시켜 나간다. 과거에 좋아하지 않았던 업종, 기업이라 하더라도 편견 없이 들여다보고 주저 없이 매수한다. 버핏은 과거에 꺼렸던 항공과 철도 주식에 투자하기도 했고, 한때 꺼렸던 기술주에도 투자해 현재는 애플 주식이 포트폴리오의 절대 비중을 차지한다.

투자자는 어느 정도의 고집이 필요하다. 하지만 시장 환경이 바뀌었거나 내가 틀렸다고 판단될 때는 내 실수를 인정하고 순식간에 뒤집는 용기도 필요하다. 투자의 유연성을 위해 필요한 마음가짐을 다음과 같이 정리해보았다.

1. 남의 말에 귀를 기울일 것

10~20대가 선호하는 의류 기업에 투자할지 판단이 필요하다고 하자. 40대 투자자라면 어떻게 판단해야 할까? 최악의 사례는 자신의 취향을 드러내며 '내가 볼 때는 별로야'라는 판단을 내리는 것이다. 이런 경우는 의류뿐 아니라 게임, 콘텐츠 등 다양한 사업 영역에서 발생할 수 있다. 가장 좋은 것은 데이터를 보고 투자 판단을

내리는 것이지만, 데이터가 확인되는 시점에는 주가가 이미 높은 수준에 있을 확률이 높다. 주 소비층이 주부라면 주부를 인터뷰하고 초등학생이라면 초등학생에게 물어봐야 한다. 시장과 멀어져서는 결코 성공할 수 없다.

2. 지적 호기심을 놓지 않을 것

투자 과정에서 자신의 투자 아이디어가 적중했을 때의 지적 만족감과 금전적 보상은 어디에서도 맛볼 수 없는 짜릿함을 선사해준다. 지적 호기심은 투자자가 지치지 않게 하는 연료다. 투자자는 누가 시켜서 공부하는 것이 아니다. 너무 재미있어서 스스로 공부한다. 공부에 흥미를 잃은 투자자는 수익률로 그 결과를 확인하게 될 것이다. 부지런하게 움직일수록 더 좋은 성과를 가져올 수 있다.

3. 겸손을 잃지 않을 것

겸손도 투자자가 지치지 않고 앞으로 나아가게 하는 큰 원동력이다. 부족하다고 생각해야 채우고 싶은 마음도 생기기 때문이다. 배울 것이 없다고 생각하는 것은 매우 위험하다. 자신이 완전하다고 생각하는 순간 더 이상 배우려 하지 않을 것이며, 더 이상의 성장도 없을 것이기 때문이다. 겸손은 투자자의 장기적 경쟁력 유지를 위해 필수로 갖추어야 하는 요소다.

4. 실패를 겸허하게 받아들일 것

버핏은 고령에도 불구하고 끊임없이 읽고 연구하고 실패를 통해 배우면서 투자자로서 성장하고 있다. 남을 탓하는 투자자는 발전할 수 없다. 애널리스트나 옆집 아저씨를 탓하고 있다면 그 생각은 지우는 것이 좋다. 실패를 통해 배움을 얻지 못한다면 제자리걸음만 지속하게 된다.

특정 분야에 10~20년 머물다 보면 매너리즘에 빠질 때가 있다. 세상은 계속 바뀌는데 자신은 여전히 모든 것을 알고 있다고 착각하기가 쉽다. 이때 초심자의 입장으로 돌아가 새로운 것을 배우고 도전해보는 것이 좋다. 어학, 코딩, 커피, 와인, 테니스, 골프 등 도전 영역은 무한하다.

썰물 때 비로소 누가 벗고 헤엄쳤는지를 안다

"나의 최대 업적은 어리석은 일을 하지 않은 것이다. 현재는 살 만한 주식이 눈에 띄지 않는다. 할 일이 없다면 아무것도 하지 않으면 된다. 모두 현금으로 바꿔 아무것도 하지 않고 앉아 있기 위해서는 용기가 필요하다. 내가 지금 이 위치에 서게 된 것은 결코 평범한 기회를 살려서가 아니다." - 찰리 멍거

"천재는 당신이 아니라 상승장이다." - 존 케네스 갤브레이스

"썰물 때 비로소 누가 벌거벗고 헤엄쳤는지 알 수 있다." - 워런 버핏

주식시장이 활황일 때는 시장 참여자 상당수가 수익을 올리며 너도나도 수익을 자랑한다. 그런데 이 수익의 대부분은 전체적인 시장 상승의 수혜에서 비롯된 것이다. 이때는 큰 실수를 해도 감출 수 있다. 내가 투자한 종목의 실적이 좋지 못해도 전체적인 시장 분위기에 편승해 큰 손실을 보지 않고 끝나기 때문이다.

하지만 시장이 횡보하거나 하락장으로 접어들면 준비되지 않은 투자자는 크게 당황하게 된다. 예전에는 주식을 사기만 하면 주가가 올랐는데, 이제는 주식을 사기만 하면 주가가 떨어지기 때문이다. 심지어는 내가 산 주식만 떨어지는 느낌마저 든다.

주식시장이 불황에 빠지면 누가 훌륭한 장기 투자 전략을 가진 투자자인지 알게 된다. 특히 고평가된 주식을 가지고 있다면 마음이 많이 불편해질 수 있다. 고평가된 주식이 상승할 때는 주가가 끝없이 오를 것 같은 느낌을 받는다. 하지만 모든 것에는 끝이 있는 법. 시장의 인기가 식으면 바닥이 어디인지 알 수 없을 정도로 급락하기도 한다.

문제는 일단 하락세에 접어들면 주가가 반토막이 나도 싸 보이지 않는다는 점이다. 경험이 많은 투자자가 고평가 주식을 경계하는 것은 성장이나 시장에 대한 기대감이 꺾였을 때 주가가 급락하는 모습을 수차례 지켜봤기 때문이다.

사람들은 주가가 상승세에 들어서면 그 추세가 지속될 것이라고 생각하는 경향이 강하다. 하지만 주가는 본질 가치에서 벗어날 수 없다. 시장은 냉정하다. 누가 봐도 1만 원짜리 상품을 10만 원에 사줄 바보는 없다.

코로나19 국면에서 바라본 개인 투자자의 성과

코로나19 발생 이후 국내 개인 투자자의 주식시장 참여가 크게 증가했다. 순매수 대금과 거래대금은 물론 투자자의 신규 유입도 유례없는 수준을 기록했다. 코로나19로 인한 급락 이후의 신속한 반등과 저금리 기조 강화가 개인의 주식 투자 심리를 자극한 것으로 판단된다. 주식시장이 급락한 이후 반등세를 보인 2020년 3월부터 10월까지의 주식 거래 내역을 분석('투자행태와 투자 성과', 김민기·김준석, 자본시장연구원)한 결과를 요약하면 다음과 같다.

첫째, 개인 투자자의 주식 포트폴리오는 중소형주, IT와 의료 분야의 비중이 높은 동시에 분산 투자 수준이 낮다. 주가 변동성이 높은 유형의 주식에 집중적으로 투자해 높은 위험을 감수했던 것으로 분석된다.

둘째, 개인 투자자의 투자는 거래 회전율, 일중 거래 비중, 종목 교체율이 매우 높아 단기적이고 투기적인 행태를 띠는 것으로 확인된다. 이런 행태는 특히 신규·20대·남성·소액 투자자에게 현저하게 나타난다.

셋째, 개인 투자자의 투자 성과는 거래 비용을 고려하면 시장 수익률을 하회하고, 신규 투자자는 60%가 손실을 본 것으로 분석된다. 세부 유형별로 보면 소액 투자자의 수익률이 현저히 낮은데, 이들은 앞에서 언급한 것처럼 분산 투자 수준이 낮고 거래 회전율이 높으며 고변동성 주식에 주로 투자하는 특성을 보인다.

자본시장연구원은 개인이 직접 주식 투자를 해서 높은 성과를 얻을 가능성은 낮다고 분석했다. 충격적인 것은 주식시장은 빠른 반등세를 보인 반면 전체 투자자의 46%, 신규 투자자의 60%가 손실을 봤다는 점이다. 그 원인은 높은 거래 회전율, 잦은 종목 교체, 과잉 확신으로 꼽았다. 자기 능력이 남보다 우월하다는 믿음이나 자신이 가진 정보가 정확하다는 믿음은 잘못된 선택을 할 가능성이 크고 사후에 저조한 투자 성과로 귀결되는 것이다.

2미터나 되는 장애물을 뛰어넘으려고 하지 말라

"우리는 이야기를 조금만 들어보아도 유망한 투자 기회인지 여부를 금방 알 수 있다. 5분 만에 판단하지 못한다면 5개월 동안 연구해도 마찬가지일 것이다."
- 워런 버핏

"어려운 일이지만, 자신이 아는 범위를 벗어나지 않는 투자자는 어느 누구보다 훨씬 유리하다." - 세스 클라만

"나는 2미터나 되는 장애물을 뛰어넘으려고 노력하지 않는다. 대신 내가 쉽게 뛰어넘을 수 있는 30센티미터 장애물을 찾아다닌다." - 워런 버핏

기업 이익에 영향을 미치는 변수의 숫자가 적을수록, 주요 변수에 대한 이해도가 높을수록 투자 위험성은 낮아진다. 반대로 자신이 잘 모르는 분야에 투자할수록 주요 변수에 대한 이해가 떨어지면서 투자금을 잃을 확률이 높아진다.

다양한 기업을 분석하다 보면 다양한 산업을 공부하게 되는데, 각자의 배경과 지식이 다 다르기 때문에 같은 기업을 분석하더라도 느끼는 난이도의 수준이 다르다. 예를 들어 내가 전자공학을 전공했다면 테크 기업을 분석하는 데 남보다 수월할 수 있고, 화학을 전공했다면 석유화학 기업을 분석하는 데 비교적 수월할 수 있다. 내가 잘 모르는 분야이지만 열심히 공부해서 투자하는 경우도 있는데, 열심히 공부했다고 해서 잘 아는 것은 아니니 주의가 필요하다. 다만 잘 모르는 분야라고 하더라도 공부 시간이 축적되면서 2~3번의 업&다운 사이클을 경험했다면 비즈니스에 대한 이해도가 충분히 깊어질 수 있다.

버핏은 기업과 미팅을 시작한 지 5분이 지나면 투자 대상인지 아닌지를 판단할 수 있다고 하는데, 실제로 산업이나 기업에 대한 이해도가 깊을수록 빠른 판단이 가능하다. 다만 특정 산업은 아무리 공부를 하고 경험을 쌓아도 충분히 이해가 가지 않을 수도 있다. 이때는 믿을 수 있는 전문가의 의견을 듣는 것이 좋은데, 오랜 기간 지켜보고 신뢰 관계가 깊은 사람에 한해 의견을 참고하는 것이 좋다.

투자를 하다 보면 내가 놓친 기회가 아쉽게 느껴질 때가 있다. 하지만 '미리 알았더라면' 하는 감정에서 초연해질 필요가 있다. 미처 몰라서 투자를 못 하는 바람에 이익을 얻지 못한 경우가 있는 반면, 미처 몰라서 투자를 못 하는 바람에 손실을 보지 않은 경우도 있기 때문이다. 모든 주식에 투자해서 이익을 낼 필요는 없다. 실제로 그런 일이 가능하지도 않다. 내 몫이 아니라고 생각해야지, 내가 잘 모르는 분야에 욕심을 내다가는 커다란 손실을 안게 될 수도 있다.

전업투자를 위해 갖추어야 할 것들

직장에서 스트레스를 받을 때면 전업투자자가 되고 싶다는 생각이 들 수 있다. 시간도 자유롭게 쓸 수 있고 무엇보다 사람에게서 스트레스를 받지 않아도 된다는 매력 때문이다. 하지만 나는 잘될 것이라는 막연한 기대감을 가지고 회사를 나온다면 최악의 결과가 나올 수 있다. 전업투자가 현재의 고단한 생활을 벗어나기 위한 탈출구가 되어서는 안 된다.

전업투자자가 되기 위해서는 두 가지 요건, 즉 수익률과 자기통제가 필요하다. 시드머니의 규모도 중요한 요소가 될 수 있지만 수익률이 좋다면 시간의 문제일 뿐 커버가 가능하다. 다만 전업투자에 앞서 적어도 2~3년간 투자를 통해 내가 투자에 재능이 있는지를 먼저 살펴봐야 한다. 최악의 경우는 뉴스나 리딩방에서 권유하는 종목에 의존해 투자하는 것이다. 이는 필패로 접어드는 길이다. 스스로 종목을 발굴하고 검증하는 능력을 기본적으로 갖추어야 한다. 이 능력이 장기적으로 수익을 지킬 수 있는 기본 바탕이 된다.

자기통제의 경우 돈을 잃고도 평정심을 유지할 멘털이 있는지, 게을러지지 않을 수 있는지가 중요하다. 전업투자자에게는 손실이 발생하기 시작하면 지옥이 펼쳐지게 된다. 시드머니의 규모가 지속적으로 줄어드는 것을 지켜봐야 할 뿐 아니라 생활비까지 빼서 사용해야 한다. 이때 점점 무리한 투자에 빠져든다면 자산의 규모는 빠른 속도로 증발할 수밖에 없다. 절제력이 부족하다면 한없이 게을러질 수도 있다. 투자의 세계는 지속적으로 변화하는 곳이므로 정체되면 뒤처질 수밖에 없다. 공부도 지속해야 하고 새로운 사람도 계속해서 만나야 한다.

투자업계에 있다 보면 시장이 좋을 때면 회사를 그만두고 전업투자에 나서는 사람을 자주 목격하게 되는데 시장이 2~3년 침체기에 들어서면 다시 업계로 복귀하는 모습을 어렵지 않게 볼 수 있다. 그나마 능력 있는 친구들이라 재취업이 가능해 다행이지만 그렇지 못하다면 경력만 단절되어 재취업마저 어려워질 수 있다.

매달 안정적인 수입이 발생한다는 것은 무시할 수 없는 큰 장점이다. 투자에 실패하더라도 언제든지 다시 일어날 수 있기 때문이다. 투자에 시간이 부족해서 전업투자를 해야 한다는 것은 핑계에 불과하다. 어느 정도 숙련된 투자자라면 일을 하면서도 짬짬이 시간을 내서 투자가 가능하기 때문이다. 정말 시간이 없다면 자신을 대신해서 투자해줄 수 있는 자산운용사에 돈을 맡기는 것이 차라리 낫다.

다 그런 것은 아니지만 전업에 성공한 투자자들을 보면 무언가 설명하기 어려운 '독특함'이 느껴지곤 한다. 대부분 캐릭터가 뚜렷하고 자기 고집이 있다. 대기업에 다니는 모범생 이미지와는 다르다. 얽매이는 것을 싫어하고 불합리한 것을 참기 어려워한다. 흔히 이야기하는 '자유로운 영혼'을 가진 경우가 많은데, 남들과 다른 곳에 서 있어도 불안해하지 않는 특성 때문에 투자에서도 남들과는 다른 성과를 낼 수 있는 것 같다.

투자는 IQ 160이 130을 이기는 게임이 아니다

"투자자에게 가장 중요한 덕목은 지성이 아니라 기질이다. 투자에서 성공하려면 시간, 절제력, 인내심이 필요하다." - 워런 버핏

"머리가 좋은 사람의 투자 성과는 원칙을 지키는 사람의 성과에 미치지 못한다." - 윌리엄 번스타인

"지속적으로 학습하지 않으면 남에게 추월당한다. 기질만으로는 충분하지 않다. 매우 오랜 기간 호기심을 가져야 한다." - 찰리 멍거

"투자를 잘하기 위해 꼭 천재가 될 필요는 없다. 로켓 과학자가 될 필요도 없다. 투자는 IQ 160이 IQ 130을 이기는 게임이 절대 아니다." - 워런 버핏

IQ가 높으면 공부를 잘할까? 잘할 가능성이 높은 것일 뿐, 반드시 잘하는 것은 아니다. 반에서 1등을 하고 모범생으로 칭찬받는 아이의 IQ는 평균보다 조금 높은 120~130 정도라고 한다. IQ가 너무 높아도 학교 수업에 흥미를 느끼지 못해 적응이 힘든 경우가 많기 때문이다.

투자에서 IQ는 어떻게 작용할까? 지능이 높으면 투자에 유리한 것은 사실이다. 비즈니스모델을 이해하기 위해서는 다양한 산업에 대한 공부가 필요하기 때문이다. 하지만 아주 높은 지능이 필요한 것은 아니다. 노력만 한다면 얼마든지 이해가 가능하다. 기업분석을 하는 데 대단한 수학 공식이 필요한 것도 아니다.

타고난 투자 천재가 있기는 하다. 공부 천재는 문제 푸는 능력이나 암기력이 뛰어나지만 투자 천재는 남다른 사고방식을 가지고 있다. 이야기를 들어보면 논리적이지 않은 것 같은데 지나고 보면 맞아떨어진다. 이런 유형은 보통 직장생활에 불편을 느끼고 군중에 속하는 것을 싫어해 전업투자자로 빠진다.

학습기계 유형도 있다. 계속 새로운 지식을 쌓기 위해 노력한다. 열린 마음으로 다양한 사람의 이야기를 귀 기울여 듣는다. 호기심이 많아 공부를 쉬지 않는다. 워런 버핏과 찰리 멍거는 고령에도 여전히 성장을 계속하고 있는 학습기계 유형의 전형이다. 사실 천재이기도 하다.

천재 투자자는 그리 많지 않다. 30대 초·중반에 이미 은퇴해도 좋을 만한 수준의 부를 쌓지 못했다면 천재가 아니라고 생각해도 무방하다. 다만 중간에 포기하지 않고 지속적으로 발전시켜나갈 힘을 가지고 있는 것도 훌륭한 재능 중 하나다.

스펙이 좋은 투자 전문가는 실력이 뛰어날까?

"평범한 지능을 가지고 있다면 조바심을 절제할 수 있어야 한다. 조바심 때문에 많은 투자자가 문제에 부딪힌다. 높은 지능은 자만심의 원흉이다. 자신의 전문 분야가 아닌 것에 대해 섣불리 나서지 않고 사려 깊게 행동할 때만 강점이 될 것이다." - 찰리 멍거

투자업계에 있다 보면 엄청나게 똑똑한 사람을 자주 만난다. 그들은 지거나 실패한 적이 거의 없다. 하지만 그들 중 투자업계에서 오래 살아남은 사람은 생각보다 많지 않다. 오히려 자부심이 편향된 사고로 이어져 투자에 악영향을 미치는 경우가 많다. 경험적으로 보았을 때, 회사에 펀드매니저가 10명 있다면 보통 2~3명 정도가 전체 수익을 이끌고 나머지 7~8명은 수익에 미미하게 기여하거나 오히려 손실을 발생시킨다.

주식시장은 참 재미있다. 대학 입시에서는 같은 노력을 들인다면 지능이 높은 사람이 좋은 대학에 들어갈 확률이 높다. 하지만 주식시장은 지능이 높은 투자자가 좋은 성과를 내는 곳이 아니다. 남과

다른 사고방식과 통찰력을 지닌 투자자가 탁월한 성과를 낸다. 그렇다면 이 사고방식과 통찰력은 타고나는 것일까, 길러지는 것일까? 일부 타고나는 것도 있지만 후천적으로도 충분히 만들어나갈 수 있다.

비판적 사고는 단순히 오류를 찾아내는 사고방식이 아니다. 참이라고 주장되는 진술이나 명제의 의미를 파악하고, 제공된 증거와 추론을 검증하며, 사실에 대해 판단을 내리는 과정이다. 비판적 사고를 통해 다양한 변수 중에서 핵심 변수를 파악해 최대한 합리적인 판단을 내려야 한다.

합리적인 의사 판단을 위해서는 기본적으로 다양한 정보를 모으는 것이 중요하지만 무엇보다 핵심 요인을 간추리고 불필요한 정보를 과감하게 걸러낼 능력이 있어야 한다. 그런데 시장의 다양한 소음을 걸러내는 일은 생각보다 쉽지 않다. 시장의 심리는 몇몇 투자자가 아닌 대다수 참여자에 의해 형성된 것이기 때문에, 이 심리에 휩쓸리지 않기 위해서는 다수의 의견에 맞설 용기가 있어야 한다.

참 멘토, 실력 있는 동료를 두라

"복잡한 일을 하는 사람일수록 동료가 필요하다. 누군가와 함께 생각을 정리하는 과정만으로도 아주 큰 도움이 된다." - 찰리 멍거

투자를 시작한 지 오래되지 않았다면 멘토를 두는 것이 좋다. 논리에 오류가 있는데도 지적해줄 사람이 없어서 모르고 지나간다면 똑같은 실수를 반복할 것이기 때문이다. 투자 경험이 많고 성과를 꾸준히 내고 있는 동료가 있다면 최고의 멘토가 될 수 있다. 그렇지 않다면 같이 공부하는 데 자극이 될 상대를 옆에 두는 것도 좋다. 투자 초기에는 경험이 많은 주변인을 통해 여러 관점을 접해볼 필요가 있다. 미처 내가 생각하지 못했던 다양한 이야기를 전해줄 수 있기 때문이다.

다만 조심해야 할 점은 투자 실력이나 성과는 얼마든지 과장이 가능하다는 것이다. 가끔 식당에서 식사하다 보면 옆 테이블에서 주식 관련 이야기가 들려올 때가 있다. 누군가가 주식 초보자에게 자신의 지식을 자신 있게 늘어놓는데 아주 기초적인 부분조차 틀린 경우가 많다.

또한 '주식 리딩방'에 유료 회원으로 가입하는 것은 피하는 것이 좋다. 희한하게도 돈을 계속 잃으면서도 지시에 따르는 것이 신기할 따름이다. 리딩방은 실력이나 도덕성이 검증되지 않은 시장이다. 대부분의 사기 수법은 장 종료 후 호재성 기사가 나온 주식을 추천해 다음 날 주가가 상승하는 것을 보여주면서 신뢰를 얻는 것이다. 하지만 막상 유료 회원으로 가입해 추천받은 종목의 수익률은 형편없는 경우가 대부분이다. 또한 소수의 프리미엄 회원에게 먼저 정보를 전달하고 나머지 투자자 대부분은 프리미엄 회원들이 보유한 주식의 주가를 올리는 수단으로 이용하는 경우도 많다.

투자를 지속할 생각이 있다면 투자 모임에 나가보는 것도 좋다. 모임에 참여하다 보면 최소한의 가이드라인을 가지고 투자하게 될 확률이 높고, 그 과정에서 배우는 것이 많아진다. 특정인이 이야기할 때 다른 사람들이 숨죽여서 그의 이야기를 듣고 반응을 보인다면 투자 고수일 확률이 높다. 그가 이야기하는 논리의 흐름을 집중해서 들어 나중에 종목 발굴과 분석에 활용하는 것이 좋다.

공부하라, 소음에 휘둘리지 말라

"코카콜라 주식 200만 주는 언제든 거래될 수 있다. 많은 사람이 그 주식을 팔고 많은 사람이 그 주식을 산다는 뜻이다. 만일 여러분이 그중 한 사람과 이야기를 나눈다면 한 가지를 듣게 될 것이고, 또 다른 사람과 이야기를 나눈다면 또 한 가지를 듣게 될 것이다. 다른 사람이 어떻게 생각하느냐를 기준으로 주식에 대한 결정을 내려서는 안 된다." - 워런 버핏

"장기적으로 뛰어난 투자 성적을 얻으려면 단기적으로 나쁜 성적을 견뎌내야 한다." - 찰리 멍거

"투자자로서 70여 년을 보낸 나는 지금 장기 투자자이며, 시류와 반대로 행동하고 장기적 관점을 가질 때만 큰돈을 벌 수 있다는 생각을 하고 있다."
- 앙드레 코스톨라니

버핏은 다른 사람의 의견에 따라 결정을 내려서는 절대 부자가

될 수 없다고 단언한다. 투자의 세계는 기본적으로 복잡계의 특성을 지닌다. 완전한 질서나 완전한 무질서를 보이지 않고 수많은 요소가 상호 작용을 한다. 어떤 투자 대상도 완전할 수 없다. 우리는 몇 가지 단점에도 불구하고 장점이 더 많다는 판단으로 투자 의사 결정을 해야 한다.

누군가에게 내가 투자한 주식에 대해 이야기하는데 그가 부정적인 반응을 보인다면 어떻게 해야 할까? 내가 생각하지 못했던 부정적인 변수가 있고 그것에 대한 준비가 되어 있지 않다고 판단되면, 추가적인 공부를 통해 검증하면 된다. 중요한 것은 그 부정적 변수가 핵심 투자 아이디어를 훼손할 정도로 큰 이슈인지 아닌지를 판단하는 것이다. 모든 것이 완벽한 주식은 있을 수 없고, 모든 것이 완벽한 회사는 고평가되었을 확률이 높다. 오히려 적절한 수준의 단점을 지닌 회사가 투자 대상으로 더 매력적일 수 있다.

투자를 하다 보면 최근 뉴스나 루머 등에 흔들릴 때가 많다. 특히 내가 투자한 주식은 오르지 않고 다른 주식만 오른다고 느껴질 때면 마음이 더 복잡해진다. 주가를 움직이는 변수는 수십 수백 가지다. 투자자는 중요도가 높은 변수와 낮은 변수를 잘 분리해서 평가할 수 있어야 한다. 중요도가 낮은 변수를 보고 주식을 매매해서는 돈을 벌기가 어렵다.

한 가지만 꼭 기억하자. 잦은 매매를 통해 큰 부자가 된 경우는 보기 드물다는 사실이다. 모든 투자 대가는 우직하게 자신의 스타일대로 투자한다. 주변 이야기를 듣고 투자하거나 시장 예측을 통해 돈을 벌려 한다면 하루빨리 방법을 바꾸어야 한다.

지식을 내 것으로 만들어야 한다

"황소도 돈을 벌고 곰도 돈을 벌지만 돼지는 도살당한다." - 짐 크레이머

주식 투자 인구가 늘고 유튜브가 활성화되면서 투자 관련 정보를 쉽게 얻을 수 있게 되었다. 개인 투자자와 기관 투자가 사이의 정보 격차는 크게 줄어들었다. 일부 개인 투자자는 기관 투자가를 넘어서는 탁월한 성과를 거두기도 한다. 다만 여전히 개인 투자자 대다수는 준비가 부족하다. 두각을 나타내는 개인 투자자를 보면 대학교 동아리 활동이든 금융업계 종사 경력이든 투자의 기초를 다진 경험이 있는 경우가 많다.

인터넷에는 공개 정보가 넘치는데 투자자마다 성과 차이를 보이는 이유는 무엇일까? 기초 부족, 공부 시간 부족 때문일 것이다. 최고의 수능 강사를 모아놓은 인터넷 강의를 1년 동안 들었다 하더라도 스스로 공부하지 않는다면 낮은 점수를 받을 수밖에 없는 것과 마찬가지다.

직접 문제를 풀어보지 않고 듣기만 해서는 높은 점수를 받기가 어렵다. 투자도 마찬가지다. 내가 직접 공부하지 않으면 다양한 지

식은 금방 날아가 버리고 투자에 성공을 했든, 실패를 했든 남는 것이 없다. 듣는 것만으로도 투자 실력이 늘어난다면 경제 프로그램 진행자는 엄청난 실력을 갖추고 있어야 할 것이다. 하지만 현실적으로는 그렇지 않다.

내가 직접 부딪치면서 깨달아야 진정한 내 것이 될 수 있다. 적어도 내가 투자한 이유를 논리적으로 설명하고 반대 의견에 맞설 능력을 갖추어야 시장에서 장기적으로 살아남을 수 있다. 여기에 밸류에이션에 대한 기본적인 이해가 더해지고 투자 경험이 축적된다면 투자 실력은 충분히 늘 수 있다.

투자에서 '메타인지'가 중요한 이유

"우리가 모든 기업을 평가할 줄 알아야 하는 것은 아니다. 관건은 능력범위를 키우는 것이 아니라 자신의 능력범위를 정확하게 파악하는 것이다. 10~20년 후의 모습을 이해할 수 있는 기업 몇 개만 평가할 수 있으면 된다. 자신의 한계를 인식해 바보짓만 피하면 된다." - 워런 버핏

"자신의 능력범위를 파악하기는 어렵지 않다. 키가 160cm가 안 되는 사람이라면 프로 농구 선수가 될 생각은 하지 말아야 한다. 나이가 95세라면 애정 영화의 주인공이 될 생각은 접어야 한다. 체중이 150kg을 넘어간다면 발레는 포기해야 한다. 카드 패를 보고 승산을 따질 줄 모른다면 포커를 해서는 안 된다. 능력은 상대적 개념이다.' - 찰리 멍거

'메타인지'라는 것은 '자신이 무엇을 알고 무엇을 모르는지, 무엇을 할 수 있고 무엇을 할 수 없는지'를 인지하는 것이다. 공부를 잘하는 아이는 일반적으로 메타인지를 통해 자신이 아는 것과 모르는 것을 자각해 문제점을 찾아내고 해결하는 능력이 뛰어나다고 한다.

주식시장에는 '초심자의 행운'이라는 말이 있다. 주식 투자를 처음 시작하면 일단 현재 시장에서 제일 인기가 많고 상승 추세인 주식을 살 확률이 높다. 단기적으로 최고점에 있는 주식을 사는 일은 매우 드물기

때문에 투자 이후 수익을 보는 경우가 생긴다. 이때 초심자는 스스로 투자에 재능이 있다고 느끼지만 보통 이 행운은 오래가지 못한다.

어느 정도 투자 경험이 있는 투자자도 마찬가지다. 나름대로 특정 주식에 투자한 이유를 가지고 있다. 하지만 공부의 양이 부족하거나 잘못 판단한 상태로 투자하는 경우가 적지 않다. 예를 들어 온라인 쇼핑이 늘면서 택배량이 크게 증가할 것으로 예상해 한솔제지 그룹의 물류회사인 한솔로지스틱스를 매수했다고 하자. 혹시 이상하게 느껴지는 점이 있을까?

일단 한솔제지는 택배 상자에 사용하는 골판지를 제조하지 않고 인쇄용 종이와 산업용 종이를 주로 생산한다. 한솔로지스틱스 매출의 30% 정도가 한솔제지에서 발생하지만 한솔로지스틱스의 이익은 운송량(Q)보다는 운임(P)이 중요한 역할을 하며, 고부가가치 영역인 삼성그룹의 IT 물류(배터리 운송)와 해외 법인의 성장성에 큰 영향을 받는다. 한솔로지스틱스와 같은 사례는 실제 주위에서 자주 일어나는 사례 중 하나다.

만약 주가가 오르게 된다면 '역시 나는 투자에 소질이 있어' '역시 내 생각이 맞았군'이라고 생각하며 잘못된 투자를 지속하게 될 가능성이 높다. 혼자만의 착각 속에서 투자한다면 투자 수익은 전적으로 운에 좌우될 수밖에 없다. 투자 성과는 시간이 지날수록 투자 실력에 수렴할 확률이 높기 때문에 부족한 부분을 제대로 알아야 투자 실패 위험을 줄여나갈 수 있다.

경영자에게 투자는 필수 과목

"경영자도 투자를 배워야 한다. 투자은행 관계자가 찾아와 환상적인 슬라이드로 근사한 프레젠테이션을 해주면 CEO는 1시간 만에 30억 달러짜리 기업을 인수하려고 한다. 자기 계좌로는 1만 달러짜리 투자도 망설이면서 무려 수십억 달러짜리 기업은 기꺼이 인수하려고 한다. 본질적으로는 둘 다 똑같은 일인데 말이다." - 워런 버핏

"경영자가 투자를 배우면 경영을 더 잘하게 된다." - 찰리 멍거

회사의 규모가 커지면 추가적인 성장을 위해 결국 M&A에 관심을 가지게 된다. 기존 사업만으로는 성장의 한계를 느끼게 되는데 M&A는 회사를 한 단계 도약시킬 수 있는 좋은 기회이기 때문이다. 하지만 시장에서 잊혀진 그룹사 중 상당수는 시장에서 비상식적이라고 생각하는 M&A를 성사시키면서 쇠락의 길로 접어들었다. 제일 이해가 되지 않는 것은 경험이 적은 외국 컨설턴트의 몇 마디 말에 홀려서 그런 의사결정을 한다는 것이다.

경영자 상당수가 자신은 투자에 감각이 있다고 믿는다. 그런데 조금만 이야기해보면 그렇지 않은 경우가 훨씬 많다. 사업을 잘하는 것과

투자를 잘하는 것은 엄연히 다르다. 하지만 경영자 대부분은 자존심이 강해서 이를 인정하지 않는다. 한편 수익성보다 외형을 확장하기 위해서, 자녀에게 새로운 사업을 물려주기 위해서, 비자금을 확보하기 위해서 M&A를 하는 경우도 있다. 이런 경우 결말이 좋을 수 없다.

사업 매각에서 이해할 수 없는 고집을 피우기도 한다. 신사업을 위해 기존 사업 중 일부를 매각해야 하는 상황에서도 매각을 지연시키거나 가능성 없는 금액을 요구해 거래를 무산시키기도 한다. 사업에 대한 애착은 충분히 이해하지만 거래를 성사시키기 위해서는 현실적인 감각이 있어야 한다.

한국에서도 여러 가지 이유로 M&A가 활발해지고 있다. 회사를 한 단계 끌어올리기 위해서, 회사를 위기에 빠뜨리지 않기 위해서는 경영자도 투자를 알아야 한다. 절호의 기회나 위기의 상황에서는 한순간의 의사결정이 회사의 미래를 크게 바꿀 수 있다. 스스로 의사결정을 내리는 것이 어렵다면 곁에 믿음직한 조언자를 두어야 한다.

다만 돈이 모이는 곳에는 반드시 사기꾼이 있으므로 반드시 검증이 필요하다. 조언에 대한 보상은 인색하게 하지 않는 것이 좋다. 한마디 말이라고 생각할지 모르겠지만, 그 한마디 말 때문에 수백억 원, 수천억 원이 생기거나 회사의 운명이 바뀔 수도 있다.

투자자는 일반적인 경영자와 다르게 사업을 객관적으로 바라보고 효율성을 경영의 최우선 과제로 생각한다. 투자를 배우면 장기적으로 회사의 가치를 끌어올릴 방법을 알게 된다. 이것이 회사 가치를 얼마나 끌어올릴 수 있는지 오너들은 잘 모르는 것 같다.

투자를 배우게 되면 자신을 가둔 생각의 틀에서 벗어나 더 넓은 시각으로 시장을 바라보게 되며, 시장 변화에 민감해져 신규 사업 확장에도 큰 도움을 받을 수 있다. 경영자가 투자를 잘 모른다는 것은 매우 안타까운 일이다.

3부

돈이 끝이 아니다: 놓치기 쉬운 궁극의 목적

"내가 유일하게 바라는 것은 지금 하고 있는 일을 되도록 오래 하는 것이다.
매일매일 온종일 탭댄스를 추는 기분이다."

- 워런 버핏

9장

행복에
장기 투자하라

Z세대가 꼽은 행복을 위한 1순위

"진정한 성공은 나를 사랑해주었으면 하는 사람이 나를 사랑해주는 것이다."
- 워런 버핏

오픈 서베이 'Z세대 트렌드 리포트 2022'에 따르면, 한국인 220명과 미국인 204명, 총 424명을 대상으로 한 모바일 설문 결과 한국 Z세대의 33%는 행복한 삶을 위한 필수 요소 중 소득·재산을 1순위로 꼽았다. 2순위는 신체·정신적 건강, 3순위는 인간관계·우정을 꼽았다. 미국은 신체·정신적 건강을 1순위, 인간관계·우정을 2순위, 소득·재산을 3순위로 꼽아 대조되는 모습을 보였다.

젊은 세대일수록 소득·재산에 높은 비중을 두는 것은 어찌 보면 당연할 수 있다. 현재의 부동산 가격과 양육비를 생각하면 앞으로 마련해야 하는 소득·재산이 까마득하게 느껴질 수 있기 때문이다. 다만 기성세대가 자산을 모으기에 더 유리한 환경에서 자라기는 했지만 기성세대 역시 대다수는 소득·재산이 0에 가까운 상태에서 사회생활을 시작했다는 점은 생각할 필요가 있어 보인다.

젊은 세대가 자녀를 갖지 않으려고 하는 것도 이해가 된다. 자녀가 없으면 맞벌이가 가능하지만 자녀가 생기면 외벌이로 바뀌면서 소득은 줄고 비용은 배로 증가하기 때문에 생활이 궁핍해지는 것은 사실이다. 다만 자녀를 가짐으로써 얻게 되는 것들도 있다. 감정, 정서적으로 한 단계 성숙할 수 있고, 그뿐만 아니라 부정적으로 느껴질지 모르겠지만 '절박함'도 얻게 된다.

자녀가 없고 맞벌이를 한다면 적당히 회사를 다니고 여가 생활을 즐겨도 충분히 생활이 가능하기 때문에 최선을 다할 가능성이 낮아진다. 하지만 자녀가 있으면 부양을 위해 최선의 노력을 다할 수밖에 없다. 그래서 오히려 사회적인 성공을 얻게 될 가능성이 크다.

요즘 젊은 창업자를 보면 눈이 반짝반짝하다. 기성세대 창업자의 눈빛과 다른 무언가가 있다. 아무래도 극심한 경쟁을 경험한 절박함에서 나오는 눈빛 같다. 하지만 그 눈빛에서는 즐거움, 뿌듯함, 자부심도 느껴진다. 젊을 때는 소득·재산이 매우 중요하게 느껴질 수 있다. 하지만 시간이 지나서 다시 되돌아보면 개인의 성장, 인간관계가 더 중요했다는 것을 깨닫게 된다. 어떤 직업이든 끝까지 살아남은 자들이 과실을 가져가게 되어 있다. 마음이 바쁘겠지만 성장을 위해 꾸준히 노력한다면 소득·재산은 자연스럽게 따라올 것이다.

최고의 성공은 사랑받는 것

"주위의 사랑을 받는 사람 중에 행복하지 않은 사람은 없을 것이다." - 워런 버핏

일반적으로 성공의 이미지를 그려보면 '사회적 지위'나 '부'를 먼저 떠올리게 된다. 명예가 중요하면 사회적 지위에 더 가깝고, 실리가 중요하면 부에 더 가까울 것이다. 그런데 사회적 지위와 부를 모두 얻었더라도 가족조차 찾아오지 않는 처지라면 인생이 얼마나 허무하게 느껴질까? 사회적 지위와 부는 다음 단계로 올라갈 때마다 높은 성취감과 행복감을 안겨준다. 하지만 단계가 올라가고 시간이 지날수록 생각하지 못했던 스트레스를 받게 되고, 올라간 자리에 무감각해지면서 만족감이 줄어든다.

사회적 지위와 부만을 중요하게 생각하면 갈증이 계속될 수밖에 없다. 사람의 욕심은 끝이 없어서 더 높은 곳으로 올라가고 더 많은 돈을 벌기 위해 끝없는 쳇바퀴를 돌게 된다. 성장만 추구하다 보면 주변을 돌아볼 여유가 없어지고 결국 공허한 성공만 남는다.

사람은 적응의 동물이다. 처음에 10억 원을 벌면 한동안은 즐겁지만 시간이 지나면 원래부터 10억 원을 가지고 있었던 것처럼 느

껴져 더 이상의 자극을 받기가 어려워진다. 그래서 다시 20억 원, 30억 원을 모으기 위해 동분서주한다. 1,000억 원을 가지게 되어도 마찬가지다. 10억 원을 모으면 100억 원을 가진 사람이 보이고, 100억 원을 모으면 1,000억 원을 가진 사람이 보이면서 마음의 갈증만 더 커지는 것이다. 물질적인 자극은 결국 어느 순간 한계에 도달하게 된다. 돈이 많다고 해서 꼭 행복해 보이지 않는 것은 이 때문이다.

사람에게 가장 큰 자극이 되는 것은 '사람'이다. 사회적 지위와 부가 대체할 수 없는 유일한 대상이 바로 사람이다. 돈이 아무리 많아도 같이 즐겁게 밥 먹을 사람조차 없다면 얼마나 불행하겠는가. 사람은 사람을 만나면서 서로를 통해 배우고 성장하며 만족감을 느낀다. 행복감을 지속적으로 느끼기 위해서는 관계를 소중히 여기고 새로운 관계를 만들어가는 것이 좋다. 이것만큼 사람에게 지속으로 좋은 자극을 줄 수 있는 것은 세상에 없기 때문이다.

부자가 되어도 여전히 하고 싶을 일을 직업으로 두라

"자신이 하는 일을 즐길 때는 많은 일을 해도 고되지 않다. 즐기며 일할 때는 힘에 부치지 않는다. 오히려 일하면서 활력이 생긴다." - 워런 버핏

"직업을 고를 때는 누구에게 의존하지 않아도 될 만큼 부자가 되더라도 여전히 하고 싶은 일을 선택하라." - 워런 버핏

내가 좋아하는 일이 있다는 것은 행운이며 축복받은 것이다. 주위를 둘러보면 꼭 좋아하는 일이어서 시작한 경우보다 상황에 맞추다 보니 시작한 경우가 훨씬 많다. 좋아하는 일은 취미로 하는 것이 좋다는 이야기도 있지만 직업으로 삼는 것은 매우 훌륭한 일이다.

'좋아하는 일'의 최대 장점은 열심히 해도 덜 지친다는 것인데 특정 분야의 전문가가 되기에 유리한 조건을 가지고 시작할 수 있기 때문이다. 중요한 것은 '오래 할 수 있느냐'다. '강한 자가 살아남는 것이 아니라 살아남은 자가 강한 것'이라는 말이 있다. 특정 직업에서 승리한 사람은 오랫동안 그 자리를 떠나지 않고 머문 사람이다. 과실은 결국 오래 머문 사람이 가져가게 되어 있다.

직업 선택이 고민이라면 노트를 펼치고 다음 세 가지에 대해 생각나는 대로 적어보자. 내 영향권 안에 있는 일 중에 내가 좋아하는 일, 남보다 잘할 수 있는 일, 높은 보상이 가능한 일. 절대적인 우위에 있는 일이 있다면 그대로 선택하면 되고 그렇지 않다면 내 안에서 상대적인 우위에 있는 일을 찾아보는 것이다.

첫째, 직업이 영향권 안에 있어야 하는 것은 내가 처한 상황을 고려하지 않는다면 '장래 희망은 대통령'처럼 공허한 일이 될 수 있기 때문이다. 영향권 안에서 내가 좋아하는 일들을 나열해보도록 하자. 되도록 전공과 관련되면 좋지만 다양한 배움이나 취미활동 등을 통해 관심이 가는 영역을 찾아도 좋다. '생각만으로도 좋아 죽는

일'은 현실적으로 찾기가 어렵다. 상대적으로 나쁘지 않은, 상대적으로 괜찮은 일을 골라야 한다.

둘째, 그중에서 남들보다 잘할 수 있는 일을 선택해보도록 하자. 어느 정도의 재능은 필요하다. 그래야 도태되지 않고 오래 살아남을 수 있다. 절대 강자일 필요는 없다. 일부 전문직을 제외하고는 눈높이만 조금 낮추고 열심히 노력하면 일정한 위치에 오를 수 있다. 남보다 크게 잘할 수 있는 일이 아니더라도 자신이 가진 능력 중에 상대적으로 괜찮은 것을 키우면 된다. 꾸준함에도 보상이 따른다.

셋째, 이왕이면 보상이 상대적으로 높은 직업을 선택하도록 한다. 보상은 지치지 않게 하는 원동력이자 '복리 마법'의 원천이 된다. 보상이 제대로 따르지 않는다면 아무리 좋아하는 일에도 회의감이 들 수 있다.

어떤 분야에서든 20년 이상 일했다면 그 분야의 '장인'이라고 불릴 만하다. 다만 이는 끊임없이 자기계발을 지속했을 때만 해당한다. 한 분야에 오랫동안 머물면 사회적 지위와 보상은 자연스럽게 따라온다. 만약 그 일을 좋아한다면 해당 분야에 머무는 과정은 훨씬 수월할 것이다.

일이 곧 취미, 내 성장이 곧 회사의 성장

잘나가는 회사들의 대표를 만나보면, 그들은 항상 분주하게 뛰어

다니지만 지치는 기색이 없고 일을 즐기는 것처럼 보인다. 사실 한 기업의 대표가 되면 일상과 일의 경계선이 모호해진다. 저녁에도 업무 관련 통화를 하고, 식사 자리는 업계 관계자와 함께하며, 휴일에 잔무를 처리하기도 한다.

대표가 지치지 않고 일하는 것은 자기 회사라는 생각 때문일 수도 있지만 일 자체를 즐겁게 느끼기 때문이다. 그들 대부분은 돈을 버는 것도 중요하지만 자신과 회사가 성장하는 것에 큰 희열을 느낀다. 일을 일종의 돈벌이 수단으로 받아들이는 것이 아니라 취미 생활처럼 즐기면서 하는 것이다.

'나는 오너가 아니니 나와 상관없는 이야기'라는 생각은 접었으면 한다. 그런 생각은 자신에게 좋을 것이 전혀 없다. 회사의 성장을 위해 내가 희생하고 있다고 생각하지 말자. 회사는 내가 성장하기 위해 필요한 공간이다. 그 공간을 적극적으로 활용하면 그만이다. 내가 성장하면서 회사가 성장하고 성장에 대한 보상이 이루어지는 회사라면 오래 다니면 되고, 회사가 내 성장을 알아봐 주지 못한다면 다른 곳으로 옮겨서 내 가치를 인정받으면 된다. 성장한 나는 온전히 내 소유이며 나라는 본질은 어디를 가도 바뀌지 않는다.

똑같은 일을 하면서 불평을 늘어놓는 사람은 어디에나 있다. 일은 누구에게나 고되다. 생각의 차이가 자신을 멍들게 할 수 있다는 것을 알아야 한다. 고된 일을 하면서도 기꺼이 나서는 모습을 보이면 누구라도 나와 함께하고 싶어 할 것이다. 하지만 불만에 가득 찬 모습을 보인다면 내 기분이 계속 나빠질 뿐 아니라 회사에서 성장할 기회도 잃게 될 것이다.

좋아하지 않는 사람과 일하는 것은 미친 짓이다

"나는 내가 좋아하지 않거나 존경하지 않는 사람과 교류하지 않는다. 그것이 내 성공의 열쇠. 좋아하는 사람과 일하는 것은 결혼하는 것과 같다. 나는 아주 능력 있고 뛰어난 사람과 일한다. 그리고 내가 하고 싶은 것을 하며 산다."
– 워런 버핏

"좋아하지 않는 사람과 함께 일하는 것은 미친 짓이다. 어떤 상황에서도 그것은 옳지 않다. 이미 부자인 사람이라면 더욱 그렇다." – 워런 버핏

"칭찬할 때는 이름을 거론하라. 비난해야 할 때는 개인에게 하지 말고 그가 속한 집단을 향해 하라." – 워런 버핏

"차별은 옳지 않을 뿐 아니라 어리석은 짓이다. 재능을 찾으려면 다양한 스펙트럼의 사람을 포용해야 한다." – 워런 버핏

많은 시간을 일터에서 보내는 직장인에게 가장 큰 스트레스 요인은 '사람'이다. 직장인이 이직을 결심할 때는 연봉, 개인의 성장, 승진 기회 등 다양한 이유가 있겠지만 그중에서도 직장 동료와 불편한 관계는 치명적이다. 이는 매우 껄끄러울 뿐 아니라 시간이 지나도 나아지기가 쉽지 않기 때문이다.

조직원 간의 신뢰와 존중은 직장생활을 즐겁게 할 강력한 동기가 될 수 있다. 불필요한 커뮤니케이션 비용을 줄이고 자발적으로 일할 힘을 얻을 수 있기 때문이다. 자신의 상황을 이해하는 사람과 감정을 나눌 수 있다는 것 자체만으로 업무 스트레스는 줄어들게 된다.

회사가 도약하는 데 제일 중요한 것은 사람이다. 매력적인 사람은 알아서 자기 밥값을 할 뿐 아니라 새로운 먹을거리를 가져오기도 한다. 말이 통하면서 일이 더 재미있어진다. 더 바빠졌는데도 더 즐거워지는 것이다. 이는 회사의 대표에게만 해당하는 이야기가 아니다. 자신의 성장을 중요하게 생각하는 직원이라면 배울 점이 있는 사람과 일하고 싶어 할 수밖에 없다.

회사의 최고 복지는 뛰어난 사람과 같이 일할 기회를 제공해서 배우고 성장할 여건을 갖추는 것이라는 이야기가 있다. 나이가 들고 경험이 쌓일수록 누구와 같이 일하느냐가 무척 중요해진다. 누구와 일하느냐에 따라 성장의 속도가 달라질 수밖에 없기 때문이다.

"다양한 스펙트럼의 사람을 포용해야 한다"라는 버핏의 이야기에도 공감이 많이 간다. 사람은 모두 자신만의 생각과 신념이 있기 때문에 당연히 마찰이 발생할 수밖에 없다. 이때 누가 절대적으로 옳고 그른 것이 아니라 다른 것뿐이라는 인식이 필요하다.

버핏은 대화의 기술을 늘리는 데 데일 카네기의 《인간관계론》에서 많은 것을 배웠다고 한다. 《인간관계론》에는 사람에게 호감을 얻는 여섯 가지 방법이 나오는데 이는 사람들과 원활한 관계를 유지하는 데 도움을 줄 것이다. 그 여섯 가지는 다음과 같다.

　첫째, 진심으로 다른 사람에게 관심을 가진다. 둘째, 미소를 짓는다. 셋째, 이름을 기억한다. 넷째, 상대방의 말을 귀담아듣고 그들이 자신의 이야기를 할 수 있게 한다. 다섯째, 상대방의 관심사에 관해 이야기한다. 여섯째, 상대방을 칭찬해 자신이 중요한 사람이라고 생각하게 한다.

행복해지는 방법

"나는 더 원하는 것이 없다. 생활비를 더 지출한다고 해서 생활 수준이 더 높아지는 것은 아니다. 집을 7~8채 보유한다고 해서 더 행복해지지 않는다. 오히려 더 불행해질 것이다." - 워런 버핏

주어진 하루를 소중히 사는 것이 행복의 시작이다. 행복에는 특별한 그 무엇이 없어야 한다. 행복은 특별하게 여길수록 점점 더 멀어진다. 한 번의 커다란 행복이 아니라 일상생활에서의 소소한 행복을 누리는 것이 진정으로 행복해지는 길이다. 행복감이 주는 자극 역시 시간이 지나면서 점차 희미해지기 때문이다.

예를 들어 한 달간 유럽 여행을 한다고 하자. 생각만 해도 즐겁지 않은가? 하지만 한 달을 제외한 나머지 11개월은 회사-집-아르바이트의 무한 반복 생활을 해야 한다고 생각해보자. 초기 한두 달은 버틸 만하겠지만 행복감이 오래갈 수 있을까? 아침에 마시는 향긋한 커피 한잔, 생각지도 못한 맛집 발견, 일상생활에서 발생하는 소소한 사건, 친한 친구와의 수다 등 소소한 곳에서 느끼는 행복감을 자주 느끼는 것이야말로 진정한 행복감의 원천이다.

신체 활동을 통해서도 행복 에너지를 충전할 수 있다. 서울대 최인철 교수는 운동과 산책은 최고의 행복감을 주는 활동 중 하나라고 한다('어떻게 살 것인가? 5강: 행복에 관하여', 플라톤아카데미TV). 운동은 불안장애, 우울증, 일반적인 스트레스 등 모든 정신 질환을 치료하는 데 효과가 있다고 그는 말한다. 운동은 집중력과 침착성을 높이고 충동성은 낮춰 우울증 치료제를 복용하는 것과 비슷한 효과를 낸다.

최인철 교수는 우리가 일상에서 하는 행동 중 가장 높은 행복감을 주는 것은 여행이라고 한다. 행복감을 주는 최고의 활동이 걷기, 놀기, 말하기, 먹기인데 여행에는 이 4가지 활동이 모두 녹아 있다면서 말이다. 행복해지고자 한다면 여행에 우선순위를 두는 것이 필요한데, 행복감이 상대적으로 낮은 TV 시청, SNS 접속, 휴대폰 메신저 사용 등에 쓰는 시간을 줄이고 여행이나 운동 등 행복감을 높이는 활동을 하는 것이 좋다. 경험은 더 크고 더 긴 행복감을 느끼게 한다. 돈이 있고 돈으로 살 수 있는 경험이 있다면 지출을 망설일 이유가 없다.

10장

성장에
집중투자하라

부자가 될 것을 단 1분도 의심하지 말라

"나는 부자가 될 것을 항상 알았고 단 1분도 의심해본 적이 없다." - 워런 버핏

"부자가 되는 방법은 단 세 가지뿐이다. (1) 부를 물려받아라. (2) 부자와 결혼하라. (3) 버는 것보다 적게 소비하고, 남은 돈은 가치가 증가하고 당신을 부자로 만들어줄 무엇인가에 투자하라." - 프레드 J. 영

프레드 J. 영이 언급한 '부자 되는 방법 세 가지' 중에서 '부를 물려 받아라'와 '부자와 결혼하라'는 의지만으로 이루기 어렵다. 그렇다면 방법은 하나밖에 없다. 버는 것보다 적게 소비하고 남은 돈을 제대로 투자하는 것이다.

워런 버핏은 자신이 부자가 되리라는 확신과 자신감이 있었다. 그래서 조급함을 가지지 않고 한 단계 한 단계 성장해나갈 수 있었

다. 부자는 40세에 될 수도 있고 50세에 될 수도 있는 것인데 굳이 급하게 마음먹을 필요가 있을까? 젊은 나이에 부자가 되면 좋겠지만 실현 가능성이 작다. 노후에 풍족한 삶을 누리는 것으로도 충분하지 않을까?

과거에 비해 우리는 대체로 풍요로운 삶을 살고 있다. 어떤 동네에 살든 주변에 편의 시설이 있고 다양한 취미생활이 가능하며, 과소비만 하지 않는다면 맛있는 것 먹고 여행도 다니면서 살 수 있다. 부자라면 좀 더 풍요롭겠지만 그렇다고 엄청나게 더 특별한 무엇인가를 누리는 것은 아니다.

너무 빠르게 부자가 되려고 하지 않으면 좋겠다. 누구에게나 성숙의 기간이 필요하다. 〈하버드비즈니스 리뷰〉 보고서에 따르면 창업 후 5년 내 가장 높은 성장률을 기록한 기업가 상위 0.5%의 평균 연령은 만 45세다. IPO, M&A를 통해 성공한 기업인으로 우뚝 선 스타트업 창업가도 40대 중반이다. 아이폰은 스티브 잡스가 53세 때 처음 출시되었다.

이 보고서에 따르면 "관련 분야에서 3년 이상 일한 창업자는 경험이 전혀 없는 사람에 비해 성공할 가능성이 85% 높다. 특출한 창업가는 매우 젊은 나이에 성공할 수 있을 정도로 비범한 통찰력이 있지만, 나이가 들면서 더 큰 성공을 거둘 수 있다"라고 한다.

어린 나이에 사업을 시작하면 그 나이에 느낄 수 있는 다양한 경험, 행복감, 친구 관계 등을 포기해야 한다. 빨리 성공해서 편하게 살고 싶을지도 모르지만, 한창 일할 나이에 쉬는 것도 그렇게 멋진 일은 아니다. 성공한 사람들은 성공에 대한 좋은 기억 때문에 끊임없이 진화하려 노력하기 때문에 젊은 나이에 은퇴하고 편하게 사는 경우는 드물다.

빨리 부자가 되려는 마음에 무리하게 투자하는 경우가 있다. 사업에 실패하면 그 경험을 거름 삼아서 다시 일어날 수 있다. 하지만 투자에서 크게 실패하면 큰 허무함을 느끼고 그 부작용에 오래 시달리게 된다. 젊은 세대 상당수가 '영 앤 리치(young & rich)'를 꿈꾼다. 젊은 나이에 부자가 된다는 것은 매우 매력적인 일이다. 하지만 'young'과 'rich'는 어울리기 어려운 조합이다. 영 앤 리치의 성공 사례는 극히 드물며, 그 성공 역시 우리 눈에 보이지 않는 노력과 희생이 수반되었을 확률이 높다.

20~30대는 '워라밸'을 꿈꾸지 말자

'워라밸'은 '일과 삶의 균형'이라는 의미인 'work-life balance'의 준말이다. 듣기에는 좋은 표현이지만 모두에게 적용되는 것은 아니다. 많은 사람이 구글 본사의 쾌적한 사무 공간과 복지 시설을 보면서 근무 환경이 좋은 외국 회사를 부러워한다.

하지만 복지 수준이 높은 회사일수록 높은 경쟁률을 뚫어야 입사할 수 있고 사내 경쟁 역시 치열하다. 회사에서 저녁 식사를 포장해주고 심리 상담까지 해주는 데는 직원을 회사 일에 전념할 수 있게

하려는 의도가 숨겨져 있다. 실제로 외국 회사는 겉으로 보이는 것과 다르게 한국 회사보다 근무 강도가 훨씬 높은 경우가 많다.

성공한 40~50대의 현재 모습은 화려해 보일지 몰라도 20~30대 때의 모습은 절대로 그렇지 않다. 학벌, 집안, 재력을 다 갖추었어도 야근, 특근 등으로 하루하루를 치열하게 보냈을 확률이 높다. 20~30대에 워라밸을 누리면서 성공한다는 것은 거의 불가능한 일이다.

어느 분야에서든 성공한 사람은 인생의 주요 구간에서 치열하게 자신을 갈고닦은 시기가 있는데, 대부분 20대 후반에서 30대 중반이 이 시기에 해당한다. 이때 기초를 잘 닦아놓으면 30대 후반에서 40대 중반에 한 단계 성장할 수 있고, 그렇지 못하면 예전 자리에 머물 수밖에 없다.

'학교 선생님이나 안정적인 공무원으로 일하면서 빠르게 부자가 되고 싶다'는 생각은 실현 가능성이 없다. 한쪽에 장점이 있으면 다른 쪽에는 단점이 있기 마련이다.

현재 어울리고 있는 사람이 당신의 미래다

"당신보다 나은 사람과 어울려라. 훌륭한 자질을 가진 사람과 어울리면 당신도 그처럼 훌륭한 자질을 갖추게 될 것이다. 당신보다 못한 사람하고만 어울리면 지금보다 못한 사람이 될 가능성이 크다." - 워런 버핏

"사업을 기초로 세운 우정이 우정을 기초로 세운 사업보다 더 낫다."

- 존 데이비슨 록펠러

'근묵자흑(近墨者黑)'이라는 한자 성어가 있다. 먹을 가까이하다 보면 자신도 모르게 검어진다는 뜻으로, 나쁜 무리와 어울리면 보고 듣는 것이 그릇되어 그것이 나쁜 줄 모르고 행동하게 된다는 의미다.

사회에서 누군가를 만날 때, 그가 가까이하는 사람의 됨됨이를 보고 그의 됨됨이를 미루어 짐작하는 경우가 있다. 결이 다르면 만나는 것이 불편해 처음부터 친하게 지낼 가능성이 작고, 같이 지내다 보면 서로 닮아가기도 하기 때문이다.

훌륭한 사람을 옆에 두면 자연스럽게 닮아간다. 사람에게 가장 큰 자극제는 사람이다. 열정이 넘치는 사람을 옆에 두면 그 열정이 고스란히 옆 사람에게 전염되고 긍정적인 에너지를 얻게 된다.

중요한 의사결정을 내리는 순간 말 한마디로 큰 도움을 얻기도 한다. 성공한 사람은 공통적으로 합리성과 통찰력을 가지고 있다. 그들과 어울리다 보면 동일 분야가 아니어도 생각의 틀을 배울 수 있다. 간혹 생각지도 못했던 사업 간 시너지를 내기도 하고 사업에 중요한 포인트를 얻기도 한다.

실력뿐 아니라 인성까지 겸비한 사람이면 더욱 좋다. 인성이 좋은 사람은 이해관계와 무관하게 기꺼이 도움을 주며 내 성공을 진심으로 축하해준다. 인성이 갖추어지지 않은 사람은 나를 자신의 성장을 위한 발판으로 이용할 가능성이 크다. 시기와 질투로 나를 위험에 빠뜨리게 할 수도 있다.

사랑받는 사람이 되는 법

"사랑받을 수 있는 유일한 방법은 사랑받을 만한 사람이 되는 것이다."

– 워런 버핏

가끔 "내 주위에는 도움이 되는 사람이 없어"라고 불평하는 사람이 있다. 그럴 때면 '당신은 주위에 얼마나 도움을 주었는지' 묻고 싶어진다. 사회생활을 통해 형성되는 인맥은 한쪽만 수혜를 보는 구조로는 지속되기가 어렵다. 진짜 인맥은 쌓으려고 해서 쌓이지 않는다. 스스로 실력을 키우고 성공하면 자동으로 따라오는 경우가 많다.

인간관계를 더 풍부하게 하고 싶다면 다른 사람을 이끄는 매력 포인트 하나쯤은 가지고 있는 것이 좋다. 가장 좋은 것은 자기관리를 통해 남에게 필요한 사람이 되는 것이다. 내 식견과 통찰력을 보고 다른 사람이 찾아오는 상황을 만들어보자. 이 외에 풍부한 인간관계를 만드는 데는 매력적인 외모, 화려한 언변, 배려심, 재력 등 다양한 요인이 있지만 식견과 통찰력만큼 강력하게 작용하지는 않는다. 타인의 모범이 되고 기꺼이 자신이 가진 것을 나눌 줄 알고,

친절하고 능력까지 갖춘다면 누구나 나를 보고 싶어 하고 당연히 옆에 좋은 사람만 모이게 될 것이다.

좋아하는 사람 닮아가기

"자신에게 본보기가 될 만한 적절한 우상이 있다면 당신은 운이 좋은 사람이다. 우상은 한 명이 아니라 서너 명 정도 가지는 것이 좋다. 자신에게 딱 들어맞는 이상적인 인물은 없는 법이다." - 워런 버핏

버핏은 자신의 아버지, 벤저민 그레이엄, 필립 피셔, 버락 오바마, 빌 게이츠 등을 존경하는 인물로 꼽았다. 주변에 배울 점이 있는 사람을 가까이 두는 것은 행복한 일이다. 멘토가 한 사람일 필요는 없다. 완벽한 사람은 없고 각자 개성이 있기 때문에 한두 가지 본받을 점만 있어도 충분히 멘토로 삼을 만하다.

사람은 누구나 장점이 있다. 사람을 볼 때 단점보다는 장점에 집중하는 것이 나를 위해서도 좋다. 단점에 집중하다 보면 적대감이 생길 수밖에 없고 그런 감정은 상대방에게 고스란히 전달된다.

어떤 사람을 잘되게 도와주는 일은 쉽지 않아도 못되도록 훼방을 놓는 일은 쉽다. 적을 만들어서 좋을 것이 없다. 옆 사람의 장점을 진심으로 칭찬하고 닮도록 노력해보자. 그와 더 친밀해지는 동시에 내 단점을 조금씩 줄여나갈 수 있다.

다들 '예스' 할 때 '노' 할 용기, 일단 의심부터 하라

"성공하는 사람과 정말로 성공하는 사람은 다르다. 정말로 성공하는 사람은 거의 모든 것에 '노(No)'라고 말한다." - 워런 버핏

"버핏과 나는 군중이 무심코 흘려보내는 것을 거의 자동으로 의심한다. 이런 기질을 가지면 매우 성공할 수 있다는 사실을 일찍 깨달았고, 그 기질을 '강화'했다. 금융세계에서 IQ보다 훨씬 더 중요한 것은 기질이다." - 찰리 멍거

구글 출신 인사 담당자가 "한국·중국·일본·싱가포르·대만 등 아시아권 사람은 왜 실리콘밸리에서 성공하지 못하나?"(황성현, 티타임즈TV, 2021/08/13)라는 주제로 이야기한 적이 있다. 그에 따르면 아시아권 사람은 조직 문화를 중요하게 생각하기에 반대 의견을 제시하는 경우가 많지 않고 새로운 프로젝트가 주어질 때 기존 것을 고수하려는 경향을 보이기 때문에 탑매니지먼트로 올라가는 경우가 드물다고 한다. 구글에 입사했다면 기본적으로 똑똑한 사람이다. 하지만 그 안에서 탁월해지기 위해서는 또 다른 무언가를 가지고 있어야 하는 것이다.

모든 것을 당연하게 받아들이지 않으려면 상당한 용기와 노력이 필요하다. 다른 사람과 같이 나도 눈을 감고 넘어간다면 편해질 일이 많기 때문이다. 하나하나 뜯어보고 검증하는 일은 상당히 피곤하다. 하지만 자그만 것도 당연히 여기지 않고 의심하고 관찰하는

습관을 들이다 보면 누구와 이야기해도 허물어지지 않는 탄탄한 논리 흐름을 가질 수 있다.

군중과 다른 편에 선다는 것은 매우 괴로운 일이다. 하지만 남과 다르게 생각해야 다른 결과물이 나온다. 남과 똑같은 결론만 낸다면 남보다 뛰어난 위치에 오르지 못한다. 주식이든 사업이든 남과 다른 길을 걸어야 큰 성공을 이룰 수 있다.

인성, 지능, 열정 중 최고는 인성이다

"직원을 고용할 때 세 가지 자질을 살펴야 한다. 바로 인성(integrity), 지능(intelligence), 열정(energy)이다. 이 중 인성이 나쁘다면 나머지 두 가지 자질을 가졌더라도 회사에 문제를 일으킬 수 있다." - 워런 버핏

'Integrity'는 정직, 고결, 올곧음, 성실 등으로 번역되지만 그 의미를 정확하게 드러내는 우리말은 없다. Integrity가 있다는 것은 정직하고 성실하며 균형 잡힌 생각을 가져 인품이 흠잡을 데 없다는 의미다. 나는 이를 '인성'으로 번역한다.

사회생활을 하다 보면 똑똑하지만 몸에 가시가 돋친 사람을 만난다. 스마트하지만 같이 일하고 싶지는 않은 유형이다. 가장 무서운 사람은 가시를 숨기고 있는 사람이다. 흔히 이야기하는 '소시오패스' 유형이다. 이들은 공감 능력이 떨어지지만 타인의 선호를 정확

히 읽어내는 능력을 지녀서 사회적으로 높은 위치에 오르는 경우가 많다.

소시오패스는 미국 전체 인구 중 4%를 차지한다고 한다. 이들은 직접적인 이해관계를 맺지 않은 사람에게는 아주 친절한 모습을 보이기 때문에 호감을 불러일으킨다. 하지만 자신의 이익에 맞지 않는다고 판단하면 무섭게 돌아서서 공격한다. 사회생활을 하면서 소시오패스를 만나게 된다면 선배든 후배든 어느 정도 거리를 유지하는 것이 좋다. 언젠가는 트러블을 일으킬 확률이 높기 때문이다.

2021년 IBK 기업은행이 실시한 설문조사에서 인사 담당자가 가장 중요시하는 경력직 채용 선호 기조 1위는 '직무 경험'이고 그다음이 '인성'과 '커뮤니케이션 능력'이었다. 같은 해 잡코리아에서 중소기업 인사 담당자에게 설문조사한 결과 지원자의 업무 능력보다 인성, 성실성 등 역량 외적인 부분을 더 인상적으로 보게 된다는 답변이 나왔다. 채용 이유로 '긍정적인 에너지가 보여 기존 직원과 협업이 기대되었다'라는 답변이 40.6%로 가장 높았고, '정직하고 성실해 보였다'(30.4%), '인성이 좋고 인간적으로 보였다'(29.7%)가 뒤이어 많았다. '채용 분야에 필요한 경험과 역량을 갖추었다'(29.0%)는 그다음이었다.

중소기업은 대기업에 비해 인원이 적으니 화합하지 못하는 직원이 더욱 눈에 띈다. 고객 요구 사항에 빠르게 대응해야 하는데, 화합하지 못하는 직원은 조직이 일사불란하게 움직이는 데 걸림돌이 될 수 있다. 능력은 입사 후에도 키울 수 있지만 인성은 쉽게 변하지 않는다. 인성이 좋지 않은 직원 한 명이 팀 전체의 효율성에 큰 영향을 미치기 때문에, 작은 조직일수록 인성이나 업무 태도를 더욱 중요하게 여긴다.

비즈니스업계 리더에 관한 베스트셀러를 여러 권 낸 작가 재닛 로우는 찰리 멍거에 대해 다음과 같이 이야기했다.

> 찰리 멍거를 특별하게 만드는 것은 그의 품성이다. 그의 지력은 탄복할 정도다. 그는 내가 만나본 그 어느 누구보다 명석하고, 또 죽여서라도 빼앗고 싶은 탁월한 기억력을 가지고 있다. 그에게는 선천적으로 타고난 여러 능력이 있다. 하지만 내가 멍거를 그토록 높이 사는 것은 그가 그런 능력을 발휘할 때 보여주는 결연한 모습 때문이다. 지난 41년간 나는 멍거가 누군가를 이용하는 것을 본 적이 없으며, 자신이 하지 않은 일에 대해 공을 내세우는 일도 본 적이 없다. 실은 정반대다. 그는 애써 나나 다른 이의 몫을 더 챙겨주었고, 일이 어긋났을 때는 응당 받아야 할 비난보다 더 많은 비난을 짊어졌으며, 공이 더 많이 돌아가야 할 때도 자기 몫을 덜 차지했다.

찰리 멍거는 아량이 매우 넓고 사리사욕으로 공정함을 그르치는 일이 없다고 한다. 사람들은 대부분 세상의 평판에 휘둘리기 마련이지만 그는 자신의 기준에 맞추어 판단하고 행동한다. 버핏과 멍거는 천재이면서도 친절하고 겸손하기까지 한 보기 드문 인재들이다.

워런 버핏
익스프레스

11장

당신의 미래와
교육에 투자하라

자녀에게 아무것도 할 필요 없다고 느낄 만큼의 돈은 주지 말라

"당신의 아이에게 '무엇이든 할 수 있다'고 느낄 정도의 충분한 돈을 주라. 그러나 '아무것도 할 필요가 없다'고 느낄 정도의 많은 돈은 주지 말라."

- 워런 버핏

"내 주식 증서의 1% 이상을 나와 우리를 위해 사용한다 해서 지금보다 더 행복하고 편안해지지는 않을 것이다. 이와 대조적으로 나머지 99%는 다른 이의 건강과 복지에 어마어마한 영향을 미칠 수 있다. 이런 현실을 보면 나와 내 가족이 걸어갈 길은 명확하다. 우리가 살면서 필요한 만큼만 취하고 나머지는 사회의 필요를 위해 나누는 것이다. 내 기부 서약은 그 출발점이다." - 워런 버핏

"내 자식은 충분히 훌륭하다. 나는 그들이 성장하는 동안 남보다 더 큰 혜택을 받는 것이 옳다고 생각하지 않는다. 지나친 부는 공평한 경쟁을 왜곡시킨다."

- 워런 버핏

워런 버핏이 "'무엇이든 할 수 있다'고 느낄 정도의 충분한 돈을 주라"라고 한 것은 자녀를 단순히 편하게 먹고살 수 있게끔 하라는 의미가 아니다. 리스크에 옭매이지 않고 위험하고 진취적인 일을 선택할 수 있도록 도움을 주어 사회에 활력을 불어넣어 주기 위함으로 보인다. 아니나 다를까, "'아무것도 할 필요가 없다'고 느낄 정도의 많은 돈은 주지 말라"라고 그는 첨언했다.

성인이라면 스스로 재정을 책임져야 하는데, 너무 많은 돈을 물려주면 자립 의지를 망가뜨리게 된다. 그리되면 돈은 있지만 사회 구성원으로서 제대로 된 역할을 하기 힘들며 물려준 돈을 지키기도 어려워진다. 자립심 없는 자녀에게는 상속이 오히려 해가 될 수 있다.

한국의 경영 세습은 긍정적인 면과 부정적인 면을 다 가지고 있다. 회사에 주인이 있기 때문에 의사결정이 빠르고, 단기적 성과가 아니라 장기적 비전을 가지고 신규 사업에 투자할 수 있다. 반면 무능한 경영자가 회사를 이상한 방향으로 이끌 수도 있다.

가장 이상적인 모습은 자녀 스스로 하고 싶은 일을 찾아서 새로운 비즈니스를 만들어 성공하는 것이다. 부모는 사업 경험과 자본이 있기 때문에 유·무형의 도움을 줄 수 있다. 자녀가 창업자의 회사에 들어갔을 때 발생할 수 있는 불필요한 노이즈를 줄이는 동시에 사회적으로도 부와 고용을 창출하는 효과를 낸다. 도움은 주되 너무 깊게 관여하지 않는 것이 자녀를 바로 세우는 길이다.

자녀에게 주식 투자를 일찍 가르치면 어떨까?

"부모가 자식에게 줄 수 있는 가장 큰 혜택은 사랑이다." - 워런 버핏

"어느 부모에게나 가장 중요한 일은 자녀를 가르치는 것이다. 시간은 되돌릴
수 없다. 한 번 놓치면 두 번째 기회는 없다. 말이 아니라 행동으로 가르쳐야 한
다. 자녀는 교사보다 부모에게 더 많은 것을 배운다." - 워런 버핏

버핏은 어려서부터 돈에 관심이 많았다. 그는 어렸을 때 할아버
지의 식료품 가게에서 놀았는데, 돈의 세계는 늘 호기심의 대상이
었다. 장사에 관심을 가지게 된 그는 껌을 팔아 돈을 벌기도 했다.
그의 아버지는 주식 중개인이었고, 버핏은 11세 때 처음 주식 투자
를 경험했다.

어린 자녀에게 주식 투자를 가르치면 우선 저축 효과를 얻을 수
있고 무엇보다 아이가 경제관념을 가지게 된다. 하지만 가장 큰 단
점은 노동의 가치를 낮게 평가할 수 있다는 점이다. 투자로 돈을 벌
면 되는데 굳이 어렵게 일할 필요가 있는지 의문을 가지는 것이다.
어설프게 가르치고 배우는 것도 문제가 될 수 있다. 금융시장의 원
리를 정확하게 이해하고 투자하면 좋겠지만 대부분 간단한 아이디
어 수준으로 시작한다. 이는 운에 기대서 투자하는 것과 크게 다르
지 않다.

돈을 벌면 자신이 대단한 투자자라고 착각할 수 있고, 돈을 잃으

면 금융에 대해 안 좋은 선입견만 생길 수 있다. 나는 어린 나이에 주식 투자는 얻을 수 있는 것이 많지 않다는 판단하에 아이에게 주식 투자를 전혀 가르치지 않고 있다. 어렸을 때는 나이에 맞게 공부하고 친구와 어울리는 것이 훨씬 중요하다. 성인이 된 후 투자를 배워도 전혀 늦지 않다.

재테크의 기본은 과소비를 하지 않는 것이다. 자녀가 어릴 때는 이런 습관을 길러주고 저축하는 기쁨을 느끼게 해주는 것이 가장 중요하다. 부모가 해줄 수 있는 가장 중요한 경제 교육은 돈을 허튼 곳에 사용하지 않고 의미 있게 사용하는 모습을 보여주는 것이다.

버핏이 말하는 자녀를 부자로 만드는 6가지 원칙

버핏은 어려서부터 비즈니스와 투자를 시작한 만큼 자녀 경제 교육에도 관심을 보였다. 그는 2011년 '비밀 백만장자 클럽'이라는 애니메이션 프로그램에 참여해 스스로 캐릭터의 성우를 맡고 기본 아이디어를 제공했다.

버핏이 말하는 '자녀를 부자로 만드는 6가지 원칙'을 정리하면 다음과 같다('자녀에게 돈에 대해 가르칠 때 기억해야 하는 버핏의 여섯 가지 원칙' 〈조선일보 머니〉).

1. 될 수 있으면 일찍 시작하라

부모는 돈 관리 방법을 이야기해주기 위해 아이가 10대가 될 때까지 기다린다. 아이가 유치원에 다닐 때 시작해도 된다. 케임브리지대학 연구에 따르면 3~4세에 기본적인 돈의 개념을 알 수 있고, 7세가 되면 미래의 금융 행동과 관련된 기초 개념이 형성된다고 한다. 부모는 돈을 관리하는 방법을 아이에게 일찍 가르쳐주는 것이 좋다. 돈을 벌려면 일해야 하고 낭비하면 안 된다는 것을 배우는 것이 중요하다. "돈은 나무에서 자라지 않는다."

2. 저축의 가치를 가르쳐라

아주 적은 돈이라도 규칙적으로 저축하면 보상을 받게 된다. 저축과 금리의 기본 개념을 이해해야 한다. 목이 마르지 않은데도 음료수를 사 먹는 습관을 고치면 그 돈을 저축해 이자로 돈을 불릴 수 있다는 것을 이해시켜야 한다. 저금통이나 예금계좌를 만들어주는 등 사소한 것으로 시작하는 것이 좋다.

3. 부모가 롤 모델이 되어야 한다

버핏은 주식 중개인이었던 아버지의 영향을 받아 증권거래소 견학을 하며 꿈을 키웠고, 8세 때 주식 관련 책을 읽기 시작해 11세 때 처음 주식을 샀다. 버핏이 돈에 대해 좋은 습관을 가지게 된 것은 그의 아버지가 그런 모습을 보여주었기 때문이라고 한다.

4. 원하는 것과 필요한 것의 차이를 가르쳐라

아이에게 돈의 가치를 가르칠 때는 우선 원하는 것과 필요한 것을 구별할 수 있게 해야 한다. 저축은 그다음이다. 이 개념은 아이가 아주 어릴 때부터 알아야 하며, 부모는 아이가 이 개념을 이해할 수 있도록 최선을 다해 도와주어야 한다. 아이에게 사고 싶은 것의 목록을 만들게 하고 그것이 왜 필요한지, 왜 가지고 싶은지 설명하게 해보는 것도 좋다. 경제적 판단력을 키우는 데 큰 도움이 될 것이다.

5. 배우는 것을 멈추지 말아야 한다

버핏은 독서광으로 하루 24시간 중 3분의 1을 책, 투자 관련 자료, 잡지, 신문을 읽는 데 쓴다. 그는 "혁신과 새로운 기술에 대해서 읽는 것을 두려워하지 말라"라고 이야기한다.

버핏은 젊은 시절 내성적인 성격 탓에 앞에 나가서 이야기하는 것을 꺼렸다. 하지만 용기를 내 데일 카네기 연설 학원에 등록해 화법을 배웠다. 이 배움은 MBA에서 배웠던 지식보다 그의 삶에 더 중요한 교훈을 남겼다고 한다.

6. 기업가 정신을 키워라

기업가 정신을 키우라는 것은 기회를 잡는 능력과 문제를 해결하는 능력을 키우라는 것이다. 기업가 정신의 핵심은 돈을 버는 것이 아니라 기회를 놓치지 않는 것, 문제를 풀어내는 것이다.

기부라는 가장 고상한 소비활동

"경제는 나 같은 부자를 더 부자로 만들어주지만 가난한 사람에게는 작동하지 않기에 기부가 필요하다." - 워런 버핏

"당신이 인류 중 1% 행운아에 속한다면 나머지 99%에게 빚을 진 것이다."
                                                        - 워런 버핏

"너무 많이 소유하면 그 물건에 사로잡혀 버린다. 많이 가질수록 걱정도 많아진다." - 워런 버핏

"멍거와 나는 세금에 대해 절대 불평하지 않는다. 우리는 우리가 사회에 기여하는 것보다 훨씬 더 많은 보상을 해주는 시장경제 체제에서 일하고 있다. 세금은 이 불균형을 해소해주는 역할을 한다. 나는 자본주의의 불공평을 해소하는 사회의 개입(세금, 법률 등)을 좋아한다." - 워런 버핏

과거 왕족이나 귀족은 평상시 호화로운 생활을 즐겼지만 나라가 위기에 처하면 제일 먼저 자신을 희생해야 했다. 이것을 '노블레스 오블리주'라고 하는데, 귀족은 타고난 신분에 따른 각종 혜택을 받는 만큼 윤리적 의무도 다해야 한다는 뜻이다.

기부하는 이유는 크게 두 가지다. 자신의 부는 혼자 힘으로 이룬 것이 아니니 혜택을 입은 만큼 사회에 돌려주어 시스템의 취약점을 보완해야 한다는 의무감, 그리고 타인을 도우며 삶이 풍족해지는 것을 느끼는 자기만족이다. 미국의 부자들은 전자를 강조한다.

자신이 번 돈은 국가의 보호와 지원, 자본주의라는 체제의 혜택 덕분이라는 것을 인정한다. 이 때문에 자신이 부를 누릴 수 있게 해준 사회를 유지하기 위해 끊임없이 기부 활동을 한다.

[표 11-1]을 보면 기부자들은 각자의 신념에 따라 다른 기부 형태를 보이고 있다. 건강, 빈곤 퇴치를 기본으로 교육, 기후변화, 불평등, 인권 등 다양한 곳에 기부금이 쓰이고 있다. 2017년 기준 미국의 기부 총액은 약 490조 원으로 당해 우리나라 예산 429조 원을 넘는 금액이라고 하니 참으로 대단한 일이 아닐 수 없다.

[표 11-1] 2022년 〈포브스〉 선정 TOP 자선가 리스트

	기부자	부의 원천	순자산	기부액(누적)	기부 분야
1	워런 버핏	버크셔 해서웨이	$1156억	$461억	건강, 빈곤 퇴치
2	빌 게이츠&멜린다 프렌치 게이츠	마이크로소프트	$1333억 $61억	$334억	건강, 빈곤 퇴치
3	조지 소로스	헤지펀드	$86억	$181억	민주주의, 교육, 차별 금지, 의료
4	마이클 블룸버그	블룸버그LP	$700억	$127억	기후변화, 건강
5	매켄지 스콧	아마존	$535억	$86억	인종, 성, 경제적 불평등
6	찰스 척 피니	DFS	$200만 이하	$80억	과학, 인권, 청소년
...					
new	제프 베이조스	아마존	$1848억	$21억	환경, 교육, 노숙자
new	더스틴 모스코비츠	페이스북, 아사나	$189억	$14억	글로벌 건강, 형사법

반면 한국의 부자는 혼자 힘으로 부를 이루었다고 믿는 경향이 강하고 자신보다 더 큰 부자를 보면서 '아직 나는 기부할 만한 부자가 되지 못했다'라고 생각하고는 결국 자식에게 자산을 다 물려주는 경우가 많다.

기부문화를 바꾸기 위해서는 소액이든 고액이든 기부라는 행위 자체가 숭고한 것이라는 인식이 생겨야 한다. 기부는 가장 고상한 소비활동이다. 나를 위해 사용할 수도 있지만 남을 위해 사용하면서 뿌듯한 감정을 느낄 수 있다. 선물은 받는 사람의 기분을 좋게 만들어주지만 주는 사람에게도 행복감을 준다.

우리나라의 기부문화는 아직 과도기를 지나고 있는 것으로 보인다. 우리나라는 기부에 대한 인식이 부족할 뿐 아니라 자선단체들의 투명하지 못한 자금운용도 기부 활동을 위축시키고 있다. 다만 신흥부자들이 기부에 앞장서는 모습을 보이는 점은 긍정적으로 평가할 수 있다. 기부활동을 통해 사회 시스템의 취약점을 개선하고 건강하게 만들 기회가 확대되기를 기대해본다.

읽을 수 있는 책은 모조리 읽어라

"읽을 수 있는 책은 모두 읽어야 한다. 나는 열 살에 오마하 시립 도서관에 있는 투자 서적을 모두 읽었고 일부는 두 번 읽었다. 서로 맞서는 다양한 사고를 접하면서 그중 어느 것이 타당한지 판단해야 한다. 그다음에는 물속으로 뛰어들어야 한다. 소액으로 직접 투자해봐야 한다는 이야기다. 모의 투자만 계속한다면 연애 소설만 읽는 셈이다. 시작은 빠를수록 좋다." - 워런 버핏

"나는 책을 읽는 데 많은 시간을 보낸다. 하루에 최소한 6시간이나 그 이상일 것이다. 전화를 하며 한두 시간을 보내고 나머지 시간에는 생각을 한다. 버크셔에는 회의가 없다. 나는 회의를 싫어한다." - 찰리 멍거

"돈을 더 많이 벌지 못한 것이나 더 유명해지지 못한 것은 후회되지 않는다. 더 빨리 현명해지지 못해서 유감스러울 뿐이다. 그래도 다행스러운 것은 92세에도 여전히 무지해서 배울 것이 많다는 사실이다." - 찰리 멍거

책은 적은 돈으로 타인이 수십 년 동안 쌓은 노하우를 얻을 수 있는 엄청난 가성비를 가진 물건이다. 책을 가벼운 마음으로 선택하고 읽으면 좋겠다. 한 권의 책으로 인생이 바뀌는 것을 기대하지는 말자. 한 권의 책에서 1~3개의 식견과 통찰력만 얻어도 충분하다.

책을 많이 읽는 사람 중에는 정말 책이 좋아서 읽는 사람도 있지만 뒤처지는 것이 싫어서 읽는 사람도 많다. 나만 책이 재미없는 것은 아니니 너무 상심할 필요는 없다. 책을 읽다가 재미가 없으면 도중에 그만두어도 되고 읽고 싶은 부분만 읽어도 된다. 독서의 목적이 너무 분명하면 책에 대한 흥미가 떨어질 수 있다.

당장 읽지 못해서 책이 쌓여 있어도 상관없다. 언젠가 읽으면 되는 것 아니겠는가. 끝내 읽지 못했다 하더라도 너무 죄책감에 시달릴 필요는 없다. 어려운 출판업계에 조금이나마 보탬을 준 것이니 자랑스럽게 생각해도 좋다. 처음에는 책 읽기가 괴로울지 몰라도 시간이 지나면서 책 읽는 속도가 빨라지는 것이 느껴진다. 포기하

지 말고 책 읽는 습관을 다져보자.

가치투자자를 위한 필독서

"많이 읽어야 한다. 서로 대립하는 다양한 아이디어로 머릿속을 채우고 어떤 것이 합리적인지 결정할 수 있어야 한다." - 워런 버핏

투자에서 책은 기초를 다지는 데 도움을 준다. 하지만 책을 읽는 것만으로 투자 실력을 키우는 데는 한계가 있다. 투자 실력의 대부분은 경험에서 나오기 때문이다. 기본 투자 지식을 알려주는 초급 책은 많지만 중급, 고급 책을 찾아보기 힘든 것도 이 때문이다. 투자의 세계는 기본적인 것을 제외하고는 늘 변화하기 때문에 그 이상은 스스로 만들어나가야 한다.

주변에서 책을 추천해달라는 이야기를 많이 듣는다. 추천도서 목록을 만들어보았다. 투자의 기초와 철학을 다지고 삶의 지혜까지 갖춘다면 현명한 투자자가 될 것이다. 좋은 책이 많지만 최소한의 필독서만 고른다는 생각으로 정리했다.

[투자 기초 세우기]

《72 마법의 법칙 복리》(우용표 외 저, 경향미디어)

《모닝스타 성공투자 5원칙》(팻 도시 저, 이콘)

《박 회계사의 재무제표 분석법》(박동흠 저, 부크온)

《적극적 가치투자》(비탈리 N. 카스넬슨 저, 부크온)

《투자의 가치》(이건규 저, 부크온)

《현명한 지표 투자》(고재홍 외 저, 이레미디어)

[투자철학 다지기]

《가치투자, 주식황제 존 네프처럼 하라》(존 네프 외 저, 시대의창)

《데이비드 드레먼의 역발상 투자》(데이비드 드레먼 저, 이레미디어)

《독점의 기술》(밀렌드 M. 레레 저, 페이지2)

《부의 인문학》(브라운스톤(우석) 저, 오픈마인드)

《불황에도 승리하는 사와카미 투자법》(사와카미 아쓰토 저, 이콘)

《소음과 투자》(리처드 번스타인 저, 에프엔미디어)

《위대한 기업에 투자하라》(필립 피셔 저, 굿모닝북스)

《작지만 강한 기업에 투자하라》(랄프 웬저 저, 굿모닝북스)

《투자를 어떻게 할 것인가》(모니시 파브라이 저, 이레미디어)

《투자에 대한 생각》(하워드 막스 저, 비즈니스맵)

[투자 심화]

《다모다란의 투자 전략 바이블》(애스워드 다모다란 저, 에프엔미디어)

《문병로 교수의 메트릭 스튜디오》(문병로 저, 김영사)

《주식에 장기투자하라》(제러미 시겔 저, 이레미디어)

[삶의 지혜]

《기브 앤 테이크》(애덤 그랜트 저, 생각연구소)

《마이클 모부신 운과 실력의 성공 방정식》(마이클 모부신 저, 에프엔미디어)

《행복의 기원》(서은국 저, 21세기북스)

부록

투자 대가들의 명언

1부 가치투자로 들어서는 첫걸음

"사업을 정확하게 판단하는 동시에 무섭게 널뛰는 시장 심리에 휩쓸리지 않을 때 성공할 것이다." – 워런 버핏

1장 | 버핏에게서 배우는 가치투자의 기본

"복리는 언덕에서 눈덩이를 굴리는 것과 비슷하다. 작은 눈덩이로 시작해서 오랫동안 언덕을 굴러 내려가다 보면, 그 눈덩이에 점성이 생기면서 끝에 가서는 정말 큰 눈덩이가 된다." – 워런 버핏

"회사를 완벽하게 이해하고 장래까지 내다볼 수 있다면 안전마진이 무슨 필요가 있을까. 회사가 취약할수록 더 많은 안전마진이 필요하다." – 워런 버핏

"투자는 철저한 분석에 기초해 원금의 안정성을 보장하면서 만족할 만한 수익을 얻는 것이다. 이 조건을 충족하지 못하는 행위는 투기다." – 벤저민 그레이엄

"싸게 사서 비싸게 파는 것이 투자의 기본이다. 그들은 이 작업을 오랜 시간에 걸쳐 담담히 처리한다. 들떠 있는 모습은 전혀 찾아볼 수 없다." – 사와카미 아쓰토

"'세상에 확실한 것은 존재하지 않는다'는 사실이야말로 세상에서 가장 확실한 사실이다." – 로버트 루빈

"극적으로 저평가된 주식보다 극적으로 고평가된 주식이 훨씬 많다. 작전 세력에 의해 주가가 내재가치의 5~10배로 상승하는 사례는 흔하지만, 주가가 내재가치의 10~20%로 하락하는 사례는 드물기 때문이다." – 워런 버핏

"잭팟을 터뜨렸다고 말하는 사람을 부러워해서는 안 된다. 이것이 성공적인 투자의 핵심이다." – 워런 버핏

"질투는 미친 짓이다. 100% 파멸을 부른다. 일찌감치 질투에서 벗어나면 인생이 훨씬 나아진다." - 찰리 멍거

"누군가가 나보다 빨리 돈을 벌어서 신경이 쓰인다면 그것은 7대 죄악 가운데 하나를 범하는 것이다. 질투는 진정으로 어리석은 죄악이다. 재미조차 없기 때문이다." - 스탠리 드러켄밀러

"주식의 위험 척도로 변동성을 사용하는 투자자는 제정신이 아닐 것이다. 우리에게 위험이란 (1) 영구적인 원금 손실이나 (2) 불충분한 수익률이다. 수익률 변동성이 매우 큰 기업 중에도 훌륭한 기업이 있다." - 워런 버핏

"주식시장은 아무것도 모르면서 덤벼드는 자를 용서하지 않는다. 아무리 탁월한 주식이더라도 지나치게 비싼 가격에 사면, 이후 10년 동안 이 회사의 실적이 좋아도 손실을 볼 수 있다." - 워런 버핏

2장 | 주식시장 수익 창출의 원리

"가장 나쁜 기업은 빠르게 성장하지만 성장을 유지하기 위해 자본이 많이 들어가며 수익을 거의 또는 아예 내지 못하는 기업이다." - 워런 버핏

"물리적 성장에 대한 낙관적 전망이 반드시 투자 수익으로 이어지는 것은 아니다." - 벤저민 그레이엄

"주식시장은 대개 효율적이지만 언제나 효율적이지는 않다. 따라서 시장을 이길 가능성은 있다." - 워런 버핏

"내게는 아직도 풀리지 않는 수수께끼가 있다. 기업의 가치가 항상 완벽하게 평가된다면 수업 둘째 날 교수는 무슨 이야기를 해야 할까? 수업 첫째 날에 시장이 효율적이어서 모든 평가가 완벽하다고 말했으니." - 워런 버핏

"투자자는 제정신이 아닐 정도의 근성과 인내심을 결합할 필요가 있다. 그리고 기회가 눈앞에 나타나면 덥석 낚아챌 준비가 되어 있어야 한다. 이 세상에서 기회라는 것은 그리 오래 머물러 있지 않기 때문이다." - 찰리 멍거

"시장이 비효율적인 것은 인간의 본성 때문이다. 선천적이고 뿌리 깊으며 영속적인 본성 말이다. 투자할 때 사람들이 심리에 휘둘리는 것은 도저히 어쩔 수가 없기 때문이다." - 세스 클라만

"나는 합리적이다. 나보다 IQ가 높은 사람도, 더 오래 일하는 사람도 많지만 나는 일 처리에서 합리적이다. 나 자신을 통제할 줄 알고 감성이 지성을 흐트러뜨리지 않게 한다." - 워런 버핏

"웨인 그레츠키가 말했듯이, 퍽이 갈 곳으로 가야지, 퍽이 지금 있는 곳으로 가면 안 된다." - 워런 버핏

"중요한 것은 인내심과 유연성을 겸비한 기질이다. 기질은 대부분 타고나지만 어느 정도는 학습이 되기도 한다." - 찰리 멍거

"대다수 군중의 의견을 꿰뚫어보고 현재의 진실이 무엇인지 찾아낼 능력이 있다면 엄청난 성과를 거둘 수 있을 것이다." - 필립 피셔

"그레이엄이 말했다. '다른 사람의 생각과 일치해야 내 판단이 옳은 것은 아니다. 내 데이터와 추론이 옳다면 내 판단이 옳은 것이다.' 데이터를 입수하면 그 데이터가 무슨 의미인지 스스로 생각해야 한다. 다른 사람의 견해에 의지해서는 안 된다."
- 워런 버핏

"대중과 뭔가 다르게 하지 않고 뛰어난 성과를 얻는 것은 불가능하다." - 존 템플턴

"지금 이 강당에서 화재로 혼란이 발생하면 사람들 대부분은 이상하게 행동할 것이다. 이때 지혜롭게 행동하면 큰돈을 벌게 된다." - 찰리 멍거

"주식 투자에 뛰어들려면 기꺼이 위험을 감수하겠다는 정신적 준비가 필요하다. 확실한 수익을 보장해주는 주식시장은 세상 어느 곳에도 없다." - 앙드레 코스톨라니

"주식은 언제나 비관론이 지배하는 하락장의 저점에서 가장 나빠 보이고 모든 사람이 낙관하는 상승장의 고점에서 가장 좋아 보인다는 사실을 명심하라."

– 클라우드 N. 로젠버그 주니어

"지난 93년 동안 시장은 50번이나 10% 넘게 하락했다. 2년에 한 번씩 10% 넘게 하락한 것이다. 그 50번 중 15번은 25% 넘게 하락했다. 6년에 한 번꼴로 25% 급락을 겪은 것이다. 이것을 감당할 자신이 없는 사람은 주식 투자를 하면 안 된다."

– 피터 린치

"시장 가격이 100년에 두세 차례 50% 이상 하락하는 데 침착하게 대응할 준비가 되어 있지 않다면 보통주 주주에 어울리는 투자자가 아니다." - 찰리 멍거

"시장의 패닉에 즉각적으로 행동하지 말라. 팔아야 할 시점은 추락 이전이지, 추락 다음이 아니다. 오히려 숨을 깊게 들이쉬고 조용히 자신의 포트폴리오를 분석해보라." – 존 템플턴

"현자들은 인간의 역사를 마침내 한 문장으로 요약했다. '이 또한 지나가리라'."

– 벤저민 그레이엄

"폭락장이나 조정을 받는 시장에서 주식을 파는 것은 위험한 행동이다. 1980년대 5년 동안 주가는 1년에 26.3%씩 상승했다. 이 수익의 대부분은 증시가 개장한 1,276일 중 단 40일 동안 발생했다. 불과 전체 보유 기간의 3.13%에서 발생한 것이다. 조정을 기다리며 수익이 집중적으로 발생한 40일 동안 주식시장에서 빠져나가 있었다면 연간 수익률은 4.3%에 그쳤을 것이다. 여윳돈을 투자해 비가 오나 눈이 오나 묻어두는 것이 최선의 방법이다." - 피터 린치

"물가상승률을 따라잡아 자산가치 하락을 막을 수 있는 유일한 방법은 주식 투자뿐이다. 주식에 대한 투자 수익의 80~90%는 전체 보유 기간의 2~7% 기간에 발생한다." – 크리스토퍼 브라운

3장 | 유형별 이기는 투자 전략, 선택과 집중

"해외 투자에서 규모가 크지 않은 시장은 제외한다. 투명성도 중요하다. 그런데 세계 상장기업 시가총액의 53%를 미국 기업이 차지하고 있다. 미국 시장이 중요하다는 사실을 기억해야 한다." – 워런 버핏

"가치주와 성장주의 차이는 뚜렷하지 않다. 기업의 가치는 그 기업이 창출하는 현금의 현재 가치다. 그러므로 우리가 가치주와 성장주를 평가하는 방법은 다르지 않다. 관건은 '그 기업에서 나오는 가치를 얼마로 판단하느냐'다. 우리는 주식을 매수할 때 전체 기업의 일부를 인수한다고 생각한다. PER 6배 주식이 12배가 되는 것도 가치투자고, PER 12배 주식이 18배, 24배 되는 것도 가치투자다." – 워런 버핏

"성장은 방정식의 일부일 뿐이다. 성장주에 투자하라거나 가치주에 투자하라고 이야기하는 사람은 투자를 제대로 이해하지 못하는 것이다. 지능적인 투자는 모두 가치투자다. 지불하는 가격보다 얻는 가치가 더 많기에 그렇다. 몇몇 훌륭한 기업을 찾아내서 끈질기게 보유하는 투자 방식이 가치투자다." – 찰리 멍거

"가치투자는 늙은 기업에 투자하는 것도 아니고 테크 이외의 기업에 투자하는 것도 아니다. 적정 가치를 찾는 투자는 언제나 옳다." – 애스워드 다모다란

"훌륭한 기업을 적당한 가격에 사는 것이 적당한 기업을 훌륭한 가격에 사는 것보다 낫다." – 워런 버핏

"내가 반복하는 실수 중에 가장 큰 것은 탁월한 기업에 대해 높은 가격을 지불하는 것을 여전히 좋아하지 않는다는 것이다." – 워런 버핏

"우리는 기업을 통째로 인수하는 것과 시장에서 일부 지분을 사는 것이 근본적으로 크게 다르지 않다고 생각한다. 우리의 목표는 탁월한 기업을 합리적인 가격에 사는 것이지, 그저 그런 기업을 싼 가격에 사는 것이 아니다. 우리는 유통 주식을 살 때도 기업을 통째로 인수할 때와 똑같은 방식으로 평가한다." - 워런 버핏

"모두가 어떤 자산에 리스크가 있다고 믿어서 매입을 꺼리면 그 자산은 결국 리스크가 전혀 없는 수준으로 떨어진다. 가격에 포함된 모든 낙관론이 배제되고 부정적인 의견이 확산되면 리스크가 가장 적은 투자가 될 수 있다." - 하워드 막스

"모든 사람이 싫어한다는 이유 하나만으로 그 주식을 사지는 말라." - 워런 버핏

"찰리와 나는 기복 없이 매끄럽게 연간 12%의 수익을 올리는 것보다 들쭉날쭉하더라도 연 15% 수익을 올리는 쪽을 택하겠다. 수익률은 하루나 1주일 단위로는 크게 진동한다. 지구의 공전 궤도 같은 매끄러움이 왜 필요하다는 말인가?" - 워런 버핏

"소액으로 투자한다면 현재의 투자 가능 영역보다 범위가 넓어질 것이고 수익도 크게 늘어날 것이다. 지금도 100만 달러만 운용한다면 연 50% 정도의 수익은 낼 수 있다." - 워런 버핏

"일반인이라면 매달 조금씩 인덱스펀드에 투자하는 것을 추천한다. 일반인은 전문 투자자처럼 스스로 투자 판단을 내리기가 쉽지 않다. 20세기에 다우지수는 66에서 시작해서 11,400까지 상승했다. 이 지수에 투자했다면 누구나 좋은 결과를 얻었을 것이다. 하지만 대중은 타이밍을 잘못 예측하고 개별 주식을 잘못 선정하면서 돈을 잃는다." - 워런 버핏

"희한하게도 학계뿐 아니라 수많은 투자 전문가와 기업 경영진도 효율적 시장 가설을 받아들였다. 시장이 '자주' 효율적인 것은 맞지만, 그들은 시장이 '언제나' 효율적이라는 잘못된 결론을 내렸다. '자주'와 '언제나'는 하늘과 땅 차이다." - 워런 버핏

"금은 비생산적인 자산이다. 자산을 분산하는 데 도움이 될 만한 특성이 있기는 하지만 포트폴리오에서 큰 비중을 차지해서는 안 된다." - 워런 버핏

"비트코인은 신기루다. 다른 사람에게 돈을 보내는 더 나은 방법이 될 수 있을지 몰라도 내재가치를 지니고 있지는 않다." - 워런 버핏

4장 | 성공적인 가치투자를 위한 핵심 지표, 핵심만 딱딱!

"기업별로 적용하는 항목은 매우 다르지만 5~10년 후 기업의 모습을 합리적으로 예측하려고 노력한다. 그러나 '이 회사의 경영진과 정말로 동업하고 싶은가'라는 질문에 '아니요'라는 답이 나오면 여기서 분석을 종료한다. 좋은 회사는 선택하기 쉬운 의사결정을 연속적으로 제시하는 반면 나쁜 회사는 계속해서 끔찍한 선택만을 제시하며 의사결정을 극도로 어렵게 만든다." - 워런 버핏

"다른 이들은 더 똑똑하게 행동하려고 애쓰지만 나는 단지 바보가 되지 않으려고 노력할 뿐이다." - 찰리 멍거

"시간은 탄탄한 기업에는 좋은 동반자이지만 부실한 기업에는 적이다." - 워런 버핏

"우리는 수익을 재투자해 늘어난 자본으로 더 높은 수익을 올릴 수 있는 기업을 선호한다." - 워런 버핏

"종종 정말 뛰어난 수익을 내는 사업을 본다. '저 수익을 얼마나 오랫동안 지탱할 수 있을지'가 관건이다. 이 질문에 대한 답을 알 방법이 있다. 수익의 근원이 무엇인지를 생각하는 것이다. 그리고 그 근원을 없앨 만한 변수가 무엇인지 살펴보는 것이다." - 찰리 멍거

"좋은 수익을 낼 새로운 기회가 있는 기업은 배당을 유보하고, 매력적인 수익을 창출할 새로운 기회가 없는 기업은 수익 대부분을 배당금으로 지급해야 한다."
- 워런 버핏

"한 기업의 S&P500 대비 적정 PER은 ROE와 ROIC에 따라 결정된다. 나는 PER 같은 상대평가 척도 하나만 보지는 않는다. PER, PBR, PSR이 그다지 유용하다고 생각하지도 않는다. 기업을 평가하려면 지금부터 망할 때까지 기업에서 나오는 잉여현금흐름을 추정하고 여기에 적정 할인율을 적용해 현재 가치로 환산해야 한다."

– 워런 버핏

"EBITDA가 놀라울 정도로 널리 사용되고 있다. 우리는 EBITDA를 논하는 기업에 투자하지 않을 생각이다. EBITDA를 사용하는 사람은 투자자를 속이거나 자신을 속이려는 것이다. 예를 들어 통신회사는 들어오는 돈을 한 푼도 남김없이 지출한다. 이자와 세금은 분명히 비용이다." – 워런 버핏

"마술 같은 차트나 통계는 없다." – 워런 버핏

"주식을 고를 때 정치나 거시경제학은 무시하라." – 워런 버핏

"나는 지난 53년 동안 기업을 인수하거나 주식을 매수하면서 거시경제 변수가 두려워 투자 결정을 바꾼 적이 한 번도 없다. 주요 뉴스에서 뭐라고 떠들든, 시장이 무엇을 두려워하든 나는 개의치 않는다. 기업이 마음에 들고 가격이 적당하면 그 기업을 인수한다. 투자의 첫 번째 원칙은 반드시 현금을 확보해두는 것이다. 사람에게는 미래를 알고자 하는 강한 욕구가 있다. 미래를 아는 척하는 것은 항상 돈벌이가 되었다. 시장 예측가의 말에 귀 기울이는 행위는 미친 짓이다. 이런 미친 짓은 끝없이 반복되고 있다." – 찰리 멍거

5장 | 가치투자의 꽃, 본격적인 기업분석

"나와 찰리는 사업 분석가다. 우리는 시장 분석가도 거시경제 분석가도, 심지어 증권 분석가도 아니다." – 워런 버핏

"사업보고서를 읽는다. 이 보고서에 좋은 기업인지 여부가 나와 있다. 나는 주가를 먼저 보지 않았다. 비즈니스를 먼저 보고 그 가치를 알아내고자 했다. 주가를 먼저 보면 영향을 받기 때문이다. 사업을 먼저 들여다보고 기업의 '가치'를 매긴 뒤 '가격'을 봤을 때 그 가격이 가치보다 아주 싸면 사는 것이다. 읽을 수 있는 모든 보고서를 읽으며 기업이 저평가되어 있는지를 확인한다. 단기적으로는 수요와 공급에 의해서 시장 가격이 결정된다. 하지만 시간의 지평이 길어질수록 수요와 공급에 영향을 주는 근본적 요소가 시장 가격을 지배한다." - 세스 클라만

"투자자는 주식시장을 예측하려고 한다. 이것은 완전히 시간 낭비다. 아무도 시장을 예측할 수 없다. 누군가 금리를 연속 3회 맞힐 수 있다면 억만장자가 될 것이다. 이 세상에 억만장자가 많지 않다는 것은 금리를 예측할 수 있는 사람이 많지 않다는 뜻이다." - 피터 린치

"투자하는 것은 보도하는 것과 같다. 나는 그에게 신문에 기사를 실어야 할 때를 생각해보라고 말했다. 그는 기사를 쓰기 위해 여러 가지 질문을 하고 많은 사실을 파헤치려고 노력할 것이다. 투자도 마찬가지다." - 워런 버핏

"버크셔가 오랜 기간 이례적인 실적을 낸 이유는 10세부터 온갖 책을 읽는 학습기계였던 한 명의 소년(워런 버핏) 덕분이다. 그가 지금까지 내내 학습하지 않았다면 지금 우리 실적은 환영에 불과할 것이다. 대부분의 사람은 지속적인 학습을 시도조차 하지 않는다." - 찰리 멍거

"투자의 핵심은 어떤 산업이 사회에 얼마나 많은 영향을 미칠 것인가 또는 얼마나 성장할 것인가 등을 평가하는 것이 아니라 개별 회사의 경쟁 우위를 평가하고 그 우위가 얼마나 지속적일지를 판단하는 것이다. 어떤 제품이나 서비스의 둘레에 광범위하고 지속 가능한 해자(moat)가 있을 때 투자자에게 보상이 돌아간다."

- 워런 버핏

"일반적으로 기업이 경쟁 우위를 상실하면 회복하기가 매우 어렵다. 싸구려 제품을 판매하면 매출을 늘릴 수 있을지 몰라도 고급 제품을 다시 판매하기가 어려워진다." - 워런 버핏

"위대한 사업이 아름다운 것은 시련을 견딜 수 있기 때문이다." - 찰리 멍거

"주식이란 사업의 소유권이다." - 벤저민 그레이엄

"독점력 구축이 고수익을 보장해주는 열쇠가 된다." - 워런 버핏

"리스크 관리. 개선 핵심. 의심하고 의심하라." - 워런 버핏

"때를 기다려라. 그리고 기회가 왔을 때 그 기회를 잡아라. 수많은 아이디어가 넘쳐날 때도 있었지만 오랫동안 아이디어가 떠오르지 않을 때도 있었다. 좋은 아이디어가 떠오르면 당장 행동할 것이다. 그러나 그렇지 않으면 꼼짝도 하지 않을 것이다."
- 워런 버핏

"날아오는 모든 공에 스윙을 할 필요는 없다. 홈런이나 장타를 칠 수 있는 정말 좋은 공이 들어올 때까지 기다려도 된다. 투자에는 스트라이크 아웃이 없기 때문이다. 무엇보다 관중이 배트를 휘두르라고 소리 지를 때를 견뎌야 한다." - 워런 버핏

"손실과 수익은 분리할 수 없는 동전의 양면이며 이는 평생 투자자를 쫓아다닌다. 실패에 대한 진지한 분석만이 성공적인 투자자가 되는 유일한 방법이다."
- 앙드레 코스톨라니

"기업의 가치를 평가하는 것은 예술인 동시에 과학이다." - 워런 버핏

"내재가치는 대단히 중요하지만 매우 모호하기도 하다. 우리는 장래 모습을 매우 정확하게 예측할 수 있는 기업에 대해서만 내재가치평가를 시도한다. 나는 투자은행이 만든 자료 중 향후 기업의 이익이 감소할 것이라고 예측한 자료를 본 적이 없다. 그러나 실제로는 이익이 감소하는 기업이 많다." - 워런 버핏

"기업의 미래를 추정하는 가장 좋은 방법은 치밀하고 끝없는 사실 수집이다. 많은 현장의 자료와 사실을 수집하고 많은 사람을 만나 데이터를 교차 검증하는 수밖에 없다." - 필립 피셔

"주식시장은 단기적으로 인기 투표소지만 장기적으로는 정교한 저울이다. 주가는 결국 기업의 내재가치에 도달하게 된다." - 벤저민 그레이엄

"주식은 로또가 아니다. 주식 뒤에는 회사가 있다. 회사가 잘 운영되면 주가도 오른다. 복잡하지 않다." - 피터 린치

"높은 성장률이 무한히 지속된다고 가정하면 매우 위험하다. 장기 성장률이 할인율보다 높으면 수학적으로 그 가치는 무한대가 된다. 50년 전의 일류 기업 중 장기 성장률 10%를 유지한 기업이 얼마나 있나? 성장률 15%를 기록한 기업은 매우 드물다." - 워런 버핏

"기업의 가치와 관련 없는 이유로 매수하는 사람은 기업의 가치와 관련 없는 이유로 매도한다." - 워런 버핏

"기업의 특성을 잘 이해하지 못하면 재무제표는 그다지 소용이 없다. 기업을 전반적으로 이해한 후 재무제표에서 세부 사항을 확인해야 한다." - 워런 버핏

"기업은 재무제표를 자신에게 유리한 쪽으로 작성하려고 한다. 기업이 진짜 어떻게 운영되고 있는지 알고 싶다면 겉으로 보이는 숫자 너머를 살펴야 한다."
- 워런 버핏

6장 | 포트폴리오 운용 전략, 빠른 레벨업

"주식시장은 인내심 없는 사람의 돈을 인내심 있는 사람에게 이동시키는 도구다."
- 워런 버핏

"애태우지 않고 느긋한 마음으로 주식을 보유하는 기질이 없으면 장기적으로 좋은 실적을 내기가 거의 불가능하다. 주식시장이 몇 년 동안 문을 닫아도 우리는 걱정하지 않는다. 씨즈캔디, 딜리 바 등을 계속 만들어 팔면 되니까." - 워런 버핏

"남이 두려워할 때 자신도 두려워지는 것은 자연스러운 현상이다. 하지만 그래서는 큰돈을 벌 수 없다. 주식 중개인을 도울 뿐이다. 주가를 매일 보지 않는다면 두려움에 빠지지 않을 것이다. 농장을 보유한 사람은 그 농장을 얼마에 팔 수 있는지 매일 가격을 알아보지 않는다. 중요한 것은 좋은 기업을 좋은 가격에 사서 잊고 지내는 것이다." - 워런 버핏

"우리는 비관론이 있을 때 투자하고자 한다. 비관론을 좋아해서가 아니라 비관론 덕분에 주가가 싸지기 때문이다. 내가 한 가장 성공적인 투자는 전 세계가 오일 쇼크와 스태그플레이션에 시달렸던 1974년이었다." - 워런 버핏

"최적의 매수 타이밍은 시장에 피가 낭자할 때다. 설령 그것이 당신의 피일지라도 말이다." - 존 템플턴

"주가 변동을 적으로 보지 말고 친구로 보라. 어리석음에 동참하지 말고 오히려 그것을 이용해서 이익을 내라." - 워런 버핏

"대중이 공포에 빠져 있을 때 욕심을 부려라. 거꾸로 대중이 탐욕을 부릴 때 공포를 느껴라. 그러나 자신이 시장보다 더 똑똑하다는 오만은 버려라." - 워런 버핏

"주가 변동에 신경 쓴다면 실패한다. 투자를 하면서 오직 이 자산이 무엇을 생산할 수 있는지만 생각했다. 하루하루 변하는 가격은 전혀 신경 쓰지 않았다. 경기에서 이기는 사람은 경기에 집중하는 사람이지, 점수판에 집중하는 사람이 아니다. 주가 그래프를 보지 않고 주말을 즐길 수 있다면 주중에도 그렇게 해보라."

- 워런 버핏

"강세장은 비관 속에서 태어나 회의 속에서 자라며, 낙관 속에서 성숙해 행복 속에서 죽는다. 최고로 비관적일 때가 가장 좋은 매수 시점이고, 최고로 낙관적일 때가 가장 좋은 매도 시점이다." - 존 템플턴

"변동성은 리스크가 아니다. 변동성은 변동성일 뿐이며 그 자체로 기회를 창출한다. 낮은 가격에 어쩔 수 없이 팔아야 하는 경우가 아니라면 말이다."
– 세스 클라만

"우리가 선호하는 주식 보유 기간은 '영원히'다." - 워런 버핏

"앞으로 10년 동안 주식시장을 폐쇄한다고 해도 기쁘게 보유할 수 있는 주식만 사라." - 워런 버핏

"몇 년 전까지만 해도 우리는 더 많이 매수하기 위해서 매도했다. 돈이 바닥났기 때문이다. 그때는 돈보다 아이디어가 더 많았다. 지금(1999년)은 반대로 아이디어보다 돈이 더 많다." - 워런 버핏

"타고 있는 배가 항상 샌다는 것을 알았다면 구멍을 막는 것보다 배를 바꿔 타는 것이 낫다." - 워런 버핏

"세상은 매력이 넘치는 곳이다. 어떤 잘못을 깨달았을 때 우리는 매우 즐거워한다. 낡은 아이디어가 실제로 옳지 않았다는 것을 제대로 알게 되었을 때도 그렇다. 이때는 새로운 아이디어에 적응해야 한다. 세상이 빠르게 펼쳐지고 빠르게 움직인다. 나는 미래 예측을 즐긴다. 그러나 그것이 당신에게 유용할 정도로 특별하지는 않다."
– 워런 버핏

"꼭 손실 난 곳에서 만회할 필요는 없다. 많은 사람이 도박으로 망가지는 것은 이때문이다. 손실을 보았던 방식 그대로 다시 만회하려는 것은 인간의 본성이다. 집착을 버리고 그냥 놓아주는 것이 현명한 선택이다." - 찰리 멍거

"분산 투자는 자신이 무엇을 하고 있는지 잘 모르는 투자자에게 알맞은 방법이다." – 워런 버핏

"아무것도 모르는 투자자라면 모를까, 전문가가 분산 투자를 하는 것은 미친 짓이다. 투자의 목적은 분산을 하지 않아도 안전한 기회를 찾아내는 것이다."
– 찰리 멍거

"어떤 투자자의 보유 종목 수가 너무 많은 것은 그가 주도면밀해서가 아니라 자신에게 확신이 없어서다." – 필립 피셔

"그 옛날 아주 오래전부터 지혜로운 사람은 아무리 큰 숫자라도 0을 곱하면 답은 항상 0이 된다는 진리를 알았다." – 워런 버핏

"최고의 투자자는 절대 수익을 목표 삼지 않는다. 우선 위험에 집중하고, 그 후에야 위험을 감수할 만한 수익률이 기대되는지를 판단한다." – 세스 클라만

"부자는 단 한 번만 되어도 충분하다. 열심히 일했든 단지 운이 좋았든 상위 1% 안에 들었다면 이미 이긴 것이다. 이미 이긴 경기에서 홈런을 또 칠 필요는 없다."
– 존 폴슨

"성공적인 투자자는 다른 사람의 탐욕과 공포를 손안에 가지고 놀 정도로 이성적이다. 자신의 분석과 판단에 자신감을 가지고 시장의 힘에는 맹목적 감정이 아닌 계산적 합리성으로 반응한다." – 세스 클라만

"공매도를 생업으로 삼는 것은 금전적으로나 심리적으로나 매우 어렵다. 주식을 20달러에 매수하면 손실은 20달러까지 발생한다. 그러나 주식을 20달러에 공매도하면 손실은 무한대가 될 수 있다." – 워런 버핏

"찰리와 나는 그동안 약 100개 종목을 공매도 후보로 생각했다. 우리 생각은 거의 모두 적중했지만 실제로 공매도를 실행했다면 우리는 무일푼이 되었을 것이다. 거품은 인간의 본성을 이용한다. 거품이 언제 터질지는 아무도 모르며, 터지기 전에 주가가 얼마나 상승할지도 알 수 없다." - 워런 버핏

"강물이 얼마나 깊은지 판단할 때는 절대 두 다리를 동시에 넣지 말라." - 워런 버핏

"지속적 경쟁 우위를 가진 기업을 파악한 후 주가가 맞을 때만 방아쇠를 당겨야 한다는 사실을 기억하라. 좋은 가격은 내일 당장 찾아올 수도 있고 5년이 지나서 찾아올 수도 있다." - 워런 버핏

"무지와 빌린 돈을 결합하면 아주 흥미로운 결과가 나올 것이다." - 워런 버핏

"가장 확실하게 자신을 보호하는 방법은 부채를 사용하지 않는 것이다. 금융시장에서 자신에게 불리한 사건이 발생하지 않는다고 장담할 수 없다. 부채를 사용하면 똑똑한 사람도 큰 손실을 볼 수 있다. 부채를 사용하지 않고 내재가치에 비해 지나치게 비싸게 투자하지 않으면 금융위기가 와도 큰 손실을 피할 수 있다. 여유 자금이 있으면 금융위기는 절호의 매수 기회가 된다." - 워런 버핏

2부 성공적인 가치투자를 위한 마인드

"내가 원하는 것은 돈이 아니다. 돈 버는 재미와 돈이 불어나는 것을 바라보는 재미가 더 중요하다." - 워런 버핏

7장 | 부자 되기 유리한 사고 정립

"인생은 열정적으로 살아야 한다. 나는 다시 태어나도 똑같은 일을 할 것이다. 내가 즐기는 일이니까. 평생 활력 없이 살아가는 것은 끔찍한 잘못이다. 인생은 한 번뿐이다." - 워런 버핏

"열정적으로 살면서 운까지 따라준다면 행복은 물론 좋은 성과까지 얻게 된다." - 워런 버핏

"재산을 모으는 최선의 방법은 자신의 열정을 따르는 것이다. 우선 자신이 하는 일을 사랑해야 한다. 내가 주식 중개인의 아들로 태어난 것은 뜻밖의 행운이었다. 덕분에 나는 일찍감치 투자 서적을 읽을 수 있었다." - 워런 버핏

"빚은 대개 나쁘다. 하지만 갚을 능력이 되는 한도 내에서 받은 주택 담보 대출은 긍정적인 효과가 있을 수 있다. 언제나 이기는 베팅이기 때문이다." - 워런 버핏

"집 장만은 당신에게 최고의 투자가 될 것이다. 주식 투자에 앞서 집 장만을 고려해야 한다. 집은 거의 모든 사람이 어떻게든 보유하는 것이기에 훌륭한 투자 대상이다. 어느 날 아침에 눈을 떠보니 집값이 폭락해 전 재산을 날리게 되는 경우는 거의 없다. 하지만 주식 투자에서는 흔한 일이다." - 피터 린치

"만약 필요하지 않은 것을 구매한다면 얼마 지나지 않아 필요한 것을 팔게 될 것이다." - 워런 버핏

"가치가 올라갈 물건은 사라. 가치가 떨어질 물건은 빌려라." - 폴 게티

"자는 동안에도 돈이 들어오는 방법을 찾아내지 못한다면 평생 일하게 된다."
                                                                    - 워런 버핏

"정직은 매우 값진 재능이다." - 워런 버핏

"당신이 어떤 아이디어를 확실히 이해하고 있다면 다른 사람에게 그 아이디어를 쉽게 설명할 수 있을 것이다. 보고서를 쓰다 보면 종종 어려움에 부딪친다. 내 머릿속의 생각이 명확하게 정리되지 않아서. 자신의 생각을 명확하게 정리하는 데는 글 쓰는 방법만큼 좋은 것이 없다." - 워런 버핏

8장 | 성공으로 이끄는 투자 태도

"중요한 아이디어를 새로 받아들인다 해도 이전의 아이디어가 사라지는 것은 아니다. 양쪽의 경계를 들락날락하는 것이다. '담배꽁초 투자'와 '위대한 기업 투자' 사이에 아주 선명한 빨간색 경계선이 그어져 있는 것은 아니다. 아무튼 우리는 '위대한 기업 투자'로 방향을 틀었고 가끔 '담배꽁초 투자'로 돌아가기도 했다. '담배꽁초 투자'도 돈이 벌렸기 때문이다." - 워런 버핏

"나를 그레이엄의 제한적 시각에서 나오게 만들려면 강력한 힘이 있어야 했다. 멍거는 그러한 힘을 지닌 존재였다. 그는 내 사고의 지평을 확실히 넓혀주었다."
                                                                    - 워런 버핏

"썰물 때 비로소 누가 벌거벗고 헤엄쳤는지 알 수 있다." - 워런 버핏

"나의 최대 업적은 어리석은 일을 하지 않은 것이다. 현재는 살 만한 주식이 눈에 띄지 않는다. 할 일이 없다면 아무것도 하지 않으면 된다. 모두 현금으로 바꿔 아무것도 하지 않고 앉아 있기 위해서는 용기가 필요하다. 내가 지금 이 위치에 서게 된 것은 결코 평범한 기회를 살려서가 아니다." - 찰리 멍거

"천재는 당신이 아니라 상승장이다." - 존 케네스 갤브레이스

"나는 2미터나 되는 장애물을 뛰어넘으려고 노력하지 않는다. 대신 내가 쉽게 뛰어넘을 수 있는 30센티미터 장애물을 찾아다닌다." - 워런 버핏

"우리는 이야기를 조금만 들어보아도 유망한 투자 기회인지 여부를 금방 알 수 있다. 5분 만에 판단하지 못한다면 5개월 동안 연구해도 마찬가지일 것이다."

- 워런 버핏

"어려운 일이지만, 자신이 아는 범위를 벗어나지 않는 투자자는 어느 누구보다 훨씬 유리하다." - 세스 클라만

"투자를 잘하기 위해 꼭 천재가 될 필요는 없다. 로켓 과학자가 될 필요도 없다. 투자는 IQ 160이 IQ 130을 이기는 게임이 절대 아니다." - 워런 버핏

"투자자에게 가장 중요한 덕목은 지성이 아니라 기질이다. 투자에서 성공하려면 시간, 절제력, 인내심이 필요하다." - 워런 버핏

"머리가 좋은 사람의 투자 성과는 원칙을 지키는 사람의 성과에 미치지 못한다."

- 윌리엄 번스타인

"지속적으로 학습하지 않으면 남에게 추월당한다. 기질만으로는 충분하지 않다. 매우 오랜 기간 호기심을 가져야 한다." - 찰리 멍거

"평범한 지능을 가지고 있다면 조바심을 절제할 수 있어야 한다. 조바심 때문에 많은 투자자가 문제에 부딪힌다. 높은 지능은 자만심의 원흉이다. 자신의 전문 분야가 아닌 것에 대해 섣불리 나서지 않고 사려 깊게 행동할 때만 강점이 될 것이다."

- 찰리 멍거

"복잡한 일을 하는 사람일수록 동료가 필요하다. 누군가와 함께 생각을 정리하는 과정만으로도 아주 큰 도움이 된다." - 찰리 멍거

"코카콜라 주식 200만 주는 언제든 거래될 수 있다. 많은 사람이 그 주식을 팔고 많은 사람이 그 주식을 산다는 뜻이다. 만일 여러분이 그중 한 사람과 이야기를 나눈다면 한 가지를 듣게 될 것이고, 또 다른 사람과 이야기를 나눈다면 또 한 가지를 듣게 될 것이다. 다른 사람이 어떻게 생각하느냐를 기준으로 주식에 대한 결정을 내려서는 안 된다." - 워런 버핏

"장기적으로 뛰어난 투자 성적을 얻으려면 단기적으로 나쁜 성적을 견뎌내야 한다." - 찰리 멍거

"투자자로서 70여 년을 보낸 나는 지금 장기 투자자이며, 시류와 반대로 행동하고 장기적 관점을 가질 때만 큰돈을 벌 수 있다는 생각을 하고 있다."

– 앙드레 코스톨라니

"황소도 돈을 벌고 곰도 돈을 벌지만 돼지는 도살당한다." - 짐 크레이머

"우리가 모든 기업을 평가할 줄 알아야 하는 것은 아니다. 관건은 능력범위를 키우는 것이 아니라 자신의 능력범위를 정확하게 파악하는 것이다. 10~20년 후의 모습을 이해할 수 있는 기업 몇 개만 평가할 수 있으면 된다. 자신의 한계를 인식해 바보짓만 피하면 된다." - 워런 버핏

"자신의 능력범위를 파악하기는 어렵지 않다. 키가 160cm가 안 되는 사람이라면 프로 농구 선수가 될 생각은 하지 말아야 한다. 나이가 95세라면 애정 영화의 주인공이 될 생각은 접어야 한다. 체중이 150kg을 넘어간다면 발레는 포기해야 한다. 카드 패를 보고 승산을 따질 줄 모른다면 포커를 해서는 안 된다. 능력은 상대적 개념이다." - 찰리 멍거

"경영자도 투자를 배워야 한다. 투자은행 관계자가 찾아와 환상적인 슬라이드로 근사한 프레젠테이션을 해주면 CEO는 1시간 만에 30억 달러짜리 기업을 인수하려고 한다. 자기 계좌로는 1만 달러짜리 투자도 망설이면서 무려 수십억 달러짜리 기업은 기꺼이 인수하려고 한다. 본질적으로는 둘 다 똑같은 일인데 말이다."

– 워런 버핏

"경영자가 투자를 배우면 경영을 더 잘하게 된다." – 찰리 멍거

3부 돈이 끝이 아니다: 놓치기 쉬운 궁극의 목적

"내가 유일하게 바라는 것은 지금 하고 있는 일을 되도록 오래 하는 것이다. 매일 매일 온종일 탭댄스를 추는 기분이다." – 워런 버핏

9장 | 행복에 장기 투자하라

"진정한 성공은 나를 사랑해주었으면 하는 사람이 나를 사랑해주는 것이다."
– 워런 버핏

"주위의 사랑을 받는 사람 중에 행복하지 않은 사람은 없을 것이다." – 워런 버핏

"자신이 하는 일을 즐길 때는 많은 일을 해도 고되지 않다. 즐기며 일할 때는 힘에 부치지 않는다. 오히려 일하면서 활력이 생긴다." – 워런 버핏

"직업을 고를 때는 누구에게 의존하지 않아도 될 만큼 부자가 되더라도 여전히 하고 싶은 일을 선택하라." – 워런 버핏

"좋아하지 않는 사람과 함께 일하는 것은 미친 짓이다. 어떤 상황에서도 그것은 옳지 않다. 이미 부자인 사람이라면 더욱 그렇다." – 워런 버핏

"나는 내가 좋아하지 않거나 존경하지 않는 사람과 교류하지 않는다. 그것이 내 성공의 열쇠다. 좋아하는 사람과 일하는 것은 결혼하는 것과 같다. 나는 아주 능력 있고 뛰어난 사람과 일한다. 그리고 내가 하고 싶은 것을 하며 산다." – 워런 버핏

"칭찬할 때는 이름을 거론하라. 비난해야 할 때는 개인에게 하지 말고 그가 속한 집단을 향해 하라." – 워런 버핏

"차별은 옳지 않을 뿐 아니라 어리석은 짓이다. 재능을 찾으려면 다양한 스펙트럼의 사람을 포용해야 한다." – 워런 버핏

"나는 더 원하는 것이 없다. 생활비를 더 지출한다고 해서 생활 수준이 더 높아지는 것은 아니다. 집을 7~8채 보유한다고 해서 더 행복해지지 않는다. 오히려 더 불행해질 것이다." – 워런 버핏

10장 | 성장에 집중투자하라

"나는 부자가 될 것을 항상 알았고 단 1분도 의심해본 적이 없다." – 워런 버핏

"부자가 되는 방법은 단 세 가지뿐이다. (1) 부를 물려받아라. (2) 부자와 결혼하라. (3) 버는 것보다 적게 소비하고, 남은 돈은 가치가 증가하고 당신을 부자로 만들어줄 무엇인가에 투자하라." – 프레드 J. 영

"당신보다 나은 사람과 어울려라. 훌륭한 자질을 가진 사람과 어울리면 당신도 그처럼 훌륭한 자질을 갖추게 될 것이다. 당신보다 못한 사람하고만 어울리면 지금보다 못한 사람이 될 가능성이 크다." – 워런 버핏

"사업을 기초로 세운 우정이 우정을 기초로 세운 사업보다 더 낫다."
– 존 데이비슨 록펠러

"사랑받을 수 있는 유일한 방법은 사랑받을 만한 사람이 되는 것이다." – 워런 버핏

"자신에게 본보기가 될 만한 적절한 우상이 있다면 당신은 운이 좋은 사람이다. 우상은 한 명이 아니라 서너 명 정도 가지는 것이 좋다. 자신에게 딱 들어맞는 이상적인 인물은 없는 법이다." – 워런 버핏

"성공하는 사람과 정말로 성공하는 사람은 다르다. 정말로 성공하는 사람은 거의 모든 것에 '노(No)'라고 말한다." – 워런 버핏

"버핏과 나는 군중이 무심코 흘려보내는 것을 거의 자동으로 의심한다. 이런 기질을 가지면 매우 성공할 수 있다는 사실을 일찍 깨달았고, 그 기질을 '강화'했다. 금융 세계에서 IQ보다 훨씬 더 중요한 것은 기질이다." - 찰리 멍거

"직원을 고용할 때 세 가지 자질을 살펴야 한다. 바로 인성(integrity), 지능(intelligence), 열정(energy)이다. 이 중 인성이 나쁘다면 나머지 두 가지 자질을 가졌더라도 회사에 문제를 일으킬 수 있다." - 워런 버핏

11장 | 당신의 미래와 교육에 투자하라

"당신의 아이에게 '무엇이든 할 수 있다'고 느낄 정도의 충분한 돈을 주라. 그러나 '아무것도 할 필요가 없다'고 느낄 정도의 많은 돈은 주지 말라." - 워런 버핏

"내 주식 증서의 1% 이상을 나와 우리를 위해 사용한다 해서 지금보다 더 행복하고 편안해지지는 않을 것이다. 이와 대조적으로 나머지 99%는 다른 이의 건강과 복지에 어마어마한 영향을 미칠 수 있다. 이런 현실을 보면 나와 내 가족이 걸어갈 길은 명확하다. 우리가 살면서 필요한 만큼만 취하고 나머지는 사회의 필요를 위해 나누는 것이다. 내 기부 서약은 그 출발점이다." - 워런 버핏

"내 자식은 충분히 훌륭하다. 나는 그들이 성장하는 동안 남보다 더 큰 혜택을 받는 것이 옳다고 생각하지 않는다. 지나친 부는 공평한 경쟁을 왜곡시킨다." - 워런 버핏

"부모가 자식에게 줄 수 있는 가장 큰 혜택은 사랑이다." - 워런 버핏

"어느 부모에게나 가장 중요한 일은 자녀를 가르치는 것이다. 시간은 되돌릴 수 없다. 한 번 놓치면 두 번째 기회는 없다. 말이 아니라 행동으로 가르쳐야 한다. 자녀는 교사보다 부모에게 더 많은 것을 배운다." - 워런 버핏

"경제는 나 같은 부자를 더 부자로 만들어주지만 가난한 사람에게는 작동하지 않기에 기부가 필요하다." - 워런 버핏

"당신이 인류 중 1% 행운아에 속한다면 나머지 99%에게 빚을 진 것이다."

— 워런 버핏

"너무 많이 소유하면 그 물건에 사로잡혀 버린다. 많이 가질수록 걱정도 많아진다." – 워런 버핏

"멍거와 나는 세금에 대해 절대 불평하지 않는다. 우리는 우리가 사회에 기여하는 것보다 훨씬 더 많은 보상을 해주는 시장경제 체제에서 일하고 있다. 세금은 이 불균형을 해소해주는 역할을 한다. 나는 자본주의의 불공평을 해소하는 사회의 개입(세금, 법률 등)을 좋아한다." – 워런 버핏

"읽을 수 있는 책은 모두 읽어야 한다. 나는 열 살에 오마하 시립 도서관에 있는 투자 서적을 모두 읽었고 일부는 두 번 읽었다. 서로 맞서는 다양한 사고를 접하면서 그중 어느 것이 타당한지 판단해야 한다. 그다음에는 물속으로 뛰어들어야 한다. 소액으로 직접 투자해봐야 한다는 이야기다. 모의 투자만 계속한다면 연애 소설만 읽는 셈이다. 시작은 빠를수록 좋다." – 워런 버핏

"나는 책을 읽는 데 많은 시간을 보낸다. 하루에 최소한 6시간이나 그 이상일 것이다. 전화를 하며 한두 시간을 보내고 나머지 시간에는 생각을 한다. 버크셔에는 회의가 없다. 나는 회의를 싫어한다." – 찰리 멍거

"돈을 더 많이 벌지 못한 것이나 더 유명해지지 못한 것은 후회되지 않는다. 더 빨리 현명해지지 못해서 유감스러울 뿐이다. 그래도 다행스러운 것은 92세에도 여전히 무지해서 배울 것이 많다는 사실이다." – 찰리 멍거

"많이 읽어야 한다. 서로 대립하는 다양한 아이디어로 머릿속을 채우고 어떤 것이 합리적인지 결정할 수 있어야 한다." – 워런 버핏

워런 버핏 익스프레스

초판 1쇄 | 2023년 3월 20일

지은이 | 이건규

펴낸곳 | 에프엔미디어
펴낸이 | 김기호
편집 | 김형렬, 오경희, 양은희
기획관리 | 문성조
마케팅 | 박강희
디자인 | 채홍디자인

신고 | 2016년 1월 26일 제2018-000082호
주소 | 서울시 용산구 한강대로 295, 503호
전화 | 02-322-9792
팩스 | 0303-3445-3030
이메일 | fnmedia@fnmedia.co.kr
홈페이지 | http://www.fnmedia.co.kr
ISBN | 979-11-88754-80-9 (03320)
값 | 18,000원